国外毛泽东研究译丛（第二辑）
主编　石仲泉　萧延中

Mao Tse-Tung in the Scales of History

历史天平上的毛泽东

（插图本）

[美] 迪克·威尔逊　主编
Dick Wilson
王伟丽　译

中国人民大学出版社
·北京·

总　序

毛泽东是举世公认的20世纪最为重要的政治家、革命家和思想家之一，同时也是一位天才诗人。由于他对现代中国之思想、制度和社会产生的深刻影响，也由于他对建构20世纪国际政治格局做出的重要贡献，几十年来，对毛泽东本人及其思想体系的研究已经成为一个具有长久意义的学术领域。毛泽东不仅是属于中国的，也是属于世界的。尽管国外的毛泽东研究在理论目标、分析方式、社会功能和学术立场等方面与国内存在差异，但在全球化的宏观视角下，其研究成果，应当被看作整体毛泽东研究的一个重要组成部分。它们与国内毛泽东研究一起，对这一学术领域做出了积极的贡献。

基于这样的一种视阈和理解，我们在众多国外毛泽东研究的学术著作中，精选翻译了部分佳作，编成“国外毛泽东研究译丛”，以纪念这位旷世伟人，并进一步推进毛泽东及其思想研究的深入扩展。我们选译的基本原则是，站在21世纪全球化的历史视野上，严格遵奉学术理据和研究逻辑，精选经过历史检验，具有较强理论价值和持久性影响，持论较为公允客观，论说严谨缜密的名著。对于那些具有严肃治学精神和审慎推理论证的作品，即使与我们的学术观点不尽一致，甚至在一定程度上存在着观念冲突，也在选择范围之内。“他山之石，可以攻玉”，我们希望把这一睿智古训真正转变为学术行动。

“国外毛泽东研究译丛”是中国人民大学国际关系学院政治学系“中国政治研究”课题的一个子项目，是这个教学科研共同体集体努力的成果之一。我们期望这次翻译的几部著作不是译介编研工作的结束，而是一项系统科研工程的开始。我们愿意把这项工作继续下去。

在“国外毛泽东研究译丛”出版之际，我们首先感谢以下诸教授：

本杰明·I·史华慈（Benjamin I. Schwartz）；

斯图尔特·R·施拉姆（Stuart R. Schram）；

魏斐德（Frederic Wakeman，Jr.）；

莫里斯·迈斯纳（Maurice Meisner）；

约翰·布莱恩·斯塔尔（John Bryan Starr）；

布兰特利·沃马克（Brantly Womack）；

罗斯·特里尔（Ross Terrill）；

杨炳章（Benjamin Yang）。

这些教授不仅慷慨允诺让我们翻译其各具特色的学术名著，而且其中不少人专此为“国外毛泽东研究译丛”撰写了“中文版序言”，这无疑是对我们的信任和支持。

国内毛泽东研究的著名学者逄先知、龚育之、冷溶、朱佳木、李忠杰、金冲及、李君如、李捷和陈晋等教授，不仅慨然允诺担任本译丛的学术顾问，而且多次对翻译工作给予指导，这对我们是极大的鼓舞。李君如教授还就统一国外著者的译名作了专门指导，使翻译工作避免了不少差错。中共中央文献研究室第一编研部的专家们，在学术方向上的直接指导以及在史料的校译、勘误方面所提出的大量关键性意见，使本译丛的质量有了进一步提高。来自国家社会科学研究机构和著名高校的编委们，从不同学科的多元视角，为选编工作提出了许多中肯的意见。中共中央文献研究室原“国外研究毛泽东思想资料选辑”编辑组工作人员前此的开拓性研究和贡献，不仅给予编选以诸多经验和启发，而且直接为具体的译介工作提供了宝贵的便利条件。在此，我们向上述所有关心、支持本译丛的学者和单位以及图片的提供者，一并表示由衷的谢意。

对书中出现的引文，编译者采取如下的文献处理原则：凡国内有对应的公开发表的毛泽东著作者，均已按中文版本原文进行了核校；凡确属毛泽东文稿，但未公开发表者，按相关文献进行了核校，如凡引用日本学者竹内实主编《毛泽东集》和《毛泽东集》补卷者，按该书进行核校；凡属不能确定是否为毛泽东著作的引文，则尊重原作者的引文，未加处理，如凡引用《毛泽东思想万岁》和国外报刊报道的文献，一律按外文原文译出。

译介工作本是一件永远达不到尽善尽美境界的苦差，语际书写过程中的误读、遗漏和错置等都在所难免。我们恳切期望和真诚欢迎来自国内外专家学者以及广大读者的指教和批评。

石仲泉　萧延中

前　言 vii

毛泽东，中国共产党领袖，逝世于 1976 年 9 月，享年 82 岁。他曾是世界上殊为重要的人物之一。在作为中华人民共和国领袖的四分之一个世纪的岁月里，他不仅带领九亿中国人民进行了国际援助和国内现代化，而且在其中的大部分时间里，作为国际马克思列宁主义的主要实践者和改革者，对国际马克思列宁主义的思想发展产生了重要影响。从这个意义上说，毛泽东是来自非西方传统却有如此作为的第一人。

所有人，包括本书的作者在内，可能都会争论这些问题：毛泽东这位中国领袖究竟有多伟大？有多成功？他的成就又将持续多久？我相信没有人会否认这一点，即毛泽东已经超越了 20 世纪的所有人，他更为深刻地影响了更多人的生活。而且，即便在毛泽东去世之后，人们对他的敬仰仍可能会继续下去。就世界范围而言，毛泽东肯定与列宁这样的人物比肩；就中国而论，至少在近两个世纪内，中国还未曾有人能够达到像毛泽东一样的高度。因为如果说确曾出现过类似的人物的话，中国就不会被世界如此轻视，而毛泽东所面临的挑战也不会如此艰难。毛泽东是我们这个时代的巨人。毕竟，在世界各地，尤其是对于那些年轻人而言，从未有哪个单独的人物或是思想的精微之处被人们如此热切地探究。

毛泽东于 1893 年 12 月 26 日出生在中国中部地区的一个农民家庭。他的成长经历了中国最后一个王朝的没落，而此时恰是西方维多利亚帝国的全盛时期。在毛泽东生命的前半个世纪中，他经历了两次世界大战以及大大小小的革命和内战。此时，毛泽东尚未承担起治国安邦的重任，他正投身于普通群众的社会改革组织之中。
1921 年，毛泽东成为中国共产党的缔造者之一。但由于他不赞成僵 viii
化地引入苏联的思想方法，反对忽视中国的农民阶级，因而直到 15

年之后，才真正掌握了中国共产党的主要领导权。1935 年，中国共产党处于土崩瓦解的边缘，恰在此时，毛泽东被推到了前沿。也许是因为命运的垂青和毛泽东那良好的判断力，中共所面临的局势转危为安。自此，毛泽东掌握了中国共产主义的话语权。1937 年，日本发动侵华战争，这为毛泽东提供了一个新的契机。因为正是这场战争宣告了中国反共产主义者的失败，同时也彰显了毛泽东举起的爱国主义的大旗。

但直到 1949 年毛泽东 55 岁时，他才得以宣告中华人民共和国成立，并自此由革命转向了执政。在他治理国家的 27 年间，中国经历了从与斯大林的紧张联盟到尼克松的公开访华，也经历了从农业合作社到“人民公社”再到“无产阶级文化大革命”的历史进程，这期间还包括毛泽东与他的接班人，比如刘少奇、林彪，甚至是他的妻子江青的争执。诚然，毛泽东的经历，现时代没有人可以和他相提并论；并且，在同样的时间里，也几乎没有人能够像他一样取得如此之多、如此之彻底、如此之富有创造性的成就。

正是由于这个原因，人们至今仍不能确定是否有人能够给毛泽东写出最为公允的墓志铭。毕竟，毛泽东是一个至关重要的人物。在这段极为关键的历史岁月中，他的活动已经触及了太多的层面，他的视野过于宏大，他的思想颇具争议，因而至少在近期内人们很难对他做出令人满意的评价。另一方面，随着大量有关毛泽东的新材料的发现，目前的研究无疑更加困难。这些新材料主要由红卫兵出版于“文化大革命”期间，并在过去的几年里逐步为外界所使用。正是由于这些材料往往来自非正式渠道却揭露了某些隐情，故而我们在使用这些材料时，首先要考虑的就是这些材料的权威性问题。其次，我们还要考量，如果这些材料可以为我们所用，那么对于毛泽东的那些早期评判，这些材料又将会产生什么样的影响。

但无论如何，我们仍然需要对毛泽东做出暂时性的评价。为
ix 此，《中国季刊》（*The China Quarterly*）经常开放专栏来讨论毛泽东和他的思想政策。现在，毛泽东已经离世了。我们特别邀请了曾参加过《中国季刊》相关讨论的诸位学者，对毛泽东的生平做一个“盖棺定论”并集结成本书。

本书包含1篇导言以及11位作者的10篇论文。这些学者在他们各自的领域内都成就斐然。概而言之，他们出生在不同的年代，他们持有不同的观点，他们来自世界各地（包括远东、欧洲以及美国）的当代中国研究中心，他们每个人在本书中都探讨了毛泽东成就中的某一独特领域。

本书主要论述了10个主题，涵盖了毛泽东公共生活的主要领域。当然，其中不可避免地会出现某些重叠之处。第一篇，哈佛大学本杰明·史华慈（Benjamin I. Schwartz）教授探究了毛泽东毕生的兴趣所在——哲学。第二篇，毛泽东的传记作者斯图尔特·施拉姆（Stuart R. Schram）讨论了毛泽东对马克思列宁主义的贡献，并在文中论述了他早年所得出的针对毛泽东的某些论断。第三篇，密歇根大学的米歇尔·奥克森伯格（Michel Oksenberg）对毛泽东执政内外两个时期的政治领导方法和风格做出了极富创见性的分析。第四篇，巴黎的纪亚玛（Jacques Guillermaz）教授描述了毛泽东备受第三世界推崇的军事理论及其实践。第五篇，米兰大学的恩瑞卡·匹斯切尔（Enrica Collotti Pischel）博士提出了毛泽东的教育观，并在文中阐述了如何从师生关系这一角度来解释毛主义的基本困境。第六篇文章由伦敦亚非研究院的克里斯托弗·豪（Christopher Howe）和肯尼思·沃克（Kenneth R. Walker）共同撰写，文章开创性地研究了毛泽东的经济政策以及他对中国国家经济的相关调整。第七篇，伯克利的魏斐德（Frederic Wakeman, Jr.）认为毛泽东继承了中国的民族主义传统，论述了毛泽东在湖南时期的思想转变。第八篇，《卫报》的中国评论员约翰·基廷斯（John Gittings）向我们展示了在国际关系领域，毛泽东如何作为一名政治活动家而活跃在世界舞台上。第九篇，堪培拉的王赓武（Wang Gungwu）接着讨论了毛泽东事业中那些可能为中国所特有的诸多方面。本书的最后一篇文章由爱德华·弗里德曼（Edward Friedman）撰写，他论述了毛泽东所宣称的全球普遍性，并将毛泽东视做20世纪的改革者。

关于毛泽东这位伟大中国领袖所产生的影响，这本论文集是当 *x*
代学者对此所能提供的最佳论述之一。当然，这其中包含有人们对毛泽东所做出的若干评价，这些评价或肯定，或否定，或暂且存疑。本书将论述毛泽东那不朽声名之下相对短暂的生命历程。读者们可能会发现，本书的论点、评判和讨论都是基于扎实的知识，且均出自对第一手中文材料的研究。并且，本书的每位作者都将毕生的心血投注于当代中国研究之中。尽管他们的观点可能彼此不同，但却值得我们做整体性的思考。毕竟，这些作者的共通之处在于，他们每一位都曾在《中国季刊》或其他地方发表过类似的文章，他们都曾对毛泽东和毛主义问题进行过深入透彻的分析（尽管并不总是用英文书写）。

这本论文集是目前学界在毛泽东逝世后得出的相对较早的研究成果。我们相信本书将会帮助所有研究国际事务的人去思考，对于未来的中国和世界而言，毛泽东的重要性体现在何处；同时，本书也会帮助人们去理解，当这些诚实的观察者们在评价这位卓越的领袖时，他们基于相同的证据能够得出哪些不同的结论。

本书能够如此快速地完成，必须要感谢很多人。其中大多数来自《中国季刊》编委会，尤其要感谢的是米歇尔·奥克森伯格、克里斯托弗·豪和斯图尔特·施拉姆。其中奥克森伯格第一个提议并讨论了本项目，豪负责了整个项目的事务安排，而施拉姆为本书编辑工作的计划实施提供了慷慨的帮助。同时，我也要感谢阿利斯泰尔·坎贝尔（Alistair Campbell）和丹尼斯·约翰逊（Dennis Johnson）在翻译中的协助，感谢爱德华·弗里德曼提供了本书的标题，感谢剑桥大学出版社帮助我们按时完成了这本书。

迪克·威尔逊

1977 年 1 月于伦敦

编著者简介

爱德华·弗里德曼在威斯康星大学麦迪逊分校教授中国政治，著有《退向革命》（*Backward Toward Revolution*）一书，并将完成一部关于爱因斯坦与毛泽东的新著。

约翰·基廷斯任伦敦理工大学语言学院汉语言高级讲师。他经常为《卫报》供稿，著有《世界与中国（1922—1972）》[*The World and China*（*1922—1972*）]，该书是关于毛泽东外交政策的近期研究。

纪亚玛直至近期仍在巴黎社会科学高等研究学院主持当代中国资料和研究中心的工作。他从1937年开始在法国驻华使馆工作。最近，他出版了新著《中国共产党党史（1921—1949）》[*A History of the Chinese Communist Party*（*1921—1949*）]以及《执政的中国共产党（1949—1979）》[*The Chinese Communist Party in Power*（*1949—1979*）]。

克里斯托弗·豪任伦敦大学亚非学院经济与政治研究系经济学副教授。自1972年10月起，他开始主持当代中国研究所的工作，著有《中国城市就业和经济增长（1949—1957）》[*Employment and Economic Growth in Urban China*（*1949—1957*）]、《现代中国的工资形式和工资政策（1919—1972）》[*Wage Patterns and Wage Policy in Modern China*（*1919—1972*）]。

米歇尔·奥克森伯格在密歇根大学教授中国政治。他最近出版了《七十年代的中国：问题、政策和发展前景》（*China in the Seventies: Problems, Policies and Prospects*）。

恩瑞卡·匹斯切尔任博洛尼亚大学文学院亚非当代史研究副教授。她的著作包括《中国革命的思想起源》（*Origini Ideologiche della Rivoluzione Cinese*），其中涵盖了中国革命史。

斯图尔特·施拉姆任伦敦大学东方与非洲学院政治学（中国问题）教授，并从1968年现代中国研究所建立至1972年10月任该所所长。他撰写了许多著作，包括《毛泽东》（*Mao Tse-tung*）、《毛泽东的政治思想》（*The Political Thought of Mao*

Tse-tung）和《未发表的毛泽东讲话》(*Mao Tse-tung Unrehearsed*)，并编有《中国的权威、分享与文化变革》(*Authority，Participation and Cultural Change in China*)。

本杰明·史华慈是哈佛大学历史与政治学莱劳伊·B·威廉士讲座教授、东亚研究中心副主任。他著有《中国的共产主义与毛泽东的崛起》(*Chinese Communism and the Rise of Mao*)、《寻求富强：严复与西方》(*In Search of Wealth and Power：Yen-Fu and the West*)、《共产主义在中国：变动中的意识形态》(*Communism and China，Ideology and Flux*）及其他诸多著作文章。

魏斐德任加州大学伯克利分校中国研究中心主席，著有《大门口的陌生人：1839—1861 年间华南的社会动乱》(*Strangers at the Gate：Social Disorder in South China 1839—1861*）以及《历史与意志：毛泽东思想的哲学透视》(*History and Will：Philosophical Perspectives of Mao Tse tung's Thought*)。

肯尼思·沃克是伦敦大学亚非学院经济与政治研究系主任、经济学教授（特别是中国问题），著有《中国的农业规划：社会主义化与私营部门（1956—1962)》(*Planning in Chinese Agriculture：Socialisation and the Private Sector，1956—1962*)。

王赓武任澳大利亚国立大学远东历史系教授、太平洋研究院院长，并发表了大量关于中国史以及史学问题的文章。他最近的一部著作是《1949 年以来的中国和世界：独立、现代性和革命的影响》(*China and the World Since 1949：The Impact of Independence，Modernity and Revolution*)。

迪克·威尔逊 (Dick Wilson) 是《中国季刊》的主编，《远东经济评论》(*Far Eastern Economic Review*）的前主编，著有《人类的四分之一》(*A Quarter of Mankind*)、《亚洲的觉醒》(*Asia Awakes*）和《长征（1935)》[*The Long March (1935)*]。

目　　录

★导　论 1

迪克·威尔逊（Dick Wilson）

任何领袖，如果统治了世界四分之一人口达四分之一世纪之久，都将在历史上占有一席之地。然而毛泽东的地位却远超于此，他以著名的《毛主席语录》而蜚声世界，这本发行数百万册的“小红本”，在20世纪60年代的中国几乎可与西方的《圣经》相媲美。“造反有理”、“枪杆子里面出政权”、“一切反动派都是纸老虎”、“干就是学习”、“没有调查就没有发言权”、“不平衡是经常的……平衡是暂时的”，这些口号已被纳入了世界用语中，使毛泽东几乎成为整整一代人的口号缔造者。

然而，作为这些20世纪格言的创造者，毛泽东并不是一位新世界宗教的创立者，也不是那个能够为我们的现代病症开出诊断药方的人。他思想的普适性必须置于中国的情境之中。毕竟终其一生，毛泽东也仅仅出访了一个国家——苏联。在本书中，王赓武已经极富开创性地探讨了毛泽东所具有的中国特性。但是目前的状况已足以表明，毛泽东那种狭义上的爱国主义已经遭到了国际主义者的反对。毛泽东对此开诚布公。他在1937年曾对艾格尼丝·史沫特莱（Agnes Smedley）说：“我们是国际主义者……我们又是爱国主义者。”而在20世纪六七十年代，毛泽东的这种说法却意味着与苏联的敌人结盟，并且有人将会认为，这是以其他人的革命作为代价的。这些敌人包括理查德·尼克松（Richard Nixon）、弗朗茨-约瑟夫·施特劳斯（Franz-Josef Strauss）、奥古斯托·皮诺切特（Augusto Pinochet）以及奥尔登·罗贝托（Holden Roberto）等。

正如约翰·基廷斯所认为的，1972年尼克松访问北京，“对于中国而言是一个巨大的胜利”，但同时我们却“很难认为这是一个社会主义国家的外交政策”。当然，基廷斯也承认，像中国这样的 2

国家也存在着外交领域的基本困境：一方面，中国应该在什么样的程度上鼓励海外革命和阶级斗争；另一方面，中国又应该在什么样的程度上竭尽所能来保卫自身，以抵抗那些对它有威胁的国家。毛泽东毕竟不是一台计算机，他有着人类的感情，也有着人类的缺点，而其中之一可能就表现在他对于苏联背叛社会主义事业所产生的那种个人愤懑感上。1949—1950 年，毛泽东在莫斯科第一次会见斯大林，此时他需要向苏联寻求援助以振兴中国。此后他曾称这次经历为“老虎口里的肉还是能拿出来的”。

毛泽东易犯错误的另一个方面还在于，即便是在中国国内，他的权力也是有限且不连续的。毛泽东的选民是卡斯特罗的上百倍，是铁托的 40 多倍。正如米歇尔·奥克森伯格所指出的，毛泽东不仅仅是个执政者，为了使他的政策能够被中国共产党内的同僚接纳，他也要进行艰难的斗争。奥克森伯格认为，毛泽东像亚瑟王一样，是众多贵族中的君主，或者类似于《水浒传》中的宋江。宋江经常被比做英国的罗宾汉（Robin Hood）。因为在这本书中，宋江必须竭尽全力、绞尽脑汁，让其他人不得回避、忽视或者反对自己的意见。1959 年，毛泽东曾威胁道，如果他的“人民公社”政策未被施行，他就重上井冈山。而在“文化大革命”期间，这样的威胁几乎成为现实。事实上，只有在奥克森伯格所说的毛泽东的“平静岁月”（1955—1959）中，他才拥有了最高权力。除此之外，毛泽东经常备受冷落。他之所以能够留在中国共产党内高层，也仅仅是由于他所拥有的高度个人威望，还有他处理军政事务时的机敏灵活。例如，在 20 世纪 60 年代林彪事件发生以前，毛泽东就将忠于林彪的军队调离北京。当然，这种机敏还意味着其他类似的古罗马执政官式的谋略。

然而，对于一个注定要掌握权力的人来说，毛泽东常常展现出来的却是个人谦卑。恩瑞卡·匹斯切尔引用了毛泽东的这段话：
3 “群众是真正的英雄，而我们自己则往往是幼稚可笑的”。1959 年，在“大跃进”混乱时期，毛泽东曾温和地承认：“拿我来说，经济建设工作中间的许多问题，还不懂得。工业、商业，我就不大懂。”“搞经济建设我们还是小孩，无经验。同地球作战，战略战术我们还不熟”。难怪有人会批评毛泽东是“盲人骑瞎马”。

毛泽东的论述有时也会前后不一。20 世纪 50 年代，他曾笼统地概括了自己的经济发展理论，认为经济发展是波浪式运动的，而不应按照逻辑来划分阶段。但是，克里斯托弗·豪和肯尼思·沃克却指出，20 世纪六七十年代，我们再没有看到毛泽东进行过类似的论述。同样，20 世纪 50 年代，毛泽东曾谈及失衡与均衡之间的无限振荡循环模式，认为二者中的每一个均会不可逆地提高发展水平。然而，斯图尔特·施拉姆却发现，在毛泽东生命的最后 20 年中，他似乎抛弃了马克思主义的历史观，认为历史并非会不可阻挡地向前进行，转而支持某种不确定性。在本书的第一篇文章中，本杰明·史华慈也对此提出质疑：中国革命那史诗般的长征是一定会走向安定和谐还是会日渐衰退呢？毛泽东也许已经对此给出了他的回答：总是会有下一个目标的。但 1975 年他所具有的信念和激情却与 1955 年不同了。

最终，即使是中国的农民，也令毛泽东感到失望。在 1958—1959 年的冬天，毛泽东已经注意到“人民公社”中农民的那些自私行为。这与 1958 年夏天农民所表现出来的积极革命行为形成了鲜明的对比。对于农民表现出来的两面性问题，他曾给予了严厉的批评（见克里斯托弗·豪和肯尼思·沃克的文章）。在“文化大革命”期间，他对人民群众明显感到失望了。但无论怎样，在毛泽东的思想中，他绝不允许任何人质疑人类制度化的能力。

所以毛泽东是一个“人”，是“人”就要犯错误。那么，他必须要对我们说些什么呢？我们也许可以认为，他是第一个与世界对话的中国人，他简单直率地讨论了关乎全人类的问题，他的言谈不涉及沙文主义或是民族自觉意识，而是关于某种共识，即我们理所应当去追求正义，理所应当将我们业已工业化、个性化、帝制化的 4
生活网络再次人性化。确实，毛泽东是现代非白种人、非西方人却能如此论述的第一人。因而，他不但颠覆了中国精神隔离的神话，也颠覆了西方在道德和知识领域的垄断，同时还颠覆了工业国家那至高无上的地位。

毛泽东有哪些独特的地方呢？第一点当然体现在他将马克思列

宁主义从旧教条的牢笼中释放出来。在某种程度上，毛泽东将革命积极分子引回到社会变革这个中心任务之中。这使我们想起马克思主义的真正意涵在于，个人应投入到社会变革之中，而不是去无意义地争论 19 世纪资本主义的那些矛盾。爱德华·弗里德曼在本书的结论中亦是这样认为的。然而，基廷斯却持不同意见，他认为，毛泽东已经再次确信，社会主义并不是仅仅通过建造钢铁厂和财产国有化就可以建成的。对此，匹斯切尔甚至认为，毛泽东的革命词汇中暗含某种康德色彩。但施拉姆却认为，毛泽东已经将道德因素引入马克思主义之中，这种道德因素得自毛泽东本身的中国天性。也就是说，我们并不能真正地在毛泽东个体的内部心理世界和他的外部行为之间做出区分。而通过魏斐德所说的“社会价值转换”（social trans-valuation）过程，我们可以认为，个体的家庭出身并不能决定其是否能够成为一名革命者。举个例子来说，毛泽东更倾向于对那些反对者进行再教育，而不是将他们处死。

毛泽东的第二个主要贡献是关于中国共产党的去官僚化问题。苏联已经表明，资本主义的非正义可以通过庞大的新官僚机构的介入而得到纠正，但这样反过来会创造出其本身的非正义。毛泽东是唯一一位切中这个问题要害的重要领袖。对此，施拉姆向我们展示了毛泽东的群众路线的运作模式。即领导干部要先听取大众的初步意见，再进行系统的学习，最后再以新的形式解释给群众。这样，群众就会拥护这些意见，而且由于这些意见是出自他们自己的意愿而乐于执行。这是一个极好的咨询—参与（consultative-participatory）的领导方式，西方知识分子对此极感兴趣，如英国剧作家戴维·黑尔（David Hare）的改编剧《翻身》（*Fanshen*）。但是，因为这种运作
5 模式本身之故，我们很难将其制度化。并且，这种领导方式最终将完全依赖于领袖个人的思维敏感性。

当然，去官僚化的激烈交锋是在 20 世纪 60 年代末的“文化大革命”时期。这一时期以毛泽东公开他自己的一张大字报（文中他号召群众“炮打司令部”）为开端，却以调动人民解放军来控制接连发生的混乱而告终。正如施拉姆所坚持认为的，在这场最令我们这一代人激动的试验中，毛泽东并没有贬低党的权威或者质疑其合

法性。相反，毛泽东在1967年坚决反对张春桥关于上海“人民公社”提出的各项建议。从这一点可以看出，在“文化大革命”的诸多民粹主义推动力中，毛泽东本质上仍然是一名列宁主义者。匹斯切尔对此提出了毛主义中最为重要的政治问题，即中国共产党如何既能自信满满地去领导大众，同时又能谦逊地向他们学习，对此她进行了卓越的阐释。当然，对于像毛泽东这样的人，他能够以他独特的人格来调和二者。但对于一个拥有3 000万党员的政党来说，这就变得不可思议了。因此，毛泽东的贡献与其说是提供了一个现成的总体解决方案，毋宁说是他能够不偏不倚地看待问题，并提出某些具体的预防策略，比如干部轮流下乡参加农业生产劳动的制度。

毛泽东确信，社会主义的光辉前景并不是只有西方世界才能赢得，其他国家甚至是处于资本主义阶段之前的国家也可以取得。这一点体现了毛泽东重要贡献的第三个方面。为此，毛泽东摒弃了马克思“技术救赎”的想法，并在1955年强迫那些后来反对他的同事接受他的想法，利用电力或拖拉机在中国推行农业集体化。结果，每年数以千计的旅行者都会去参观这种已经改良了的多功能型“人民公社”，他们来自非洲、亚洲和拉丁美洲。这种“人民公社”是一个备受争议的农业发展模式，并在第三世界国家中取得了普遍成功。当然，这却并不意味着“人民公社”模式是可以被仿制的，即便是在坦桑尼亚。换言之，考虑到中国社会、心理、地形和气候等诸多因素的影响，“人民公社”模式很少能够被自动复制出来。朱利叶斯·尼雷尔（Julius Nyerere）总统曾开玩笑地说，他想把每一个坦桑尼亚人都送到中国去学习，却并不是去学习这一组织的秘诀，而是为了 *6*
了解如何刻苦工作，因为毛泽东把一切成就最后都归功于此。

毛泽东可能会因为尼雷尔的玩笑而感到失望。在毛泽东看来，种植更多的粮食固然很重要，但这却并不是人类存在的最终目的。“人民公社”既要成为一种生活方式，也要成为一种工作方式。正是毛泽东遗产的这个方面对西方工业社会的年青一代的影响更甚于对第三世界的影响。尽管如此，弗里德曼却认为，在未来可能失控的人类社会中，劳动中的分化力量可能依然会存在，而历史也许会证明毛泽东这种居安思危的忧患意识，从而使毛主义更为灿烂夺目。

总而言之，毛泽东的这些伟大成就将为整个世界所铭记。并且需要注意的是，这些成就都奠基于中国的特定情境。比如，纪亚玛在文中怀疑，对于世界上的大部分国家来说，毛泽东的军事准则和他著名的游击战准则是否具有重要作用。但通过类似的方针策略，毛泽东却在那些已经被西方垄断了的国际惯例中找到了平衡。马克思和他的欧洲追随者们自然而然地认为，西方城市工业化社会具有优越性。但是毛泽东却不同，他毅然决然地降低了西方城市工业化社会的历史地位，并提出了新的选择。他对西方并没有偏见，他称赞了西方那些值得称赞的品质。当然这并不是指西方的军事力量，而是指美国发展成熟的组织天赋和创造能力。事实上，毛泽东仅将西方的军事力量视为一种暂时的现象。本书将在后文继续讨论，毛泽东在莫斯科首次会见斯大林的几年前，究竟曾多么迫切地希望前往美国。

毛泽东是一个伟大的全才。他首次发表的文章的主题很出人意料，竟是关于体育锻炼的，并且他后来几乎迷上了强身健体。毛泽东也是一个坚忍不拔并且注重实践的人。当林彪指责他的专制作风时，毛泽东镇定地将他的批评传达到中央委员会，借以表明林彪对
7 领导权问题的幼稚无知。但毛泽东同时也是一位知识分子。史华慈认为，正是因为毛泽东具备了实现其思想的政治力量，我们才会更多地关注他的思想。举个例子来说，如果毛泽东仅仅是一名湖南校长的话，他就不会撰写那些关于哲学的文章。我认为，在毛泽东的生活中，他的思想和行为确实是相互交织而不能彼此分离的。施拉姆亦对此推断，也许马克思会拒绝承认毛泽东是他的信徒，但我们却可以罗列出毛泽东对列宁主义的三项补充：社会主义与工业革命不同，它是要改造人性的；领导者如果要进行有效的领导，就必须倾听那些被领导者的呼声；农民和工厂工人一样，都可以参与建设新社会。当然，即便这些观点具有极大的中国经验特殊性，但它们都是毛泽东做出的重要知识贡献。

然而，中国最终并未像毛泽东所设想的那样以较快的速度迈向千禧年，而是以更慢的步伐前进着。王赓武认为，经历了几十年的乱世，1949 年时中国人民仍然希望建立一个新的治世。并且，毛泽

东一旦在中国实现了治世，就完成了自己的使命，而不再敏感于他那焦躁不安的理想主义了。毛泽东为中国奠定了新的正统，提出了国际上民族自尊的新观念，施行了最低限度的社会必要变革，然而最终他却被人们漠视了。套用奥克森伯格的话来讲，毛泽东的权力由于社会稳定的出现而被剥夺了。“文化大革命”是毛泽东青年时期平均主义理想的复萌，但仅就其目的而言，这场运动是失败的。因此，史华慈在他的结论中认为，毛泽东的不朽遗赠是中华人民共和国本身。因为在过去的30年里，中国从混乱而停滞的社会变成一个拥有民族自尊的国家。

中国还会继续沿着毛主义发展下去呢？这是一个仍需要检验的问题。但中国深埋于表面下的社会动力却十分巨大。事实上，全世界都在密切关注，中国会发挥其潜能而进一步发展社会主义生活模式，还是会变得更为个人化和商业化。毛泽东强制性地跨越了马克思主义和非马克思主义之间的巨大分野，就如同他随意地打破了白种人与非白种人、西方与第三世界之间的界限。这是我们这个时代 8
的一个现象。事实上，毛泽东为中国所做的事已经远远超越了对马克思主义的简单应用。因为毛泽东重新估量了中国人民生活的内容及其意义。尼克松、基辛格（Kissinger）以及加尔布雷斯（Galbraith）同勃列日涅夫（Brezhnev）和贝林格（Berlinguer）一样，都对此感兴趣。总而言之，除了《毛泽东选集》之外，毛泽东的影响力还体现在，他是一位社会改造的方法学家。当然，无论我们是不是马克思主义者，我们都处于社会变革之中。而毛泽东的天才之处就在于，他经常能够审时度势，做出适当的决策。而且，毛泽东能够敏锐地感知到，群众将在什么样的程度上参与到社会改造中来。但是，毛泽东也有出现错误的地方，比如1959年的“大跃进”，或是1966年的“文化大革命”。造成这些错误的原因往往在于某些技术上的错估，而且毛泽东所掌握的信息量往往并不充足（或者说是他的下属不够忠诚或不够老练）。事实上，在1955年的集体化过程中，当毛泽东被证明正确时，他却几乎在他的同事中孤立无援。

毛泽东穷其一生都想要确立几个简单的原则，来教导人们如何才能获得这种判断力。毕竟毛泽东希望被铭记，尤其是以导师的身份。当然，一个好的导师也将是一个好的学习者。因此，在国内事务上，毛泽东的政治困境也许是如何在领导的同时进行学习；而在国际事务上，他的政治困境可能是如何将热望与生存同时进行。也就是说，在一个根本对立的世界中，如何既热爱世界的被压迫者，又能够保卫自己的国家。诚然，毛泽东不可能解决这些对立，但他却可以从远近时空中，比任何当代人都更为机警地意识到人类类似窘境的各个方面，这一点几乎没有人能够做到。因此，一方面，正如奥克森伯格所说的，毛泽东已经准备好向他的同事们进行讲演了，他要告诉他们太阳最终将要冷却下来，它将对地球产生影响。而另一方面，他同时也在书写他最为精妙感人的诗歌：

> 一万年太久，
> 只争朝夕！

作为哲学家的毛泽东 9

本杰明·史华慈（Benjamin I. Schwartz）

随着毛泽东的溘然长逝，在不久的将来，也许我们将逐渐放弃从毛泽东本身来寻找所有中国近代历史的关键。当今世界已然意识到，中国在各个方面都产生了重要的影响。并且愈加显而易见的是，中国社会在脱离了“毛泽东的思想”之后，已经形成了其独特的生存模式。我们甚至可能会观察到某种与目前截然相反的发展态势，中国也许会试图消除毛泽东在毛时代的影响，而将所有的历史进程归结于“客观力量”和“发展过程”。然而，即使我们暂不去考虑毛泽东的思想遗产将会持续多久，仍然得承认，没有毛泽东的中国近代历史，是无法想象的。例如，我曾提出这样的观点，并对此深信不疑：没有毛泽东，就没有“文化大革命”。这样说并不意味着毛泽东提前预见了“文化大革命”，或是创设了所有导致“文化大革命”的条件，也不意味着毛泽东早就预见了“文化大革命”的结果。这种观点仅仅是为了说明，在中华人民共和国成立至今的整个历史中，毛泽东的诸多行为和思维模式对于各个历史事件的发展至关重要。

下面我应邀对毛泽东的哲学思想做一些探讨。诚然，在毛泽东整个风云变幻的事业生涯中，某些核心思想构成了他精神世界中最为重要的部分。为了更好地阐明这些主题，我将在最广泛的意义上来使用“哲学”这个概念。然而，从严格的学术角度讲，我所说的这些最为重要的思想却并不都是“哲学”意味的。在毛泽东的言论中，我们可以找到最具哲学色彩的著作，如他的《矛盾论》和《实践论》。除此之外，毛泽东所撰写的哲学著作以及他对哲学所做的 10
某些沉思也十分重要，它们揭示了毛泽东思想的某些特征。当然，这些著作和沉思是否能够成为这里所说的“核心问题”却是另外一回事了。葛兰西在《狱中札记》中写道：“一个政治人物进行哲学写作，他真正的哲学也许应在他的政治论著中寻求。”[1]这显然不无道理。政治著作中的确可能会蕴涵着某些哲学寓意。目前，众所周知的是，我们不但将毛泽东看做一个哲学家，还会将他视为一名成绩斐然的诗人。因此，如果确实存在毛泽东思想世界的核心问题，那么，我们与其在他的辩证法和认识论中上下求索，还不如去留意他的某些诗歌意象，这可能会更为容易一些。

既然我们在最广泛的意义上解读“哲学”这个概念，毛泽东的思想又究竟有什么样的重要意义呢？难道这种意义仅仅在于毛泽东是我们这个时代最成功、最机敏的政治领袖之一吗？如果毛泽东仅仅是一名默默无闻的中国知识分子，我们还会去关注他的思想吗？显然我们是不会的。就毛泽东的思想本身而言，我们很难对他的成功进行透彻的分析。我们必须考虑到毛泽东本人那鲜明的个性特征，也要考虑到他政治生涯中体现出来的特质，更要考虑到他经常表现出来的敏锐的政治直觉，他将精明、坚忍、勇敢和无情这些品质巧妙地融合于一身。我认为，将“毛泽东的思想”作为一个抽象的整体，而与他的政治生活割裂开来，这种做法极不明智。在毛泽东的政治生涯中，他的思想世界逐渐显现。我们只有在当时具体的历史情境中才能较好地理解毛泽东的这些思想。当然，这些思想在某些情况下有可能会超越历史情境。我们不能像处理数学问题一样，从一组抽象的公理中推演出毛泽东对不同思想的奉行程度。因此，人们也许会发现，在1937年的《矛盾论》中，毛泽东着重强调了“矛盾”的普遍性和绝对性，这显然会直接得出“不断革命”的结论。并且，我们从中也可以看出毛泽东对静态乌托邦思想的一贯拒斥。事实上，“不断革命”这一思想在1958年“大跃进”时才逐渐形成，而“非对抗性的矛盾”的观点则是在百花齐放运动中才发
11 挥了重要的作用。既然如此，毛泽东的思想的重要意义究竟又是什么呢？

简而言之，毛泽东是一名政治领袖，我们不能脱离这一事实来考察他思想的重要性。同时，恰恰因为毛泽东是一位革命领袖，他的思想才能够通过各种方式对民众产生重要的影响。然而到目前为

止，毛泽东的思想是否能够按照他所预期的情况发展，是否会产生深远的影响，并且这种影响又将会持续多久，这些问题都要交给历史来决定了。当然，我们也许还要考虑到，毛泽东问题本身就具有某种内在旨趣。

不过，目前学界对过分强调毛泽东的思想内容的研究进行了反思。白鲁恂（Lucian W. Pye）教授在《毛泽东的心理分析》一书中从心理学、历史学的角度研究了毛泽东的生平。[2]他认为，那些潜心研究毛泽东的思想来源和主要内容的学者并不能清楚地解释毛泽东的思维方式，他们的研究仅仅注重了结果却忽视了原因，也就是说，他们详细地论证了毛泽东的心理过程的最终结果，却没有揭示出发生的根源。我们必须承认，毛泽东的人格因素在他的政治生涯中至关重要。为此，白鲁恂教授对毛泽东的人格特质做了大量鲜活有趣的考察。但仅仅对毛泽东的人格因素进行描述并不是白鲁恂教授的研究目的。毕竟人格与思想一样，都是心理过程的最终结果。白鲁恂在这本书中试图通过这样的心理—历史研究，进而找到解释毛泽东的人格和思想的有效途径。白鲁恂承认非心理因素的存在，但最终他的研究却表明，按照这种心理—历史的逻辑来理解毛泽东，很多问题都将迎刃而解。就如同关于弗洛伊德起源的诸多解释一样，白鲁恂的毛泽东心理研究也要回溯到儿童早期的基本家庭关系上。然而与众不同的是，白鲁恂放弃了现有的仇父心理解释，并对此提出了某些有效的驳斥。他认为，毛泽东对他母亲文七妹[3]有着矛盾的态度。最初，文七妹给予毛泽东的是她全部的哺育之爱；然而，随着毛泽东兄弟姐妹的相继出生，毛泽东又不得不与他们分享文七妹的母爱。对于白鲁恂教授所做的这种解释，许多学者并不满意。

然而，上述这种特殊的心理学解释是否恰切已经超出了我们的 *12*
研究范围。我们这里所要讨论的问题要更为深刻和复杂。思想世界同心理机制世界的关系是一个极为复杂的哲学问题。我们在生活中已经习惯于将思想看成对“外在事物”的反映和对“内在事物”的表达。我们一直相信，思想总是有其原因或动机的。那么，我们能否用心理还原的方法来研究思想内容呢？针对这一问题，欧洲的现

韶山冲的毛泽东故居，他诞生在这里。

象学哲学家们已然开始探索，他们对此提出了反对意见。虽然心理因素对我们的思想有一定的影响和制约，但问题是，心理因素究竟如何对我们的思想产生影响？这样的影响又达到了哪种程度呢？这些问题悬而未决。此外，我们也必须承认，我们尚未掌握能够给出充足依据的心理学解释。如果我们假设毛泽东从童年起那些不同寻常的生活经历并没有彻底影响他的思想和个性，人们会相信这一点吗？然而，不论毛泽东的思想（包括他的社会政治策略规划）是如何产生的，它终究还是要影响“外部世界”。因此，我们不但要假定毛泽东的思想来源（无论心理的还是社会的），还要通过适当的方式对这些思想进行研究。毛泽东并不是生活在真空之中，他的思想及其来源有着深刻的中国文化背景。也许学者们在研究毛时代和毛时代以前的中国文化传统时，很快就会发现毛泽东的思想中那种浓厚的中国底蕴。

与白鲁恂教授相同，人们可能也会关注毛泽东的童年时代。但应当注意的是，毛泽东的青年时代对于理解他的后续发展同样至关重要。对此，我们没有必要把精力全部集中在研究毛泽东的直系亲属关系上。我们在研究毛泽东的思想发展脉络时，不难发现他早年

一直生活在“传统”中国。19 世纪 80 年代初，毛泽东成长于中国
的内陆韶山冲，这个地方尚未受到“西方”的直接冲击。然而“传
统中国”并不仅仅是指一般意义上的“农民中国”。毛泽东的家境 13
较为富裕，他的父亲毛顺生是个积极进取的农民兼商人。最初，毛
顺生打算让儿子接受较好的初等教育，他可能希望儿子跟着他从
商，但目前鲜有证据表明，他反对毛泽东继续读书。毛泽东曾经说
过，他很早就把自己当做一个学生。这意味着，毛泽东早年不仅接
触了乡村的通俗文化，还接受过良好的中国传统文化教育。实际
上，后者对毛泽东的影响可能更为深远。在进入现代以前的中国，
这种以学者自居的说法显然意味着“天下兴亡，匹夫有责”的责任
志趣。尽管青年时代的毛泽东喜欢阅读的是民间的通俗小说，但这
并不妨碍他想成为一名学者。毕竟，许多出身良好的学生也有着这
一爱好。毛泽东特别喜欢看《三国演义》和《水浒传》。《三国演
义》中吸引他注意的不是其中的群众起义，而是那些英雄豪杰的丰
功伟绩，还有三国时期各国将领与政客们的巧计谋略。《水浒传》
中的梁山好汉是一些草莽英雄，他们是起义的领袖，他们伸张正
义，替天行道。毛泽东对这些书的偏好也许表明，毛泽东更希望成
为传统文化中身强力壮的英雄，而不是孔子那样的圣人政治家。但
无论是英雄还是政治家，二者无疑都是领袖形象。

诚然，毛泽东生长在乡村，对农民的生活有着直接的体验。我
们能够理解毛泽东看到乡村生活的不义与不公时的那种愤慨之情。
在毛泽东随后的漫长岁月里，他不但经常引经据典，还会在他的讲
话中插进很多他早年学到的农谚。毫无疑问，毛泽东早年便接触到
了湖南的农民阶级，目睹了当时政治动荡不安的现状，也知道马克
思主义将农民视为消极愚昧者的看法是存在问题的。毛泽东的成长 14
环境并没有妨碍他思想的发展。此时他已经开始思考，并想要成为
一名“学者”。在毛泽东 13 岁时，他读了郑观应的《盛世危言》，这
无疑会激发他的政治意识，而将自己视做那些关乎国家危难的有识
之士。

毛泽东 16 岁时进入湘乡地区的东山小学。他被这所小学里家庭
富裕的同学轻视，他们认为他是一个乡下人。也许恰恰因为这个原

1915 年，毛泽东归还给表兄文运昌的《盛世危言》和还书便条。

因，毛泽东产生了强烈的自尊挫败感。那时，他已经读过很多书，并开始反思。我们或许可以说，正是这些类似的经历促发了毛泽东后来对传统知识分子的敌意，也强化了他与“人民”之间的那种休戚相关的感情。诚然，毛泽东将自己视做人民的领袖，他并不是“人民”的一员。

中国的传统文化大量论述了君民之间的关系。事实上，“人民”这样的抽象概念在中国由来已久。儒家思想主张，人民虽然无知，但他们的本性却是良善的，君主应对人民施以仁爱。历经千载的儒学文化极力谴责了君主对人民的不公正行为，将人民内部的平等作为最高的理想境界。它重视群众基本经济要求的满足，而统治者的腐败、贪污等恶行将会导致群众的揭竿而起。毛泽东早年便从儒家文化和通俗小说中接受了这些观念，后来又接触了外来的民粹主义思想。因此，如果青少年时期的毛泽东确实敏锐地意识到了“人民”所经受的欺压，那么这恰好印证了他所受到的中国文化熏陶和他以“学者”自居的责任意识。

湖南省湘乡县立东山高等小学堂。

我们在这里应当注意，毛泽东成长于“传统”的中国社会，他 15
的文化根基不可避免地带有传统文化烙印。比如，毛泽东对美学和文学的理解完全出自中国传统，而他的生活方式也保留有传统的习惯。终其一生，毛泽东对中国传统思想和西方思想孜孜以求，即便他已经用更高的真理——马克思列宁主义——将二者统而摄之。如果我们将毛泽东和列宁相比，我们也许会发现毛泽东并不喜欢上海外租界里的西方都市生活。然而，列宁虽然痛恨西方资产阶级，但他却把现代欧洲的城市生活视为一切文化的典范和缩影。

杨昌济，湖南省立第一师范学校教员，后任北京大学伦理学教授。

毛泽东出生在传统的中国，但他的教育经历使他很快就接触到了新的思想。毛泽东很早就阅读过改良派人物梁启超、严复、康有为等人的著作，他对这些人的基本观念和政治倾向有了基本的了解，这极大地扩充了他的知识面。辛亥革命后，毛泽东进入湖南省立第一师范学校读书，在那里他遇到了伦理学教员杨昌济。在杨昌济的影响下，毛泽东的思想有了进一步的提升。学习这些新思想并不意味着要彻底打破传统教育。毛泽东和当时大多数五四运动前出生的人一样，虽然处于不同的社会地位，都接受了西方的新思想，但在传统文化的影响下，并不因此而认为“传统中国”与“现代西方”势不两立。他们深信中国传统文化并不是一元的，而是多元的复合物。不论当时这些思想是否正确，它们毕竟区分出了西方思想与中国传统文化之间的联系和异同。而毛泽东这位来自韶山冲的青年学者对此的关切，与当时的大多数传统知识分子是相同的。

我们越深入地研究毛泽东的著作，便越会发现这些著作已经基 16
本勾勒出他的思想图景。斯图尔特·施拉姆在《毛泽东》一书中认为，毛泽东在对社会问题进行清晰透彻的思考之前，可能已经接触到了现代民族主义。[4]如果事实的确如此的话，毛泽东必然要受到改良派人物思想的影响。目前，部分中国学者已经开始研究传统中国的“文化主义”和现代民族主义之间的区别。有观点认为，中国的统治阶级与罗马帝国的统治者一样，都要竭力维护国家利益。并且中国的民众往往具有强烈的民族自豪感，在中国的历史上他们经常反抗外族入侵。因此，我们可以从改良派人士的著作中看到，他们有一个至关重要的立论前提：在民族—国家的框架内，中国民众在文化、道德和社会领域的价值意识已然衰退，但中华民族作为一个政治社会实体却要延续扩张。在某种程度上，人们的价值观和思想取决于他们对国家生存的献身程度。毫无疑问，此时的毛泽东作为一个学生，已经开始参与到了中国的公共事务中。他的思想发生了转变：为了中国的富强和民族的尊严，他将鞠躬尽瘁，死而后已。

19 世纪末 20 世纪初的改良派思想家已经意识到，他们可以把民族主义与传统文化的“大同”之境结合起来。在中国传统文化中，人们习惯于以天道来看待世界历史的发展。诚然，笛卡儿主义者所说的人与宇宙的分离在中国历史上不曾出现。传统文化更强调天人合一，也就是历史的运转与宇宙的循环是相吻合的。而适用于此时此地的原则，于彼时彼地却未必也会适用。中国人的这种思维
17 模式不免有历史相对主义之嫌。但是，这些思维惯性却无疑为 19 世纪西方进化理论的传入和历史主义的传播架起了桥梁。“进化”这种观念在中国影响深远。一方面，“进化”意味着不可逆转的变革，也意味着无限增长的可能性。另一方面，“进化”过程孕育着无穷的力量，它能打破过去的樊篱，激发人类的最高潜能。显然，这种进化观与循环论截然不同，因为循环论建立在有限可能性的基础上。因此，改良派思想家将民族主义置于世界历史的框架内。他们希望这样做不但可以唤醒人们的民族紧迫感，还可以建立一个跨越国家界限的大同世界。当时的大部分学者在马克思列宁主义传入中国之前都是这样来思考历史的。

圣人与英雄会影响客观历史进程吗？中国过去的史学思想对此曾做过详尽的讨论。比如王充、邵雍等人的命定论认为，思想政治的先行者们能够极大地影响历史进程。而对于知识分子或政治家能否影响历史进程这一问题，西方学者也做过类似的讨论。

改良派思想家对新个体观的论述同样引人注目。严复和梁启超阅读了大量的西方著作。他们总结道，中国传统文化已经不能激发国民个体的活力（包括智力、体力和情感），这与国家积贫积弱密切相关。诚然，儒家学说重视个体的道德修养（特别那些道德典范

的道德修养），但对于个体的恶意与武断却态度消极。现代西方观 18
点认为，对个体能力的解放将有助于国家和社会发展。青年时代的毛泽东对当时各式各样的个人主义均做出了热切响应。我们可以看到，梁启超和严复的个体观多多少少受到了亚当·斯密的影响，他们认为个人动机和进取精神取决于自我利益的觉醒。如此一来，毛泽东的个体观极有可能得益于他的老师杨昌济。毕竟杨昌济受康德和英国理想主义者 T. H. 格林（T. H. Green，他极力反对英国的功利主义）的影响，他的个体观立足于社会整体的道德修养。毛泽东公开发表的第一篇著作《体育之研究》对此作了生动的论述。[5]这里需要注意的是，毛泽东的这种个人主义是很特殊的。这种个人主义并不意味着对个体本身价值的极端信仰，也不意味着个体因此而可以忽视集体目标。我们不能仅仅在技术层面探讨个体力量。对于思想或言语自由而言，这样做显然无济于事。从毛泽东的感情生活中，人们可以感觉到毛泽东确实赞同情感满足的个体权利，但也仅限于此。

同样，我们也可以看出毛泽东对权威的新态度。在毛泽东看来，无论是在家庭内部还是在政治或宗教领域，这些旧式的权威者本身便是消极专制的，他们限制、镇压人民的生命力，已然成为社会的落后力量。这种权威观并不会妨碍人们产生对新权威形式的信任。正相反，中国不久便需要创立一个新政权，这个政权能够引导和培养人民的能力。青年时代的毛泽东曾对无政府主义感兴趣，但 19
最终，他还是承认中国社会需要一种启蒙的权威。这种无政府主义呼吁消除一切权威，认为民众力量在历史运动中会受到适当的引导。

一部分改良派思想家受到社会达尔文主义的极大影响。当时的毛泽东从社会达尔文主义的进化论中推断，冲突和斗争是推动进化的积极力量。在某种程度上，毛泽东青年时代阅读过的那些小说已经使他确信斗争的价值，但中国传统的儒释道文化却追求和谐，并将斗争视为邪恶之源而唯恐避之不及。严复和梁启超译介的社会达尔文主义提倡个体之间的生存竞争，这种观点显然与西方古典经济学相适应，同时也有助于民族—国家间主权的争夺。也许恰是后者吸引了毛泽东的注意，此时他仍极力反对当时中国的经济自由主义诉求。

当然，改良派思想家并未转变毛泽东对经济自由主义的看法，可是他们却促使毛泽东了解了在获取国家权力和谋得人类福利时经济发展的重要作用。我们也许会对此产生疑问：马克思主义将生产力作为历史驱动力，而毛泽东究竟在什么样的程度上恪守这一观念呢？事实上，毛泽东在未来是否会把“经济现代化”作为基本任务这一问题与马克思的观点并无太大关系。真正的问题不在于是否有必要发展经济，而在于我们是否应在经济领域内寻求有效的历史驱动力。我们并不是说毛泽东要等到马克思主义传入才会了解，国家要富强，经济发展就必不可少。他对经济自由主义的态度与他是否对纯粹的经济学问题感兴趣无关。

20 毛泽东在信奉共产主义之前，把人民群众看做动态的历史发展力量。这种看法在辛亥革命前就形成了，并没有受到改良派思想家的影响。毛泽东在中国传统文学作品中已经触及了关于“人民”的思想，只不过他当时没有将“人民”本身视为主要的动力。我们习惯于将民众的怨愤视做失序社会的征兆，但这却并不是引发社会变革的初始动力。改良派思想家支持西方的进化论，但他们提倡的这种进化论却并不认为“人民”是进化的动力源泉，反而恰恰是进化本身，或者说那些由启蒙领袖推动的进化，才能够把无知愚昧的人民纳入历史进化的洪流之中。青年毛泽东对此感到愤愤不平，我们可以想象他当时必然会渴求革命派的民粹主义思想。严复和梁启超等改良派思想家反对将无知的民众视做进化的工具。毛泽东对此是否会感到困惑呢？如果我们认为“人民”并非个体和组织的集合，而是按照卢梭所说的“公意”结合起来的共同体，那么“人民”就超越了其各部分的总和。而且对于国家而言，如果人们可以消除旧时专制权威者的财富、权力及其特权，那么人民与国家、民粹主义与民族主义的大融合便会实现。

卢梭“公意”的概念是含混的。这可能意味着某种无政府主义状态，人民本身成为自主立宪的力量。它如同一股湍流，冲破一切藩篱，创造出自由美好的未来。1919 年，毛泽东在其发表的《民众的大联合》一文中便持有此种观点。[6]他认为，虽然中国民众是许多
21 小联合的聚合，而且这些小联合甚至包括了学生和小学教师，但是

这些小联合却将快速融为一体，从而呈现出更高的历史愿景。值得注意的是，学生在联合中的意义重大，但却未必是联合的先锋队。毛泽东对联合自发性的强调似乎反映了中国五四时期的启蒙余韵。雅各宾主义—列宁主义观点认为，先锋队“汇集”了“公意”，它将引导民众走向未来，因此民众必须接受先锋队的领导。以此观之，似乎毛泽东的“公意”概念更契合雅各宾主义—列宁主义观点。

在当时，一种与民粹主义思想密切相关的观点认为，革命本身就是一种对过去的全面颠覆。如果我们将人民和国家看做一个完整的有机体，那么这种颠覆理论就会令人更加信服。严复、梁启超等人已经从进化论的观点得出了中国没有革命的结论。但历史的发展却更契合了革命理论。毛泽东在北京大学的导师李大钊就曾提出过一种黑格尔式的历史进步论。他强调历史的进程是曲折的，在这个过程中，历史进步可能会导致辩证法式的新突破。

虽然我们目前尚未找到依据，但同样值得注意的是，1919 年以前，毛泽东将“社会主义”模糊地理解为未来的良序社会。另一方面，我们已经注意到，毛泽东倾向于将“资本家”看做财富、权力及特权的掌控者。但此时毛泽东是在严格的意义上使用“资本家”一词的，还是这种“资本家”不问其财富来源而仅指那些富人，我们便不得而知了。然而，在当时的文化背景下，毛泽东所需要的恰恰是这些看法。

俄国十月革命之前，中国的传统文化和现代西方的各种理论原则都是毛泽东和他的朋友们可以选择的救国之路。人们并非都选择信仰马克思列宁主义。但我们不难发现，中国当时普遍存在的各种观念却为马克思列宁主义的传播铺平了道路。就毛泽东本人而言，这些观念不仅为他接受马克思列宁主义观点奠定了基础，而且也限 *22*
制了毛泽东对马克思列宁主义观点的确切理解。

1936 年，毛泽东对埃德加·斯诺说道：“我一旦接受了马克思主义是对历史的正确解释以后，我对马克思主义的信仰就没有动摇过。”以后，甚至在他最后的日子里，他还是反复强调这一点。毛泽东此时将自己视做一名马克思主义者。我们如果再仔细考虑一下那些影响他这种看法的相关因素，就会注意到，十月革命本身起着

1939年10月，毛泽东会见重访延安的美国记者斯诺。

重要的作用。1949年毛泽东曾讲过："十月革命一声炮响，给我们送来了马克思主义。"这句话就中国实际情况而言并不准确，但它却切合毛泽东本人的看法。19世纪中叶以后，世界历史的进步并没有在西方引发重要的革命。马克思认为，历史以渐进的方式发展。但是这却不能保证改变中国悲惨混乱的局面。辛亥革命未能实现国家政治的突破，反而使中国陷入了更为混乱的窘境。对毛泽东的良师李大钊而言，俄国革命是世界历史又在演变的标志。他写道："俄国的革命，不过是使天下惊秋的一片桐叶罢了。"[7]诚然，俄国革命是世界历史的一部分，而中国是世界的一部分。这个观点至关重要，无论是对毛泽东还是对李大钊和陈独秀而言。不久，李、陈二人就参与组建了中国共产党。我们已经强调了，在毛泽东的政治生涯中，他注重人类意志的能动性，轻视历史的"客观力量"。历史作为一种普遍的宇宙力量，将支持毛泽东的选择。换言之，历史最终将不可避免地走向共产主义，人们对此深信不疑。正是十月革命激发了这样的信仰。圣王能够塑造历史，历史同样也会支持这些圣王。最终，十月
23 革命证明了世界历史的演变，同时也引起了毛泽东、陈独秀和李大钊对革命理论基础的关注。

巴黎和会上的强权政治（最终签订了《凡尔赛和约》）、苏维埃政府宣布放弃沙俄在中国的特权，这两件事使毛泽东等人意识到，应该进一步了解列宁的帝国主义理论。列宁的帝国主义理论条分缕析地解释了资本主义国家的诸多表现，他对世界历史舞台中非西方国家的"民族解放"运动做了若干设想，并强调了这些运动的积极作用。列宁认为，在一个无产阶级革命日益临近的世界里，民族主义是暂时的。当然，毛泽东不可能会这般清晰地了解列宁的看法。在毛泽东看来，民族主义永远都不仅仅是一个工具而已，更不会沦为"资产阶级民主"的策略。

列宁的先锋队理论基本上转变了毛泽东的无政府主义—民粹主义的思想倾向。列宁论述了职业的革命先锋队的必要性，这使毛泽东更加确信，群众需要领袖。具体来说，中国共产党便是先锋队的理想组织。但毛泽东在随后的岁月里，却一直试图明确界定出政党组织和群众领袖之间的差异。

人们对马克思主义的阶级斗争理论争议很大。1920 年，毛泽东阅读了《共产党宣言》和考茨基的《阶级斗争》的中译本。我们假设毛泽东从中已经部分了解了马克思的阶级概念。前面已经谈及，社会达尔文主义将群体斗争看做进步的积极推动力。在毛泽东成为共产主义者之前，他的民粹主义思想中已经隐隐地流露出零散的阶级斗争概念。他此时的阶级斗争概念还是指法国革命初期，那些没有权力和财富的人与权力和财富占有者之间进行的斗争。当然，马克思曾经明确指出，他并未发现这种意义上的阶级斗争概念。他的创新之处在于，他根据生产关系界定了社会分工，又根据生产力和 24
生产关系的不断演进过程界定了生产关系。正是在此分析的基础上，马克思才能确定哪个阶级代表了历史进步的先锋力量。列宁对马克思的阶级理论进行了修正，但他同样认为，工业无产阶级是共产党的群众基础，是世界历史的领导阶级。关于列宁对马克思的阶级理论的修正，我在其他文章中做了大量的论述，本文不再赘言。事实上，中国共产党成立后，毛泽东的注意力就转向了劳工组织。这表明毛泽东此时已经知道了列宁的思想。但是，我们不禁要问，在毛泽东的整个思想世界中，阶级斗争理论到底在什么样的程度上构成了他思想的核心呢?

第一次国共合作期间，有人将国民党看做人民国家（四个阶级的联盟）的政党组织，这种看法多多少少含有某些列宁思想。毛泽东在当时接受了这种观点，并在这种情况下开展了许多农民运动工作。毛泽东曾正式承认过，农村斗争是城市无产阶级运动的辅助。但到了苏维埃时期，他仍将全部精力投入到了湘赣地区的乡村建设中。当毛泽东在西北地区树立了他在党内的精神权威时，他的无产阶级概念已经具有新的内涵。也就是说，在此时的毛泽东看来，无产阶级的道德品质更为重要。当然，比较耐人寻味的是，毛泽东此时的看法已经摆脱了具体的阶级参照。

当然，马克思主义认为，历史的运动规律是经济秩序所固有的，这与阶级概念紧密相连。毛泽东是从什么样的角度来理解这一思想的呢？他可能阅读过考茨基的著作，但基本上他从中得到的都是列宁主义者对马克思理论的修正。这当然要与历史密切有关。而
25 毛泽东最终以苏维埃模式为基础，简要抽象地勾勒出中国历史的发展脉络。但我们可以看到，无论何时，当他具体谈到中国历史时，总是会讲到“上层建筑”（比如儒法之辩）。正如前文所讨论的，在马克思列宁主义传入中国之前，毛泽东无疑已经承认中国“经济发展”的必要性。但这本身并不意味着中国未来发展的动力要在经济秩序中寻求。毫无疑问的是，毛泽东在表面上似乎对苏联的斯大林主义发展模式全盘接受（不管他对斯大林的对华政策有多恼怒），这其中的一个原因在于斯大林本身就曾全面修正了马克思的生产力观念。斯大林认为，苏联建设的工业生产力可以由“上层建筑”本身来承担，因而无产阶级专政本身就能以社会主义方式来建设工业。这足以使我们相信，毛泽东对斯大林主义的接受可能是由于他发现这些思想与他早年的意向志趣相投。

毫无疑问，还有许多其他因素促使五四时期的毛泽东去关注马克思列宁主义。然而，我们此刻也许应该简要地思考一下，在毛泽东成为一名共产主义者之后，马克思列宁主义思想和他早年接受的中国传统教育将对他产生什么样的影响，这些对他成为一名政治活动家和政治领袖又意味着什么。当然，就是在这一时期，毛泽东个性中的不同侧面、他作为政治领袖的能力逐渐显露出来，并且尤为重要的是，这些与他当时所处的历史情境相互交织，共同成就了这位政治领袖。人们不需要接受毛泽东对历史的分析，但他在《实践论》中所强调的“具体历史”却得到了人们的普遍认同。[8]我并不打算在文中过多地论述毛泽东的革命战略史（这里仅仅指毛泽东本人的革命战略），我需要讨论的是毛泽东在延安时期所经历的艰苦斗争。在毛泽东成为中华人民共和国领袖的过程中，这段经历对他产
26 生了深远的影响。

为了更好地表述毛泽东的这些思想要素，我们将再次回溯到毛

主义的核心思想，并从马克思列宁主义的维度进行分析。现在革命运动的群众基础绝大多数是农民，共产党的领导阶层则成分复杂，包括知识分子、半知识分子和农民。这些在客观上促使毛泽东将“无产阶级精神”确定为无产阶级的道德品质。另一方面，毛泽东着重强调，无产阶级道德品质的内化是革命成功的必要条件。这也许与他对长征经历的深刻印象有关。毛泽东早年便特别注重个人的道德培养，这可能来自对他影响颇深的梁启超和杨昌济，当然也可能是来自中国的文化传统。但无论怎样，无产阶级美德的内容都不可能是中国传统的。在毛泽东的领导下，党内的领导干部首先要培养批评与自我批评，一切服从集体需要的献身精神，游击战时的自力更生，对敌作战时的不屈不挠、奋勇向前以及铁一般的纪律等这些无产阶级品德，然后再传授给人民群众。毛泽东虽然强调群众是智慧和美德的源泉，但无产阶级美德是一种理想范式，人民群众本身仍然需要启蒙。

延安时期的革命现实促使毛泽东强调“群众路线”。当时的党员确实与群众密切相连。他们注重贴近群众生活，而不是坐在办公室里；他们也注重组织群众和教化群众。当时的共产党因地制宜，比如北部解放区的组织就比较松散分散。在延安，我们至今仍不能 27
确定的是，人民群众可以在多大程度上参与当时的政策制定。不过，如果这一时期干部和群众之间的密切联系确实是真实的，那么毛泽东此时可能已经意识到，列宁主义模式要求共产党成为一个高度精密的政党组织。

除了无产阶级精神和群众路线之外，延安的经验也让毛泽东提出了许多重要言论。他认为，用无产阶级精神教化干部和群众比给予他们经济或军事上的物质鼓励更为重要；党的干部如果受到正确的指引，就能够完成任何军事、政治、经济或教育任务；有德者可以轻而易举地掌握各种专业技（才）能。如果我们将这些观点放到当时中国西北部的环境中，毛泽东的这些教诲便可以很好地理解了。毛泽东后来探讨马克思主义的重要性，显然是要强调某种民族主义；并且，不论这种民族主义同世界共产主义运动的关系如何，它都是一种战略部署或是权宜之计。毛泽东在统一战线策略中看到了一种隐秘的可能性，他隐约地感到，中国共产党和延安根据地将会成为中华民族“健康”力量的先驱。

毛泽东主张，要用马克思主义的“矢”去投射革命的“的”。如果上面的讨论内容就是毛主义的核心，那么我们又应怎样来看待毛泽东的这个论断呢？首先，我们注意到，毛泽东在确立他自己的思想主张并成为革命运动的精神领袖时，仍在潜心研究苏联的意识形态著作。他相信，苏联是世界上第一个社会主义国家，在苏联的领导下，中国的革命（虽然成功与否还远未确定）将成为世界历史运动的一部分。毛泽东相信莫斯科所展现的社会图景。尽管他对斯大林有一种矛盾心理，尽管他将自己看做中国革命的理论权威，但他对苏联的社会主义本质深信不疑。我们在前面已经讨论过，毛泽东与斯大林的某些理论格外一致。毛泽东认同斯大林用社会主义方
28 式实现工业化的观念，他同样也相信文学作品中所描写的社会主义斯大林模式。作为20世纪社会主义的缔造者，毛泽东对斯大林片面地强调重工业的做法坦然接受。事实上，我们甚至可以猜测，毛泽东也许会对斯大林模式背后的民族主义动机产生共鸣。毛泽东可能不赞成斯大林的清党运动，他自己所采用的领导方式也与斯大林不同，但在道德情感上他可能并不会谴责斯大林的过度整党。

当然，中国还远未达到社会主义。毛泽东的新民主主义理论认为，中国目前尚且落后，不适合发展混合经济。然而当我们回顾历史时会发现，毛泽东在结成人民联盟时主张团结“民族资产阶级”，似乎更多的是从政治角度而不是从经济角度来考量的。新中国成立以后，毛泽东希望根据斯大林在不发达国家用社会主义方法建设重工业的理论，迅速完成“社会主义改造”。

毛泽东接纳了苏联对世界本质和未来状况的看法，这也许会对延安思想的深刻内涵产生重要影响。毕竟是苏联建立了社会主义。对于还处于新民主主义阶段的中国，毛泽东的延安经验也许并不能指导中国进行社会主义建设。事实上，只有在经历了苏联模式理想的幻灭之后，再次回溯起来，毛泽东的延安思想才会在中国当时的准共产主义乡村生活中呈现出来。

对于毛泽东来说，马克思列宁主义的另一个重要影响还体现

在，他对列宁主义的哲学领袖和理论舵手的斯大林式理解。毛泽东 29
一直致力于研究马克思主义辩证法和认识论，学习列宁主义、斯大林主义模式，他将自己设想为中国革命的理论家和精神领袖。事实上，毛泽东的这种做法十分符合中国文化传统中对明君的要求。

在《新民主主义论》和其他著作中，毛泽东探讨了中国革命的马克思列宁主义理论内容。对此我认为，正是这种战略促生了他理论的形成。他的新民主主义战略得自他长期的政治经验和杰出的政治洞见，而马克思列宁主义不过是毛泽东给他的理论添加的一个框架而已。

我们应该怎样看待毛泽东的哲学著作《实践论》和《矛盾论》呢？许多人认为，这些著作是理解毛泽东马克思主义方法论的关键。毋庸置疑，这些著作意义重大。在《矛盾论》中，毛泽东强调矛盾，认为矛盾本身就是好的，它是历史发展的推动力。同时，这部著作还体现了毛泽东对事物“两面性”的重视，他倾向于在矛盾的范畴内界定宇宙的二元关系。《实践论》表明了毛泽东对自然科学经验归纳法的看法[9]，并表达了他对那些只懂书本和抽象知识的学术权威的厌恶之情。在这部著作中，毛泽东将这种归纳法与实用主义和抽象概念的绝对性和永恒有效性结合起来。然而，这两部著作真的是理解毛泽东政治生涯的关键吗？人们也许会指出，毛泽东认为只有那些具有超常洞见的人，才能够正确地运用辩证法和认识论。而无论在哪种历史情境下，我们都必须承认，这种区分主次矛
盾的能力并非来自方法论本身。同样，我们在总结综合群众那“零 30
散而毫无体系的思想”时，也有可能会犯错误，因为这也需要敏锐的直觉和超乎寻常的洞察力。

如果我们必须追寻毛泽东思想的“核心问题”，我想我们也许应该去研究他的诗集，包括新中国成立前和新中国成立后的。我们将他的诗集中重复出现的意象结合起来，也许就能大致勾画出毛泽东的思想轮廓。在某种程度上，这种轮廓印证了斯图尔特·施拉姆所说的毛泽东的“军事浪漫主义”，但似乎不止于此。当我们考虑到在中国共产主义革命经验中军事理论所起的重要作用时，在毛泽东的诗歌中出现大量的军事意象就不足为奇了。我们在毛泽东的诗

歌中总是会看到，革命队伍奋勇前进，战士们正与敌人进行不断的斗争，还有“星星之火，可以燎原”。这种意象也许并不仅仅是指革命队伍在各种复杂地形中长驱直入、战胜绝对劣势的困境，它似乎也在表明，人民群众能够克服各种反对力量而奔向未来。在毛泽东看来，共工撞断不周山，致“天柱折，地维绝”，是“胜利的英雄”，显然这种英雄领袖的意象是与前种意象交织在一起的。我们也能从毛泽东的诗歌中看到他对中国壮美山河的呼唤。毛泽东借用《庄子·逍遥游》中的鲲鹏说：“背负青天朝下看，都是人间城郭。”我们或许可以这样认为，这位具有宏大视野的诗人也是一位英雄。也许只有这样的英雄人物才能从更宏观的历史视角来观察历史，总结经验，引导民众进行革命。在这股历史洪流之中，领导者与被领导者都已经卷入而不能脱身。他们在前进过程中共历艰辛，也分享所有的成功与不幸。但只有领袖自己才会注意到，人民群众从未脱离他们的历史使命；也只有领袖自己才会让他的革命队伍一直保持这种英雄主义情怀。

在处理这些类似的诗歌意象时，我们还要考虑到它们在翻译过
31 程中可能会产生的歧义。历史的进程是必将走向安定和谐还是会不断衰退呢？我们的生活本身便具有许多特殊的意义，但真正的重要意义是在于这前进本身吗？英雄领袖这一意象仅仅代表了领袖本身还是也包括那些军事“参谋”？军队及其指挥官难道必须依赖于有效的组织和技术能力吗？也许这其中最为重要的是部队的高昂斗志和集体美德（这两者并不排斥）？如果部队本身便能完成历史任务，个体和群体又有什么作用呢？军队如果没有接受无产阶级精神的教育领导，它（包括下属军官）就不会矢志献身了吗？最后，毛泽东诗歌意象中的绝大多数都喻指奔涌前进，难道革命队伍就不会偶尔有战略撤退或风平浪静之时吗？尽管这种风平浪静往往意味着转移和逃亡。

在某种程度上，我们可以这样认为，1944 年以来的毛泽东是一位冷静谨慎的政治家，即使是那些诗歌意象也不能削弱他的这种形象。而 1949 年新中国成立以来，党的政权迅速得到巩固，毛泽东仍然按照延安时期的方法来治理国家。最初几年，新中国在法律和社

会秩序方面取得了成就，并建立了有效的新型国家政权组织。然而，在社会主义改造时期，毛泽东这位英雄领袖的谨慎和与众不同便体现得尤为明显了。他并没有清晰地预想中国的局势。他与当时党内的同志一样，都赞同听从苏联友人的技术指导，进行社会主义建设，因为苏联已经建成了社会主义。但是，毛泽东并没有放弃延安思想，他抓住了中国的不同之处。1955—1956 年，毛泽东这位中国领导人恢复了他的自信。此时，中国人民已经展示了他们达到社会主义目标的能力，在某种程度上中国甚至比苏联“做得更好”。1956 年，毛泽东和他的同事们愈加清楚地意识到，斯大林模式的社 32
会主义具有局限性。此时，为了“基本上实现”社会主义，解决现实中存在的许多问题，毛泽东发动了“百花齐放”运动。在这一相对缓和的阶段中，知识分子再次成为人民的一员。

然而，直到 1958 年的“大跃进”运动，毛泽东在延安时期的那种诗歌意境才真正地复苏起来。这段经验让我们知道，延安时代的理论名言不仅适用于新民主主义革命，在完成现代化任务的过程中，它也同样有效。在毛泽东看来，此时知识分子已经不再可靠，他们脱离了阶级队伍，而一穷二白的人民大众才会建设中国的未来。人民群众仍然是道德力量的来源，这种力量一旦迸发出来，在党的领导干部的动员和引导下，将使中国达到令人难以置信的工农业生产高度。显然，社会主义并不仅仅意味着生产资料的国有化，中国的社会主义道路也将与苏联不同。人民群众受到延安时期无产阶级精神的鼓舞，将再度走向未来。

毛泽东很难接受“大跃进”的失败，但他并没有放弃他的理想。1960—1966 年，毛泽东得出这样一个结论：党内的官员们已经放弃了社会主义的“长征”。虽然在中国共产党内，领袖之间的斗争曾经发生过，但现在却不断明朗化。党内的其他高层领导与毛泽东的看法相背离。比如，关于如何建设“富强国家”这一问题，毛泽东认为这一目标的达成要依赖于无产阶级延安精神，然而其他领导干部却并不认同。毛泽东关于中国建设社会主义的构想并未实现，他对苏联的官僚腐败现象进行了深刻的沉思，这些促使他认为，资产阶级恶习与无产阶级精神相对立，官僚势力本身便充满了

“资产阶级”化的可能性。毛泽东将领导干部从人民群众划分中出
33 来，但这并不是他要的结果。最终，“红卫兵”和“革命组织”也让毛泽东感到失望。这一时期的人民群众已经不再遵守无产阶级的纪律，中国陷入了完全的混乱状态。毛泽东在此时再次发出号召，希望人民群众组织起来，保卫国家，从事生产。他希望他还可以在文教领域继续培育无产阶级文化精神。但正是在这个“万里长征”中某个不确定的时刻，死亡压倒了他。

人们也许会推测，毛泽东遗产中的哪些部分将会延续下去。也许中国很难再如此众志成城地建设社会主义了。人民群众偶然地卷入历史的洪流中，但也要有他们自己的生活，也会不可避免地处理其他事情。即便是生活水平良好的人，他们也会特别关注他们自身的命运（不仅仅是物质激励）以及他们与他人的关系。他们会渴求安定和谐，同样也希望斗争刺激。与当时备受批评的知识分子一样，他们已经意识到生活还有许多重要的维度，这些不能被写进毛泽东的历史剧本之中。英雄领袖能够如同鹏鸟一般立于山巅，喜不自胜；而在这场运动中的战士，他们还可能有别的收获。

我们也许要慢慢发现毛泽东的那些独特的历史成就，在这个过程中，我们有可能会找到毛泽东留下来的真正遗产。1949 年以来，中国取得了社会和平与安定，恢复了中华民族的尊严；在努力发展经济的同时，它还成功保持了普遍的分配平等。同其他领导人一样，毛泽东已经意识到，斯大林模式并不适合中国的国情，中国应该优先发展农业。在中国进行现代化建设的过程中，也没有现成的
34 “现代化”模式可以遵循，中国必须找到自己的道路。这些已经构成了毛泽东时代最为坚实的历史遗产。当然，我们要讨论的还有毛泽东本人提出的棘手问题：官僚政治权力会与财产权一样成为剥削、压迫和腐败的来源吗？是否存在任何能够免于腐败的政治机构（包括共产党在内）呢？中国新的领导层正试图为中国建立稳定的制度基础，这些问题仍将萦绕在他们心头。

★马克思主义者毛泽东 35

斯图尔特·施拉姆（Stuart R. Schram）

本文的标题有两层模糊含义。其一，马克思主义仅仅是毛泽东思想的一个方面，还是如某些人所说，它构成了毛泽东革命理论和实践的精髓？其二，我们这里所探讨的马克思主义又是什么样的“马克思主义”，谁的“马克思主义”？

尽管立场截然不同，西方的毛泽东崇拜者与苏联一样，认为马克思主义（就像他们所信奉的那样）意味着真和善的同义语。因此，本文主要讨论的是毛泽东与马克思主义之间的联系。毛泽东一直是一个马克思主义者吗？又或者，他与马克思主义毫无关系？有些人将毛泽东的思想视为古今中外思想的集大成者，他们也许会质疑，将毛泽东的思想分割成若干部分，人们是否有理由认为毛泽东思想的某一部分更为重要呢？如果有人认为毛泽东的思想结构和内涵本质上是由马克思主义决定的，而与其文化环境无关，那么这些人无疑忽视了毛泽东本人曾反复倡导的不仅要使马克思主义适合中国的国情，而且要在这一新综合体内融合中西方元素。半个世纪以来，毛泽东潜心研究马克思、列宁和斯大林的理论方法，他试图利用这些原理来指导他自己的行动，阐释论证他的政策。如果我们把马克思主义仅仅看做毛泽东思想中的一个组成部分，这无疑轻视了上述事实。

至于评判毛泽东的自主精神（有人称之为“异端”，有人则称之为“独创性”）时所应采用的标准，很多毛泽东思想的研究者，包括我在内，过去都指的是“正统马克思主义”。也就是说，马克思和列宁思想的基本原理是共同的，斯大林和托洛茨基的也是如此。但这种用法有三个弊病。首先，这某种意义上似乎意味着某一个教宗或是创 36
始人，以及正确的教义，显然斯大林去世以后，这些已经不存在了。

其次，这种做法也暗示，如果对于特定时间的特定问题，毛泽东表现出来的立场与正统马克思主义不一致，这无异于表明他的思想和政策都走入了歧途。对于这样的普遍观点，我并不认同。考虑到“正统”一词有时会给读者造成某种刻板印象，这个词最好先废弃不用。最后，不确切地交替使用“马克思主义”、“马克思列宁主义”、“正统”、“马克思主义传统”等诸如此类的惯用语，会使人们眼花缭乱，因为这种用法模糊了马克思主义在不同发展阶段的区别，尤其是马克思的马克思主义和列宁的马克思主义之间的差别。

马克思本人的著作几乎涉及一切可以想见的领域，从哲学到社会学，包括经济学；而列宁却把马克思主义的范围缩小了，他将其局限在夺取政权斗争的策略上，即便他撰写了一本乌托邦式的《国家与革命》，并花费大量精力在那场几被遗忘的科学哲学争论上。然而一二十年前，人人也曾这样议论过毛泽东，那时毛泽东的形象主要是一名游击战士，他的农村包围城市理论为非欧洲国家设计了一种新的革命模式。今天，从最近出版的材料中可以看出，成熟了的毛泽东既是一位哲学家，又是一位战略家，这是毋庸置疑的。

一方面，毛泽东一直为人类的终极命运而战斗（马克思和列宁都没有），他不断进行反思（马克思比列宁更有心于此）；另一方面，他还要掌握政权，努力缔造一个革命国家（列宁也曾这样努力过，后因病中断），改造社会和经济。毛泽东和列宁有着巨大的差异，这不仅在他们所面临的环境，而且在他们所采取的解决方式上有所体现。但
37 他们对待政治的态度又极其相似，他们都认为，在夺取政权前后，政治始终是人类活动中最终规定一切其他活动的主导因素。

那么，这种对政治的强调，倘若不按字面上的含义来理解，是否与马克思本人的思想相矛盾呢？虽然我们承认，人类社会的发展是受客观规律支配的，但同时，马克思也强调了人们认识这些规律的能力，他指出人们在理解和掌握这些规律后，还可以运用它们来改变自己的命运。马克思认为，人们创造历史的主要手段是阶级斗争，而政治作为各阶级利益集团争夺社会控制权的战场之一，它本身便是一个半自主王国。而且在后期的分析中，马克思断言，政治变革必须紧随并产生于技术和经济体系的发展。列宁的革命思想主

张是在资本主义还没有充分发展的国家中，实行“无产阶级专政”领导下的“资产阶级民主”。在马克思的著作中，我们找不到只言片语能够与列宁的说法相对应。因而毛泽东最终断言政治优先性，他实际上追随的是列宁，而不是马克思。

总之，不论政治对于马克思有多重要，也许在毛泽东的思想中，它并不是发展的关键，也不是人类自由的唯一重要领域。毛泽东不仅把政治权力看成是革命变革的催生因素，而且视做促成新价值的想象之所，以及决定道义是非的权威所在。在某种程度上，他的这种政治权力观点更接近于传统中国思想，而不是马克思或列宁。

事实上，相比于中国五四时期的大多数同代人而言，毛泽东的西化立场转变要更为缓慢和勉强。1916—1917 年冬季，23 岁的他撰写了他第一篇公开发表的文章，文章透露出他的思想中大量的传统印记，包括从儒道经典到著名的保守政治家曾国藩（还有那些湖南文人）。两年后，他和所有人一样，渴望“打倒孔家店”，从西方的“新思想”中得到启发。但是，对毛泽东和所有中国人来说，他们在吸收西方思想时都存在着心理和知识上的障碍。1958 年，毛泽 *38*
东以其特有的睿智提出了这个问题：

> 自从秦始皇以来，从来不把外国人放在眼里。过去谓夷狄之邦；到了满清末期，外国人打进来了，打怕了，都变了奴隶，感觉不行了。从前骄傲，现在又太谦虚，来个否定之否定。[1]

19 世纪中叶以来，对于一个长期自诩为文明世界中心的民族而言，要向使它沦为半殖民地的洋人学习，的确让中国人感到羞辱不堪。并且，人们要理解这些完全来自不同文化历史背景的概念和思想，同样也存在着知识上的困难，即便在某种程度上，中国相对于亚洲的其他国家而言，这种困难要小得多。在马克思主义与中国传统文化的思想碰撞中，西方强调人类经验的历史维度，但这对于许多非欧洲国家而言却显得陌生和不可思议。西方对历史的所有重要解释，包括像马克思主义这样积极进取的反经院哲学，最初均起源于犹太—基督教的历史神学，其中多少带点神学的末世论色彩。尽管中国革命前的各主要思想流派都不作这些救世愿景，也没有什么进步观念，但这些思想流派大都谨慎地看待历史。

审慎地看待历史意味着审慎地看待政治。不管中国传统文化中各派思想包括经典道家，与儒学有多大的不同，它们都会把统治看做某种“天人感应”的结果。[2]

39 因此，由于中国的国家观念长期被赋予如此的要求，这就为列宁主义模式的现代化专政制度提供了一个比较有利的环境。对于那些半个世纪前就着手于革命的人来说，他们的目标与中国当时的态势以及组织模式之间存在着尖锐的矛盾。这其中以脑力劳动者和体力劳动者之间、政府和社会之间的关系矛盾最为厉害。

《民众的大联合》一文发表于1919年7—8月，此时毛泽东刚刚投身革命，他对马克思主义几乎一无所知，但他却富有预见性地提出了中国面临的基本困境：

> 原来中华民族，几万万人，从几千年来，都是干着奴隶的生活，只有一个非奴隶的是“皇帝”（或曰皇帝也是“天”的奴隶）。皇帝当家的时候，是不准我们练习能力的。政治，学术，社会，等等，都是不准我们有思想，有组织，有练习的。
>
> 于今却不同了，种种方面都要解放了。[3]

不到1年，毛泽东转而信奉马克思主义；不到10年，毛泽东对列宁主义战略和策略有了基本了解；不到20年，在延安时，毛泽东就精通了马克思主义，并开始撰写具有重大理论意义的著作。然而，他在组织力量夺取政权并领导中国走向社会主义的过程中不得不面对的问题仍然是那些他在1919年就阐释过的问题，虽然他那时信奉克鲁泡特金更甚于马克思。那么，为了中华民族的复兴，毛泽东所需要的“思想”和“实践”之间的关系究竟是怎样的呢？而且，一方面，要使毛泽东梦想的伟大事业取得胜利，中国就迫切需要组织起来；另一方面，中国人民又普遍要求“解放”，毛泽东曾预言，中国人民在遭受几个世纪的压迫和停滞之后，“解放”的要
40 求必将像激流那样迸发出来，那么人们又应如何调和这一矛盾呢？

早在1921年7月中国共产党建立之前，毛泽东就已经组织城市知识分子从事政治活动。他那时积极研究激进思想，积累了丰富的经验。此后，他当了两年的工会组织者。在第一次“统一战线”期

间，他在上海、广东的国民党机关工作了一两年。然而，真正促使毛泽东对革命理论做出独创贡献的则是他在1925—1927年领导农民运动时所积累的那些经验。

在1926年9月发表的题为《国民革命与农民运动》的重要文章中，毛泽东开宗明义："农民问题乃是国民革命的中心问题"。不过，这句话本身并不引人注目。因为从1925年中期起，中国农村已经掀起了革命活动的高潮，这吸引了那些城市取向的革命者的关注，以至于后来国共两党发言人每次讲话时都要关心农民运动，这几乎成了当时的陈词滥调。但另一方面，毛泽东依据中国社会的结构证明了农民的重要性，却的确是引人注目的。

这大体上可以概括为两点。首先，"经济落后之半殖民地革命最大的对象是乡村宗法封建阶级（地主阶级）"。这构成了反动势力的基础，因此必须在乡村给予其致命一击。"……若无农民从乡村中奋起打倒宗法封建的地主阶级之特权，则军阀与帝国主义势力总不会根本倒塌。"其次，除了偶尔提到"进步的工人阶级"的领导，农民被描绘成是比工人更坚定和更彻底的革命者。目前，工人正在寻求的只是诸如集会结社之自由等有限目标，却不是立即推翻资产阶级。相反，"乡村的农民，则一起来便碰着那土豪劣绅大地主几 41
千年来持以压榨农民的政权……非推翻这个压榨的政权，便不能有农民的地位"[4]。换言之，工人（现在，但到底会持续多久？）只是改良主义者，他们满脑子"工会意识"，而另一方面，农民则意识到了他们在社会中所处的中心地位，并且在政治、经济上千方百计地开展广泛的斗争。

从这个时期起，虽然毛泽东仍确信中国革命的重心在农村，但他再也没有像这样从理论上强调农民的作用。相反，他一再重申农民必须接受工人阶级领导这一马克思主义原理。确实，在随后几十年的知识求索中，毛泽东坚持不懈地寻求可以把无产阶级专政与中国社会远景相结合的道路，而这远景却是他早在1926年就孜孜以求的。

半个世纪以来，包括新中国成立前后，毛泽东一直力求把马克思主义与中国实际结合起来。当然，夺取政权斗争的客观条件同建设社会主义迥异。但 1949 年以前他一直关注的那些主旨问题已经足以证明，1926—1976 年他的处理方式始终如一。

如果我们不是仅仅从外部评价其结果，而是力图理解对毛泽东本人而言，中国文化与源起于西方的革命理论的思想交锋究竟意味着什么，也许比较合适的方法就是从毛泽东对二者之间关系的看法入手。1938 年，在即将与中国共产党内的国际派（即亲苏派）摊牌的情况下，毛泽东讨论了“马克思主义中国化”这个问题。20 年
42 后，他再次决心要摆脱苏联的束缚，并设计出一条独特的“中国式社会主义道路”。由于毛泽东一心思索中国国情，而且“中国化”这个词已被多列士等欧洲共产党人滥用，因此毛泽东不再使用“中国化”这个提法，但他却一再提出这个问题。20 世纪 30 年代到 60 年代，毛泽东关于这个问题的许多论述前后并不完全一致，有些甚至自相矛盾。然而，我们还是能够确定其中始终不变的观点，也可以看出几个尚未解决的矛盾。

1938 年 10 月，在毛泽东号召“马克思主义中国化”的经典性表述中，他将其界定为“使马克思主义在中国具体化，使之在其每一表现中带着必须有的中国的特性，即是说，按照中国的特点去应用它”。对于毛泽东来说，给马克思主义染上中国特色，意味着他赋予马克思主义以“新鲜活泼的、为中国老百姓所喜闻乐见的中国作风和中国气派”。但是，一项更为根本的事业在于，要改造马克思主义本质以适应中国国情。但这种马克思主义形式的中国化仅仅是这项事业的一种外在表现罢了。

在毛泽东看来，这项改造工作又应当包括哪些内容呢？一方面，应该重塑马克思、列宁的思想和方法，使其适应中国这一经济落后的半殖民地农业国家。但这还只是他心中所想的一部分。他写道：“今天的中国是历史的中国的一个发展；我们是马克思主义的历史主义者，我们不应当割断历史。从孔夫子到孙中山，我们应当给以总结，承继这一份珍贵的遗产。这对于指导当前的伟大的运动，是有重要的帮助的。”[5]同样，1942 年 2 月，毛泽东再次号召他的同志们：“应用马克思列宁主义的立场、观点和方法，认真地研究中国的历史，研究中国的经济、政治、军事和文化，对每

一问题要根据详细的材料加以具体的分析，然后引出理论性的结 43
论来。”[6]

在毛泽东看来，马克思主义必须采用“民族形式”，故而“民族形式”不仅包括从中国过去的典籍中引章摘句，还要吸取其精神实质。那么，毛泽东所建议的这种从“历史上的中国”经验中汲取精华的方法，它的本质是什么呢？其中又有哪些有利因素呢？毛泽东延安时代的著作似乎暗示，毛泽东当时思考的可以笼统地被界定为治国之道。到 20 世纪 50 年代他重提此事时，这一点得到了完全证实。1959 年 2 月，毛泽东说道：“有些东西，不要什么民族风格，如火车、飞机、大炮，政治、艺术可以有民族风格。”[7]

到了 50 年代中期，毛泽东开始怀疑苏联模式的价值，尽管他依然敬重马克思、列宁、斯大林的遗产，但却逐渐地从遵循马、恩、列、斯所做贡献的“基本特征”转向修改和发展它。因此，1956 年毛泽东写道，马克思主义是放之四海而皆准的普遍真理，我们必须接受。但是，这个普遍真理还必须同各国革命的具体实践相结合。[8]另一方面，在 1960 年莫斯科会议上，中国受到了“把马克思列宁主义中国化”的指责，为此毛泽东在 1961 年 1 月回应道：

> 马克思列宁主义在根本上是一样的，但枝叶上有所不同，正如树各有其不同的枝叶一样。每个国家的条件不同。过去我们吃了亏，就是不注意调查研究，只讲普遍真理。[9]

这是一篇令人感兴趣的讲话，它反映了毛泽东含糊的基本立
场。在中文里，“枝叶”这样的比喻一般指无关紧要的事，但毛泽 44
东的这种阐述依然表明，这有可能意指马克思列宁主义这棵树移植到中国后已经发生了极为重要的嬗变。为了判断情况是否果真如此，我将考察毛泽东的思想和实践中的三个重大方面：领导模式、工农的作用及发展和历史进程的辩证法。

毛泽东关于社会变革中政治领导作用的思想自在延安时期形成以来，就似乎含有看起来矛盾实则互补的两个方面。其一，他再次确定了，列宁对马克思主义的重大贡献之一是由革命精英实施集中领导的原则。1942 年 2 月 1 日，他在发动整风运动的讲话中抱怨：

“一部分同志……不懂得党的民主集中制，他们不知道共产党不但要民主，尤其要集中。他们忘记了少数服从多数，下级服从上级，局部服从全体，全党服从中央的民主集中制。”[10]与此同时，他号召实行“群众路线”。在1943年6月1日的指示中，有一段毛泽东界定群众路线内容的名言：

> 凡属正确的领导，必须是从群众中来，到群众中去。这就是说，将群众的意见（分散的无系统的意见）集中起来（经过研究，化为集中的系统的意见），又到群众中去作宣传解释，化为群众的意见，使群众坚持下去，见之于行动，并在群众行动中考验这些意见是否正确。然后再从群众中集中起来，再到群众中坚持下去。如此无限循环，一次比一次地更正确、更生动、更丰富。这就是马克思主义的认识论。[11]

以此观之，认为普通群众可以成为制定正确政策的思想源泉，
45 并且认为他们能够反过来理解这种政策，而不是盲目地执行政策，这标志着同中国传统思想的中心问题的巨大决裂。孔子曾言：“民可使由之，不可使知之。”[12]五四运动以来，即便毛泽东号召保护中国遗产中仍然进步和有用的东西，但他仍力图从中国人头脑中铲除儒家思想的这个方面。列宁主义原理认为，向工人阶级灌输阶级意识只能从外部进行，更广义地说，共产党作为无产阶级的先锋队，必须向整个社会提供意识形态指导。毛泽东在这样做的时候也并未对此原理产生怀疑。上面引述的毛泽东关于群众路线的指示十分清楚地表明：群众虽然为革命运动领袖所信任，但归根结底是让他们相信，靠他们自己是根本不可能进行系统的阐述的。

直到毛泽东生命的最后，他在延安时期提出的领导方法和领导过程中的认识论思想始终是他思索问题的核心。关于权力结构问题，1956年4月他在总结中央和地方的关系时说道：

> 必须要有适当的积极性和独立性。省、市、地、县、区、乡都应当有……当然，也要告诉下面的同志哪些事必须统一，不能乱来。总之，可以和应当统一的，必须统一，不可以和不应当统一的，不能强求统一。两个积极性总比一个积极性

好……简而言之，地方应当拥有适当的权力，这对我们建设强大的社会主义国家比较有利。[13]

建设一个“强国”是毛泽东毕生所愿之一。1958年1月，在一份 46
实际上奠定了“大跃进”蓝本的指示中，毛泽东以赞赏的口吻引用了1953年创作的八句歌诀（他说，目的在于反对“那时的分散主义”），并把它看做对政治、经济体制各司其职的指导原则的概括：

大权独揽，小权分散。
党委决定，各方去办。
办也有决，不离原则。
工作检查，党委有责。

接着，毛泽东详细解释了八句歌诀的意思：

这几句话里，关于党委的责任，是说大事由它首先作出决定，并且在执行过程中加以检查。“大权独揽”是一句成语，习惯上往往指的是个人独断。我们借用这句话，指的却是主要权力应当集中于中央和地方党委的集体，用以反对分散主义。难道大权可以分揽吗?[14]

因此，留给地方的就是，在执行中央“大权”决定的基本政策过程中加以创新。尽管这些同根之蔓仅仅掌握了有限的权威，但是，毛泽东将群众路线界定为“马克思列宁主义认识论”，在此情境下，他们在领导过程中就起到了至关重要的作用。因此，1962年1月，毛泽东再次强调必须“在党内外”把民主和集中结合起来，并反复指出集中比民主更必要。之后，他继续说：

没有民主，不可能有正确的集中，因为大家意见分歧，没有 47
统一的认识，集中制就建立不起来。什么叫集中？首先是要集中正确的意见。在集中正确意见的基础上，做到统一认识，统一政策，统一计划，统一指挥，统一行动，叫做集中统一。……没有民主，意见不是从群众中来，就不可能制定出好的路线、方针、政策和办法。我们的领导机关，就制定路线、方针、政策和办法这一方面说来，只是一个加工工厂。大家知道，工厂没有原

> 料就不可能进行加工。……如果没有民主，不了解下情，情况不明，不充分搜集各方面的意见，不使上下通气，只由上级领导机关凭着片面的或者不真实的材料决定问题，那就难免不是主观主义的，也就不可能达到统一认识，统一行动，不可能实现真正的集中。[15]

这段话着重强调：如果领导者希望进行正确有效的领导，那么他们必须倾听群众的呼声。但与此同时，毛泽东也讲得很清楚：最终做出正确决定的“加工厂”必将是党中央。在任何情况下，无论是好是坏，相比于“文化大革命”高潮时期许多人（包括我本人在内）所愿承认的，毛泽东的政治态度始终拥有更为深切的列宁主义影响。那时，毛泽东不仅猛烈抨击党，还贬低甚至否定权威的重要性和合法性。某些西方极左分子鼓吹，权力不仅最终属于群众及其各级自发组织，而且应当由他们来实际行使。人们那时普遍认为，毛主席已经赞同了这种观点。

实际上，不论在“文化大革命”中毛泽东如何对除了自己的所
48 有权威表示怀疑，但现在我们知道，1967 年年初毛泽东确实面临着要在列宁主义和无政府状态之间进行抉择的问题，此时他无疑已经认识到何者才是正确的。1967 年 2 月，在与张春桥、姚文元谈话时，他注意到上海市人民委员会要求把所有的“部长”都取消，对此他批评道：极端的无政府主义，是极端反动的。这是谁搞的？现在都不愿叫×××长，叫勤务员、服务员。其实这只是形式，实际上总是还有长的。[16]接下来，他继续讨论了他对建立“人民公社”的各种反对意见，比如遍观全国各地，张、姚刚在上海建立公社，就最终把国家的名称改成“中华人民公社”，对此他说道：

> 如果都叫公社，那么党怎么办呢？党放在那里呢？因为公社里有党员、非党员，公社里的委员有党员和非党员，那么党委放在那里呢？……有个核心嘛！不管叫什么，叫共产党也好，叫社会民主党也好，叫社会民主工党也好，叫国民党也好，叫一贯道也好，它总得有个党……公社总要有个党，公社能不能代替党呢？[17]

之后九年的历史清楚地表明，毛泽东认为这一点是不可能的。

因此，在社会权力结构方面，毛泽东这番话表明他仍然坚持列宁主义传统。然而，他对待领导权问题的方式与列宁相比却存在着重大差别，更不用去说斯大林了。一方面，中国普遍比苏联更着重强调倾听群众呼声和向群众学习。另一方面，毛泽东所寻求的群众积极参与并建议向群众学习，这个“群众”首先指的是中国农村 49
群众。

数十年前，当毛泽东第一次彪炳为“农民革命家”时——当然，这是指他夺取政权的方式——即将精力集中在以农村为基础的游击战上面。与 1949 年以后相比，这种情境下的工人阶级领导权问题以不同的形式引发，但却较易处理。

在井冈山革命根据地及江西苏维埃政权时期，共产国际经常指责中国共产主义运动缺乏正统性，故而在其 1931 年 8 月 26 日的决议中宣称：“保证无产阶级统治和革命的胜利发展的唯一条件是：中国共产党不仅在其政治路线，而且在其构成上都变成一个无产阶级政党，并且工人党的所有领导组织都由工人掌握。”[18] 此时中苏争论日益激烈，库西宁在回忆 20 世纪 30 年代的这些指示时声称，共产国际的批评是绝对合乎情理的。[19]

对此，公允地来看，中国共产党首先就是在沿海城市的工人中发展起来的，在党和红军的干部中仍有一些工人（虽然数量不多），也因此二者都处于运用无产阶级领导权的地位。而且，如果说当时军队比党的人数更多、力量更强的话，那么这可以从斗争环境来解释。然而无论如何，毛泽东已经明确规定了党指挥枪的原则。

在一个农业占绝对优势的国家里建设社会主义，而且尤其重要的是，要同时在农村和城市建设社会主义，这不可同日而语。1949 年 3 月，由于胜利在望，毛泽东转而考虑夺取政权后可能会出现的问题，并宣布今后他将按正统方式办事。他说：“从一九二七年到 50
现在，我们的工作重点是在乡村，在乡村聚集力量，用乡村包围城市，然后取得城市。采取这样一种工作方式的时期现在已经完结。从现在起，开始了由城市到乡村并由城市领导乡村的时期。党的工作重心由乡村移到了城市。”[20]

然而，“照搬苏联”的政策（正如毛泽东在1962年所说）早在1955年年中就被部分否定了。1955年7月31日他在关于农业合作化问题的讲话中明确地推翻了列宁、斯大林关于机械化是农村现代化和合作化的必要前提的论点[21]，并宣称，由于中国的现有条件，尽管技术改革与社会改革要同时并进，但“技术改革的时间，比较社会改革的时间，会要长一些”[22]。

这时有极大的可能进行工作重心的转移，一方面转移到强调城乡之间更加均衡（始自1955年），另一方面也要转移到当时中国政府所面临的经济和人口问题上，同时，由于听任农村改革而使其落后于城市，由此产生的社会、政治后果也是要考虑到的。我在此不可能深入探讨这一问题，我们这里所要重点探讨的是，从政策开始发生转变的时刻起，中国革命在进一步发展中必须注意的工农关系问题已经在不同的情境下产生。

1955年12月，毛泽东在七月讲话发表后的农业合作化高潮期间比较了中国革命和苏联革命，认为：

51 我国和苏联比较：(1) 我是二十多年根据地经验，三次革命战争的演习，经验极其丰富……很快组成国家，完成革命任务。(苏是新起家，十月革命，无军，无政，党员少。) (2) 我有苏联及其它民主国家之助。(3) 人口众多，地位很好，勤苦耐劳。不合作化，农民无出路。中国农民比英美工人还好，因此可以更多、更好、更快地进到社会主义，不要老比苏联。[23]

因此，甚至到了1955年年底，当毛泽东刚刚开始思索开辟中国独立发展的可能道路时，他首先是从政治上考虑的。一方面，他认为，由于他们是经过20年的农村斗争而取得政权，而不是立即夺取首都城市政权的，因此1949年时的中国共产党人比1917年时的列宁和他的同志们更清楚地知道，如何向基层群众行使权力并获得他们的拥护。这样，他们就能够在牢固的基础上建立他们的新国家。另一方面，在毛泽东看来，中国农民为建设社会主义社会提供了充足的人力资源，而且他们必须在建设过程中充分发挥作用。

然而，让农民充分发挥作用，对于毛泽东来说，并不意味着把工人和农民放在同等地位。在1958年11月第一次郑州会议上，针对“大跃进”的后果，毛泽东说：“在没有实现农村的全民所有制以前，农民总还是农民，他们在社会主义的道路上总还有一定的两面性。”[24]在1959年2—3月的第二次郑州会议上，毛泽东反复几次强调了这个提法，并进一步认为，在现阶段，工人，而不是农民，在两者的关系中仍然发挥着“老大哥”的作用。[25]

毛泽东这里认为，工人是农民的“老大哥”。这一点与其说是 52
毛泽东按照马克思列宁的方式做出的理解，即毛泽东相信工人本身
被赋予了农民无法比拟的组织能力和纪律性，不如说真正的原因在
于在经济发展领域和以之为基础的技术领域，他们（工人）是现代
知识的载体，而现代知识正是解决毛泽东在1949年提出的教育农民
这个“严重问题”所需要的。[26]但另一方面，采取传统的马克思主
义立场，强调城市工人阶级政治、经济的优先地位，在中国这样的
国家里，则意味着让一个远离中国社会重心的集体和在多方面与民
族传统格格不入的观念处于特权地位。

毛泽东的解决办法并不像有些时候表现出来的那样容忍列宁主义在其头上，并以某种农村道德优越论的民粹派神话为名，将革命的领导权交给农民；反之，他日渐趋于将列宁主义同中国的实际结合起来。实际上，农民面临着一个困境：一方面，他们是社会的中坚力量；另一方面，他们又是社会建设中工人阶级的小弟弟。在这个过程中，关于毛泽东是否找到了解决这个困境的理论办法仍是一个争论不休的问题。总之，只有了解毛泽东对社会变革的设想（将之描述为中国革命的不同阶段），知晓他力求实现这些设想的方法，以及他据以形成革命发展理论的哲学观点，才能在更广阔的情境中充分理解毛泽东关于工农关系的思想。

如果我们要比较毛泽东和19世纪中叶的欧洲人马克思的历史
观，有两点尤其值得注意。首先，马克思一直生活在产业革命的余
荫之中。自人类历史有文字记录以来，这一阶段内人类掌控自然的
能力得到了最迅猛的增长。因此，对于欧洲资产阶级在进行这一宏 53
伟事业中所取得的成就，马克思以深切的赞赏之情进行了大量的论
述。他认为，当资产阶级已经不再具备领导社会进步的能力时，无
产阶级专政取代资产阶级专政的时刻就来临了。然而，只有在资产

阶级已经实现扩大生产的基础上，这一点才有可能实现；没有这个基础，任何社会主义思想便始终是空想。换句话说，通过技术来拯救人类的思想并非是赫鲁晓夫及其门徒的发明，甚至也不是列宁或斯大林的，而是马克思思想的真正核心。

其次，虽然马克思在1848年就已经独特地观察到应当清理法国大革命和拿破仑时代遗留的某些“封建残余”，但他的一生却主要是在资本主义社会中度过的。诚然，他的著作涉及了西欧从封建主义向资本主义的过渡，而且他也密切注视着诸如俄国、印度、中国等“东方专制主义”国家中发生的当代时事。但因为没有亲身经历，他并不知道从一种“生产方式”向另一种完全不同的方式转变究竟意味着什么，更加体会不到毛泽东及其同代人经历两三次这样的变革时的感受了。

正是在这个背景下，马克思详细地阐释了他的历史实践论。他认为，个人和集体自由构成了人类经验中的最高形式，其物质基础已然奠定。只要建立无产阶级专政，施行社会和经济组织的必要变革，那么这些理想就能得以实现。自由王国是人类力所能及的，而且也不用怀疑它所指明的方向。即使仅采取社会主义革命并不会一夜之间实现乌托邦理想，但是它却会开辟出一条道路。因此在塑造整个历史进程时，不管马克思在多大范围内考虑了人类的主观能动
54 性，对于那些生活在资本主义社会的人来说，接下来的行动似乎不言自明，就像是实际上已经被预先决定好了的。

在所有这些方面，毛泽东和马克思经历上的差异十分明显。首先，中国并不存在建立一个新的自由王国的物质基础。而工人阶级本应是社会主义斗争的领导者，然而在20世纪20年代，甚至到了1949年，尽管并不那么无足轻重，但却仍然处于边缘地位。关于毛泽东出生时的社会，不管我们称其为“封建社会”、“半封建半殖民地社会”，还是叫它“亚细亚社会”，总之，它几乎没有受国内外资本影响的触动，而且长期以来地主一直比资产阶级掌握更大的权力。列宁曾经遇到过类似的问题，但没有如此严重。他以“先锋队党”形式打造了处理这些问题的工具——“无产阶级政党”，这个组织在1917年夺取了政权，并取代资产阶级继续进行产业革命，从而极大地

扩充了城市工人阶级的队伍，创造了党的阶级基础。

1949年，毛泽东指出，此后中国共产党的工作重心将“由乡村转向城市”。这十分清晰地表明，他主张在此方面遵循列宁模式。但是他这样做所能倚靠的社会基础过于狭小，而且过程极其复杂，后果就更是难以预料。在这种情况下，无怪乎他会开始思考他自己的发展路径，阐释他自己的辩证法原理，设想某些不确定性。并且，他认为，对于一个由多层文化和风俗传统积累而成的复杂社会而言，这些不确定性是其所内在含有的。

毛泽东在许多场合中常用剥“皮”这个比喻来描述中国革命的各个连续阶段：

> 我说中国有五张皮，旧有的三张，帝国主义所有制，官僚资本所有制，封建主义所有制，过去知识分子就靠这三张皮吃饭，此外还靠一个民族资本主义所有制，一个小生产者所有制。我们
> 上一回民主革命，不过革那三张皮而已，从林则徐算起，一直革 55
> 了一百多年。社会主义革命革两张皮：民族资产阶级所有制同小生产者所有制（小资产阶级所有制）。这五张皮现在都不存了。老皮三张久已不存，新皮二张也不存了。现在剩下什么皮呢？有社会主义所有制这个公有制这个皮。当然，这又分两部分，一个全民所有制，一个集体所有制。[27]

因此，毛泽东认为，从“资产阶级民主革命”到社会主义革命，从社会主义到共产主义，交替演进。后两个阶段中的国家性质应被界定为无产阶级专政。实现共产主义必将包括集体所有制（它已取代了个体所有制）向全民所有制的转型。因此，毛泽东的思想仍然长期受到列宁主义传统的

1956年5月2日，毛泽东在最高国务会议上作《论十大关系》的讲话。

影响。然而，对于实现这些发展的力量，以及动员和联合这些力量的方法，毛泽东与列宁的观点并不一致。

恰在 1956 年 4 月《论十大关系》的讲话中，毛泽东首次系统发展了关于中国社会的辩证法思想，这被看成是非欧洲社会涉及经济发展和文化变革的典范之作，也许亦是毛泽东自己对马克思主义最为重要的贡献。为这一分析奠定基础的是他的直觉：物极必反。因此，他认为，若想发展经济的某一方面，比如重工业，就必须注重与它互补的轻工业和农业。[28]

因此，通过勾勒经济工作的基本格局，中国不再像苏联那样片面强调重工业是唯一的关键部门。在农民和农村尤其占重要地位的
56 中国，毛泽东已经奠定了符合中国实际的社会主义道路的基础。毛泽东在 1956 年 4 月的讲话中虽然并没有展现中国社会的静态图景，但却强调了整个发展过程中各部门的动态关系。两年后，“大跃进”前夕，毛泽东在他的“不断革命”论中掀起了这场讨论。[29]

在毛泽东理论中，“不断”这个词含有两种截然不同的内涵，恰与极为复杂的思想结构中的两个主要方面相一致。一方面，它指的是不停的变革和动荡。毛泽东认为，在一个充斥着矛盾并正在经历快速变革的社会中，发生这样的状况是不可避免的。另一方面，它也是在告诫领导者永远不要让人民自满，要通过不断布置新任务来激发他们的热情。第二个方面的问题少一些，因此我将先探讨这个方面。

毛泽东始终坚持经济的快速发展的必要性，尤其是工业生产就经济本身而言却并不足以建设社会主义。毛泽东在 1958 年 5 月论述这一问题时引用列宁的话来批评斯大林对技术和管理专家的盲目崇拜：

> 斯大林的两个口号缺乏辩证法，讲“技术决定一切”，政治呢？讲“干部决定一切”，群众呢？列宁讲得好，“苏维埃加电气化就是共产主义”，苏维埃是政治，电气化是技术，政治业务结合，就产生共产主义。[30]

毛泽东并不质疑技术精英的必要性，实际上，他不断地赞扬其作用。但他也坚持强调人和精神因素的重要性，强调动员群众政治热情的重要性。为此，毛泽东在对斯大林的《苏联社会主义经济问
57 题》的批判中对于这种作用做了最简练有力的阐述：

> 这本教科书，斯大林从头到尾没有讲上层建筑，没有考虑人，他见物不见人。……他们（苏联）只讲生产关系，不讲上层建筑，没有讲政治，没有讲人的作用。没有共产主义运动，不可能渡到共产主义。[31]

如果毛泽东认为必然要有一场运动，那么他应该如何发动呢？1958年1月发表的《工作方法六十条（草案）》谈到了这个问题。关于“不断革命”论，毛泽东如是写道：

> 在打了一个胜仗之后，马上就要提出新任务。这样就可以使干部和群众经常保持饱满的革命热情，减少骄傲情绪，想骄傲也没有骄傲的时间。[32]

当然，“不断革命”并不意味着老是在同一极端程度上保持紧张。在1958年3月的成都会议上，毛泽东再次运用战争做比，指出在“波浪式地前进”中必然要轮流进行“苦战”和“休整”，既要讲“急”又要讲“缓”。[33]最后，这正如一位中国作者在“大跃进”时期所写道的，“不断革命”论仍然是“一种不断激发干群革命热情的意识形态”[34]。

当然，毛泽东所主张的这种波浪式前进类似于他对现实运动的看法。因此，在1958年1月的指示中，他写道：

> 先进和落后是矛盾的两个极端，“比较”是对立的统 58
> 一……不平衡是普遍的客观规律。从不平衡到平衡，又从平衡到不平衡，循环不已，永远如此，但是每一循环都进到高的一级。不平衡是经常的，绝对的；平衡是暂时的，相对的。[35]

乍一看来，毛泽东的观点与托洛茨基几乎一致。因为托洛茨基曾写道：

> 在不能确定的长时期内，一切社会关系都是在不断的内部斗争中得到改造的。社会正在不断蜕变……经济、技术、科学、习惯和风俗等方面的剧变，伴随着它们的发生，形成彼此联合互反的复杂关系，以至于社会不可能达到平衡状态。这就是这种社会主义革命的不断性。[36]

当然，20世纪50年代以来苏联一直指责毛泽东是“托派”，但是尽管二者使用社会“剥皮”这一比喻时表现出了惊人的一致，但毛泽东的“不断革命”论和托洛茨基的相比显然不同。其中最明显的差异表现在两人对待农民的态度上。在对待农民（无论亚欧）政治能力的问题上，托洛茨基的观点比列宁还要悲观。因此，他比列宁更强硬地坚持工人阶级在整个社会主义革命阶段的绝对领导。而另一方面，毛泽东却认为政治优先和工人的绝对主导地位更为重要。在讨论政治与业务时，毛泽东按照“两个对立物的统一”的观点，如是看待“红”、“专”二者之间的关系：

> 思想工作和政治工作，是完成经济工作和技术工作的保证，它们是为经济基础服务的。思想和政治又是统帅，是灵魂。只要我们的思想工作和政治工作稍为一放松，经济工作和技术工作就一定会走到邪路上去。[37]

59 的确，对业务工作知之甚少，又不懂实际的政治家，不过是“假红”，必须“把政治和技术结合起来”。但这场讨论的重任却在于，不仅仅是领导干部，中国社会中的每个人都要尽可能做到又红又专，坚定地以政治挂帅。而且，农民与工人都必须进行这种改造。因此，在农村普及基本技术知识就显得日益重要了。

1958年春，毛泽东划分了中国社会存在的成分。从其划分方式中可以看出，他即便没有完全把工农等同起来，也差不多了。1958年3月20日，毛泽东在成都讲话中列举了中国当时所有群体中形成的“三大阶级”，在提及“敌对阶级”和“民族资产阶级”之后说：“第三个就是左派，这就是说劳动人民，工人、农民（事实上，存在四个阶级——农民是一个独立的阶级）。”[38]

两个星期后在汉口，证明了两个独立“劳动阶级”的说法绝不是毛泽东事后添加的。二者被说成是“在我们党的领导下做工和种地”，它们对应着两个剥削阶级，并且民族资产阶级中甚至包括了富裕中农。[39]换言之，整个社会被分为两大对立集团，而毛泽东认为这种二元性才是根本的。

别的暂且不论，关于国家现代化中农民和民族资产阶级的各自贡献这一问题，毛泽东的这种阐述就反映出了他和列宁的分歧。对此毛泽东一清二楚。20 世纪 60 年代初，毛泽东在读苏联《政治经济学教科书》的笔记中寥寥数语总结概括了这个问题，他说：

> 在进行社会主义改造时，我们是联合农民起来反对资本 60
> 家，而列宁在一个时期曾经说过，宁愿同资本家打交道，想把资本主义变成国家资本主义，来对付小资产阶级的自发势力。这种不同的政策，是由不同的历史条件所决定的。[40]

毛泽东将中国社会极化为两股对立的力量，这种做法非但没有定义明确，反而促成了两个对立阶级结构的转变。同样，这也反映出毛泽东的实践论和辩证法中日益渗透出来的不确定性。常有人认为，理解毛泽东的思想的关键在于 1937 年《矛盾论》一书，并且，在某种程度上，他的全部革命理论都可以从此推演而出。婉转一点说，这种看法多少有点儿言过其实。毛泽东所赋予的矛盾的重要性确实是他思想的核心特征。他不仅在矛盾中发现了一切变革和发展的原动力，而且看到了某种实践。毛泽东认为，社会主义条件下充斥着内涵丰富的矛盾，这在《矛盾论》中已初见端倪[41]，但直到 50 年代才被明确地阐述。然而，这就意味着毛泽东对马克思主义的阐释显然应该在此观点中寻找。另外，毛泽东本人曾告诉我们，在 1949 年以后，许多中国人认为他对矛盾的解释更多来自阴阳学说而不是马克思主义。[42]而且，可以肯定地说，自 1918 年起到毛泽东生命终结，他的著作中均隐隐流淌出古代道教辩证法的余音。

1958 年 5 月，毛泽东宣称他的辩证法观点与列宁“多少一致”，但与斯大林的观点“不大一致”，因为斯大林“否认矛盾”，认为“社会主义社会的生产关系完全适应生产力的发展”。但毛泽东又说：“他（斯大林）逝世前又写过一篇文章[43]否定了他自己……”

自 1957 年起，毛泽东不断反复强调矛盾的普遍性，包括在社会 61
主义条件下。相比于斯大林的思想，毛泽东的观点确实与列宁的更为一致。但到了 20 世纪 60 年代，毛泽东就开始公开他的读书笔记了，即便这些是马克思主义传统本身并不具备的。例如，他在阅读苏联《政治经济学教科书》时，对“彻底巩固集体农庄制度”的提法评论道：

> “彻底巩固”这四个字看了不舒服。任何东西的巩固，都是相对的，怎么能彻底？如果从有人类以来，所有的人都不死，都“彻底巩固”下来，这个世界怎么得了？宇宙间、地球上的一切事物，都是不断发生、发展和死亡的，都是不能“彻底巩固”的。
>
> 社会主义一定要向共产主义过渡。过渡到了共产主义的时候，社会主义阶段的一些东西必然是要灭亡的。就是到了共产主义阶段，也还是要发展的。它可能要经过几万个阶段。能够说到了共产主义，就什么都不变了，就一切都“彻底巩固”下去吗？难道那个时候只有量变而没有不断的部分质变吗？[44]

1958年毛泽东公开了许多类似的观点，他在关于“不断革命”论的指示中写道：甚至到共产主义时代了，又一定会有很多很多的发展阶段，从这个阶段到那个阶段的关系必然是一种突变的关系。各种突变都是一种革命，都要通过斗争。[45]在上面引文的第一段中，毛泽东已经表露出某种对人类必有一死和万物有序的认同。[46]但到20世纪60年代中期，这种看法变得更为显著，而且伴之以对道教经典的明确称引。“（我）赞成庄子的办法，”他在1964年写道，“死
62 了老婆，敲盆而歌。死了人要开庆祝会，庆祝辩证法的胜利，庆祝旧事物的消灭。社会主义也要灭亡，不灭亡就不行，就没有共产主义。”[47]类似地，毛泽东表达了他在哲学上越来越多的超脱，并且他深信，不论社会主义和共产主义以何种方式实现，它们都不是人类经验的终结，而仅仅是宇宙发展的一个过渡阶段。他在1964年写道：“宗教家说末日，是悲观主义，吓唬人。我们说人类灭亡，是产生比人类更进步的东西。”[48]

显然，这种对待死亡持超然态度是毛泽东本人尤其是他晚年的独特之处，但这却并不意味着毛泽东会降低他坚持革命的决心，更不是他要放弃斗争的征兆。相反，在紧接着上述引文之后的一段话中，毛泽东描述了他的观点与经典马克思主义之间的差异：毛泽东更强调人们需要积极努力地去创造历史。

> 现在人类很幼稚。恩格斯讲，要从必然的王国到自由的王

> 国，自由是对必然的理解。这句话不完全，只讲了一半，下面的不讲了。单理解就能自由了？自由是必然的理解和必然的改造。还要做工作……找到了规律要会用，要开天辟地，破破土，砌房子，开矿山，搞工业。将来人多了，粮食不够，要从矿物里取食品，这就是改造，才能自由。将来就能那么自由？[49]

当然，这种通过工业化“建设新世界”的看法与列宁主义建设社会主义的路径完全一致。然而，毛泽东却质疑即便是在共产主义状态下，人类是否就会“那么自由”。这反映出一种异乎寻常的怀疑态度。而且在 20 世纪 60 年代初的几篇文章中，毛泽东表达了他对于 63
革命能否继续进行、共产主义究竟能否实现的更为深刻的质疑。

毛泽东确信，苏联的领导权已经“被修正主义者篡夺”。并且，他发现中国自身很可能也产生了“新的资产阶级分子”[50]。这些构成了他以上焦虑的直接原因。为了应对这个威胁，毛泽东号召要巩固无产阶级专政，并破除“资产阶级法权”[51]。但是，他同时也日益关注中国自己的文化和历史经验，并试图从中找出解决苏联模式的缺口和不足的良方。

1964 年，毛泽东重新发现了道教和佛教。他这样做的一个后果便是放弃了马克思主义辩证法“三大范畴”中的两个，包括否定之否定。他曾在 1958 年极为明确地重申过这三个范畴：“对立统一的规律，量变质变的规律，肯定否定的规律，永远地普遍地存在。”[52]现在他却声称不相信后两条规律了，至少他不再把它们作为最基本的规律。他认为，质量互变仅仅是一种对立统一的特殊情况，而否定之否定则根本没有。[53]

马克思和黑格尔从哲学上论证了“历史不可阻挡地向前发展”，但毛泽东认为，事物发展，每一个环节，既是肯定，又是否定。这无疑严重削弱了整个马克思和黑格尔的正确性。毛泽东认为事物是随机不断的对立。或者说，他并不认为事物要朝着一定的方向继续前进，而这却构成了辩证法的基本框架。这样看可能比马克思最初的观点更具优势。马克思认为，正是在通向共产主义阶段的势不可 64
挡的潮流中，辩证法才停止或消亡（正如我们已看到的，在斯大林对马克思主义的理解中，在社会主义阶段辩证法就已在很大程度上停止了）。然而，毛泽东对此的想法却表露出一个严重问题：他的整个思想符合马克思列宁主义基本原理吗？

毛泽东在他生命的最后20年间对历史进程的看法越来越不确定了，这无疑应当看成是毛泽东对他所理解的中国局势的反思，而并不是他运用辩证法原理的结果。同时，他的思想结构中所发生的变化可能导致了他现在更加不确定中国乃至全世界社会主义的前途命运。

既然毛泽东决不打算放弃社会主义目标，那么对此问题的一种答案便应该是，毛泽东试图重新强调政治斗争的主观层面，强调主观态度对客观事物的影响，这是毛泽东自20世纪20年代以来就极为关注的。1928年在井冈山，当时军队里的大多数士兵并不是工人或严格意义上的农民，而是游民无产者。面对着如此形势，毛泽东总结道，唯一弥补办法就是“在此种情形下，只有加紧政治训练的一法”[54]。根据这句话和类似的段落，我过去以为，毛泽东将一个人的阶级属性几乎完全看做是由其主观态度决定的。我至今仍认为这一结论是基本正确的，但同时我认为近几年这种分析已经被滥用了。

自“文化大革命”以来，不断有人提出，毛泽东定义的“无产阶级”是某些能正确理解他思想的人。这不仅是个极端论断，而且
65 忽视了真正鲜活的工人阶级所发挥的巨大作用（比如在“文化大革命”时期，1968年7月）。这种说法还可能错误地提出问题。另外，我们认为毛泽东把阶级属性视为部分地是由思想和其他主观态度决定的，那我们难道不应当说毛泽东把思想标准视为政治标准的补充吗？不妨考虑一下，毛泽东在20世纪50年代曾提出所谓“五类分子”（即地主分子、富农分子、反革命分子、坏分子和右派分子）的说法。这一说法至今还在使用。其中两类是社会性的，两类是政治性的，还有一类是思想性的。毛泽东把它们放在一处，似乎没有看出其中的任何矛盾和问题。也许是他没有把革命看做无产阶级、农民和好人的工作？难道所有可用的材料都不能说明，毛泽东和刘少奇其实具有“知行合一”这一儒家观念？

那么，毛泽东把马克思主义之树移植到中国，并为它添加了他

自己的枝干，我们又应该如何看待这棵新的马克思主义之树的基本特征呢？毛泽东作为马克思主义者对中国未来的影响又有可能是什么，会与他的整个遗产不同吗？总之，毛泽东的马克思主义属于列宁主义派，但在接触中国实际中经过了修正，并且又通过哲学维度得以丰富充实，而这些哲学维度或与马克思的思想一致，或与之相背离。

毛泽东坚信必须集中领导和党的领导，这使他当之无愧地处于列宁主义的主流地位。在“文化大革命”早期，毛泽东对党进行了猛烈攻击，当时西方观察家（包括我本人在内）夸大了它的意味。1949—1976年的全部历史最终表明，毛泽东不仅把党视为领导革命的有用工具，而且是领导革命的合适工具。毛泽东同样也是列宁主义者，他认为“无产阶级专政”应由党来领导，通过一系列的过渡阶段，无产阶级专政可以在很大程度上引导和控制前资本主义社会的进化，进而为社会主义奠定基础，继续建设社会主义和共产主义。

按照苏联模式，城市工人阶级优先，技术和管理精英优先，技 66
术优先。毛泽东大大淡化了这种情况而与列宁分道扬镳了。与马克思和列宁及其门徒不同，他并没有使这些先锋或精英分子脱离或者凌驾于普通群众之上。以此观之，毛泽东的这种做法可以被看做是对马克思的回归。另一方面，在人类从史前期到共同控制生存环境的过程中，工人阶级所发挥的独一无二的作用至今都是马克思思想以及列宁思想的核心。毛泽东对无产阶级专政原理做了微妙的重新解读，这一方面反映出中国社会的异质性，另一方面也贬低了工人、资本家以及西方城市和工业社会在世界历史中的地位。

毛泽东不断地提出人类奋斗的规模和重要性问题，在他生命的最后20年中尤其如此。在这一点上，毛泽东更像马克思，而不像一心关注政治斗争技术的列宁。毛泽东不仅想要了解如何建设社会主义，而且想要弄清为什么要这样做。他关心的某些方面与马克思完全一致，比如用公共利益来根除自私自利，并取代私人利益。在另外一些问题上，如消灭城乡差别，毛泽东与马克思所追求的目标是相同的，但实现这一目标的途径却不同。马克思想要使乡村从“农村愚昧”状态提高到城市水平；而毛泽东则认为乡村中既有美德又十分落后，可以从两方面着手改造。最后，毛泽东在一个至关重大的问题上与马克思分道扬镳了。马克思认为自由固然只能在集体经济的基础上才能迅速发展，但从本质上讲却是文艺复兴时期人们的自我表达。而在中国文化中，个人自我修养目标是比现代欧洲所曾有过的更严格地服从于政治利益和集体的共同善。毛泽东作为这种文化的继承人，作为首先感到自身为帝国主义统治所奴役的一代中国人之一，他对这些事情必然抱有不同的看法。

67 马克思在展望全球革命时曾给亚洲“解放战争”以一席之地，但他没有明确地把它们与社会革命联系起来，即便这个社会革命根本不能与欧洲无产阶级将要实行的社会革命相比拟。马克思和恩格斯曾讨论过在俄国和其他“亚细亚”国家走“非资本主义道路”，在这个意义上说，他们的这种假定建立在一个固定的前提上，即这种发展要由西欧无产阶级革命家来发动和指导。[55]列宁确曾设想过，亚洲国家采取民族解放斗争的形式，进行“资产阶级民主”革命。但是，在他看来（他的继承者更是认为），民族解放只是被用来在世界范围内推动革命、保卫苏联的力量。亚洲人民维护其民族传统的斗争对列宁来说本身毫无价值。

毛泽东的看法则完全不同。对他来说，中国人民为了掌握自己的命运而进行的斗争，首先要推翻帝国主义统治，然后把中国建设成为“富强”的社会主义国家，最后（同样重要）再放弃苏联的“指导”，这些是他通过马克思主义革命所理解到的全部。

毫无疑问，毛泽东对革命理论和实践都做出了重大贡献。也可以肯定，毛泽东在马克思主义者之列，因为他的思想中不论包括什么其他成分，仍大量地吸收了马克思和列宁的东西。但是，他对马克思主义有没有做出贡献呢？这有赖于我们对另一个问题的回答：一个像马克思主义那样重要而有影响的思想体系，它只属于思想家本人，还是属于历史？如果回答是前者，那么就不可能说毛泽东对马克思主义的发展做出了贡献，因为几乎可以肯定马克思不会接纳他为门徒（当然，有些人完全不赞同这一结论，但我相信有大量材料可反驳他们）。另一方面，如果每个时代中的马克思追随者们所理解的马克思主义都可以算是马克思主义的话，那么毛泽东应当可以算做我们时代的主要的马克思主义理论家之一。

对于列宁主义传统（按任何合理标准，这都是源于马克思主义的理论流派之一，却不是唯一的一个），毛泽东贡献了三个重要洞见：（1）社会主义革命与产业革命不同，它也包括改造人本身；（2）虽然天生具有觉悟和广阔的历史视野的领导人必不可少，但如果不倾听下面的呼声，那么这种领导就会无效而腐化；（3）农民和工人一样，值得倾听他们的呼声，而且农民具备参加创造新社会的能力。如果毛泽东能够置之不理，至少暂时在1973年，他没有发动另一场运动来反抗新生官僚（实际上这场运动却只不过是官僚间的相互取代罢了），那么毛泽东的成就无疑会更大，也因此他作为马克思主义理论家的威望也会更高。或许，除了他生命中最后五年留下的零星指示，他并没有发动这些运动，而仅仅是年老体衰，无力阻止极左派打着他的旗号这样做。如果是这样，毛泽东作为一个理论家，我们对他的这种贡献的判断居然要受到类似历史事件的影响，岂不令人啼笑皆非？但历史并非总是公正的。 68

最后，毛泽东留给中国人的马克思主义遗产的性质又是什么呢？它是一个完整的革命思想体系，还是一种方法（他的接班人将不得不以自己的方式运用），抑或介乎二者之间？尽管毛泽东在辩证法和复杂社会分析中注入了不确定性因素，但我认为，他留给后人的绝不仅仅是一种方法，而是更类似于某种体系，并且这种体系既开放又不拘泥于教条。也许可以用毛泽东自己的比喻来描绘它的确切性质。1958年1月，毛泽东在详细解释他的“不断革命”论时曾回忆起一句湖南民谣：“草鞋冒（没有）样，边打边像。”[56]换言之，革命就是不断地即兴创造。而且，当他在完成他的使命时，这 69
位编织者心中就已经明确了他所要“打”的草鞋的形状了。毛泽东并没有打完中国革命这只“草鞋”，但它已开始成形，而且在未来的漫长岁月里，他的印记几乎不可能消逝。

70 ★政治领袖毛泽东

米歇尔·奥克森伯格（Michel Oksenberg）

毛泽东是如何组织和运用权力的？他又是如何领导他的那些同事们的？他有着怎样的治国方略？在毛泽东和他试图影响的那些人之间又存在着怎样的互动模式？这些正是本文将要解决的谜题。然而，在做具体的讨论之前，关于毛泽东这位政治家的思想，还有几个问题需要一一说明。

毛泽东既是一位哲学家，又是一位政治家。他对中国的前途命运有着自己的判断，他想用新的方式来领导他的人民，并且他也有能力做到。毛泽东是一名充满求知欲的思想者，他把玩着权力。他在不断思索探究的同时又在积极践行他的理想。他是乱世中的革命者，又是意图建立新秩序的执政官。他时而仁慈时而无情，时而热心时而专横，看似灵活善变却又恪守原则。毛泽东将这些罕见的品质如此完美地集于一身。

在目前可以理解的范围内，要描绘毛泽东这样的人并不容易。困难之一便在于如何确定毛泽东那复杂的知识背景和人格特征中哪些是值得强调的。另一个困难在于，如何在哲学和政治分析中探究他的思想模式和思维连贯性。然而，目前的学者试图将他的思想整合到一处，这样的做法会误入歧途。事实上，毛泽东的思想以及他的治国方略确实有可能被彻底地分离开来。也许白鲁恂的观点是正确的：对毛泽东的理解最好是基于情感而不是基于理智。[1]然而，目前可用的信息尚不足以支持从心理层面对毛泽东进行
71 完满的解释，我们只能简单地描绘他的思想观念和权力意识。然而，即便在这样的领域中，毛泽东也依然是难以捉摸的。因为他那复杂多变的特质让人们无法去刻画他的性格。他对那些想要给他定位的人不屑一顾，这当然部分是由于他那暴躁的个性，部分也是为

了他在以后能够做出自己的选择。[2]但他这种对神秘形象的刻意培养却加重了我们描绘的困难。总之，无论是想要整体刻画毛泽东这样的政治家，还是在知识领域和领导传统中来确定他的历史地位，这些做法都与毛泽东本人背道而驰。在毛泽东的言论著述中总是弥漫着水、核物理和通俗的隐喻，这些意象往往意味着运动和变化。因此，我们很难界定毛泽东：他的本质中充满了流动、灵性和变化，但同时又像一块磁石，坚实稳固。

本文首先简要地概括毛泽东所做的若干探索、他的权力概念，以及那些决定毛泽东治国方式的诸多事项，然后再进一步探究毛泽东治国的具体方略，比如，他所面临的严峻挑战和为了应对这些挑战所创立的制度，还有他用来获取信息、稳定国家秩序的机制。接下来要讨论的是，毛泽东的职权及其与政治领域内四种场合之间的关系。这四种场合包括：（1）政策说明组织；（2）政府、中国共产党和军队中庞大的官僚机构；（3）运动中的机构；（4）地方团体。继而，我将描述毛泽东在这些不同类型的机构中是如何来安排议题的。同时，我也会注意到，在面对各种政策制定者时，哪些因素限制了他，使他无法设定决策议程。而且，随着时间、地点、机构和议题的改变，又是哪些因素使毛泽东必须对权力进行不断的探索变化。最后，我将回到老问题上来：在作为中共中央主席和中国领袖 72
的岁月里，毛泽东掌握了政策过程吗？我的结论是，他在某些特定问题上保留着控制权，但他的控制程度忽大忽小。毛泽东在他治理中国的过程中一直保留着某种关键性能力：他可以有选择地进行干预。但为了能够成功干预，他所付出的努力却会因时而变。

毛泽东的探索

极为简单地说，毛泽东希望的是创造一个富强的社会主义中国，这个愿景部分得自19世纪晚期中国的改革者，部分来自马克思主义。毛泽东曾生动地总结过他的几个目标，包括他在1954年的这段讲话：

> 我们的总任务是：团结全国人民，争取一切国际朋友的支

> 援，为了建设一个伟大的社会主义国家而奋斗，为了保卫国际和平和发展人类进步事业而奋斗。……我国人民应当……准备在几个五年计划之内，将我们现在这样一个经济上文化上落后的国家，建设成为一个工业化的具有高度现代文化程度的伟大的国家。[3]

1957 年 7 月，他在党的高层会议上所说的这段话经常被人们引用。在这段话中，他描述了他理想的政治制度：

> 我们的目标，是想造成一个又有集中又有民主，又有纪律又有自由，又有统一意志、又有个人心情舒畅、生动活泼，那样一种政治局面……[4]

在社会领域，他要寻求的是：人们拥有最小的社会地位差异、最低的收入差异，而且专业人员的进取能力要超过职业规范的要求以满足广泛的社会需求。

毛泽东对中国的梦想是极富张力的。由于拥有了独立的军事力量，中国的资源从经济发展规划中转移了出来。汲汲于财富会危及
73 社会主义社会的建立。经济增长最大化却需要组织模式和激励体制的配合，但在短期内，这却会削减人们为实现文化变革而做的努力。更为深刻的是，如果考虑到当前的生产力情况以及人们的认识水平，那么集中与分散、自由与纪律、集体主义和个人主义，这些充满张力的情况便可以在中国的社会共同存在。毛泽东的探索是为了使这些在人类发展现阶段内尚不可调和的属性最终和解。

然而，毛泽东仍然不清楚什么才是追求中国现代性的确切路线。例如，1962 年 1 月，毛泽东曾回忆起他 1960 年与埃德加·斯诺的谈话：

> 斯诺要我讲讲中国建设的长期计划。我说："不晓得。"他说："你讲话太谨慎。"我说："不是什么谨慎不谨慎，我就是不晓得呀，就是没有经验呀。"[5]

毛泽东继续观察："在社会主义建设上，我们还有很大的盲目性。社会主义经济，对于我们来说，还有许多未被认识的必然王国。"[6] 考虑到这个意味含糊的终极目标，我们似乎可以合理地推测，毛泽东强

调的重点是关于社会和政治的过程，他的主要目标就是要让他的人民及其子孙后代继续建设一个富强的社会主义中国。另外，毛时代的中国几乎没有用乌托邦文学来描述共产主义新千年的生活，即使这一有趣的现象在 1958 年曾短暂地出现过。

毛泽东的权力概念和领导概念

作为革命者，毛泽东关注的是他那些为之付出良多的理想。自从法国热月政变（French Thermidor）以来，权力问题已经为革命所特有。而毛泽东的独特之处便在于他高度的问题意识和他为此进行攻克时的坚决果断。

作为政治家，毛泽东试图调和那些彼此矛盾的目标。当然，这 74
并不独树一帜。所有的政治家都必须平衡这些矛盾的目标。但毛泽东的特殊性在于他的信念，他相信人们能够同时（或者至少时间相隔很近）追求不同的目标。毛泽东遵循历史发展的辩证观。为了理解毛泽东为什么会这样行事，知晓他怎样实现这些目标，我们必须转而探究他的权力概念和领导概念。

世界在变化

毛泽东显然认为权力是动态而非静态的。他看到了一个永恒流动的世界，看到了无休止的变化。他认为，没有什么是恒定的：

> 一个阶级消灭，一个阶级兴起，一个社会消灭，一个社会兴起。……发生、发展、消灭，任何东西都是如此。不是让人家消灭，就是自己灭亡……辩证法的生命就是不断走向反面。人类最后也要到末日。[7]
>
> 没有一种事情不是互相转化的。急转化为缓，缓转化为急，劳转化为逸，逸转化为劳。……我们……思想僵化的现象可能发生。如果我们工业搞成世界第一，那时就可能翘尾巴……就可能转变为落后。……世界上没有什么东西不是经过发生、发展和消灭的。猴子变人，产生了人，但整个人类最后是要消灭的，它会变成另外一种东西，那时候地球也没有了。……太阳也要

> 冷却的……事物总是有始有终的，只有两个无限，时间、空间无限。……各种东西都是逐步发展、逐步变动的。[8]

委婉地说，毛泽东是一个罕见的政治人物，他要向他的同事们讲演太阳的最终冷却。上述这些话表明，与西方领导人所具有的时间感和历史感相比，毛泽东显然是不同的。毛泽东醉心于任何形式的流动，以至于他更关注权力的变化趋势，而不是权力的制衡状
75 态。他倾向于对个体、阶级、民族进行分类，却并不是简单的强弱之分，而在于区别出哪些越来越强和哪些越来越弱。因此，1945—1946 年，他才敢于向占据绝对优势的国民党军队发出挑战，因为此刻他已经感到当时的发展趋势并不利于国民党。1955 年，他试图通过集体化来防止农村出现新的中间阶层。因为在他看来，这个阶级的实力可能会迅速增强。在 20 世纪 60 年代，他支持那些年轻、口齿伶俐、思想激进的理论家，比如姚文元、关锋、戚本禹。虽然这些人是少数派，但毛泽东认为他们有能力形成一股重要的社会力量，并且他们可以帮助他清楚地传达“文化大革命”的政策。随着 1968 年苏联入侵捷克斯洛伐克，美苏两国的对立关系达到顶峰。其后，在 1968—1969 年，美军开始从越南撤兵。在这两个超级大国相互角逐的过程中，毛泽东看到了一种趋势变化：美国开始衰落，而苏联则方兴未艾。总之，毛泽东能够见机而行，这不仅是由于他已经意识到谁才是他现在的敌人、盟友，还由于他也料想到了这些人即将发展的态势。

毛泽东看到一切都在不断地运动，因而他并没有把权力视为任何个人、团体或国家所固有的。要维持权力并不是理所当然的事情。当权力缺位时，人们可以想办法改善。毛泽东常常认为，弱中有强，强中有弱，这也许反映了某些道家的影响。弱者本身就具有成为强者的能力，而权力本身也含有毁灭自身的根源。毛泽东的事业以及中国共产党的历史所证明的正是这个观点。

领导的任务

虽然变化是不可避免的，但最终结果却并非如此。人们不但可以影响变化的速度，而且在一定范围内也可以影响变化的方向。毛

泽东有着极为复杂的感知力，他观察到一个这样的世界，这个世界中的人们可能有以下几种变化模式：有可能会起于弱势而后持续不断地变强，也有可能会起于强势而后不断衰落并迅速走向弱势，还有可能会起于强势而经历一段潜在的持续发展后慢慢变得更强等。开明的领袖首先遇到的问题便涉及了领导智慧：领袖要能够明确地感知到自己阵营的利益，要能够清楚地辨别出敌人和盟友，要知道 76
当前的主要趋势是什么。无怪乎，《毛泽东选集》的开篇语句是："谁是我们的敌人？谁是我们的朋友？这个问题是革命的首要问题。"然而，民众不能被简单地划分为"敌人"和"朋友"，他们中的大多数介于二者之间。这些"摇摆不定的因子"要么被排除在外，要么为了事业而争取过来，这取决于他们的态度。

为了与列宁主义和中国传统的主导思想（法家思想和儒家思想）保持一致，毛泽东非常重视开明领导和组织能力，并将之作为影响政治结果的决定因素。在一个不断变化的世界中，领袖的任务便是操纵这些变化的力量来帮助自己。比如，加强有益的变化同时降低有害的变化，和与自己利益一致的人结盟，孤立或掌握那些压制有利趋势的力量。

在对立者之间，紧张或矛盾无所不在，这构成了不断变化的原因。毛泽东说："没有矛盾和斗争，就没有世界，就没有发展，就没有生命，就没有一切。"[9]领导需要通过社会现存的张力来有效地攫取机会。实际上，毛泽东的领导方法正是基于他对这种张力的掌控。他反复调查现有的社会分歧，挑选出其中之一作为"主要矛盾"，再以此为基础继续拓展他的理论。在组织网络中，他总是会绊住那些和他一样站在错误路线上的人，然后再利用他的盟友们的力量，比如，通过故意恶化紧张的局势，激发他们的感情，引导他们对"敌人"（走对立路线的人）的仇视。最大限度地参与斗争会导致最大限度的目标投入。

根据毛泽东进行探索时所运用的主要矛盾，我们可以把毛泽东的事业分为：（1）从 1935 年到 1945 年，整个中华民族与日本侵略者之间的矛盾。（2）从 1945 年到 1953 年，无产者和中国的被剥削者（农村和城市的穷人）与特权者之间的矛盾。（3）从 1954 年到

1965 年，中国渴望建立一个新社会和 1949 年以前享有特权的残余
77 组织之间的矛盾。(4) 从 1965 年到毛泽东去世，新体制内特权较少的部门和中国正在出现的新官僚阶级之间的矛盾。诚然，毛泽东也可以利用其他的矛盾。他会因时而动，巧妙地利用这些紧张关系。但从长远来看，这削弱了他的影响。毛泽东毕生都致力于领导权术：1926 年，为了进行北伐战争，他激励湖南的农民反抗地主和地方军阀。而后，他号召人们团结起来抵抗日本侵略。到 20 世纪 40 年代末 50 年代初，他组织进行土地改革。1957—1958 年，他发动“反右运动”，为进一步发起“大跃进”运动奠定了重要的基础。在“文化大革命”中，他还鼓励青年人去攻击官僚机构。

维持主动权、灵活性和决断力[10]

毛泽东的领导概念并不十分复杂。事实上，它本身是非常简单的。其复杂之处在于如何去领导，因为他的领导方法不仅要求智慧，还要求有良好的决断力以及灵活的战略战术。毛泽东利用灵活的策略来团结群众和瓦解联盟，因为这些集体的利益往往会暂时一致，然后再分道扬镳。而决断力是用来对付先前的“朋友”和消灭敌人的，因为在领导过程中会有很多先前的盟友转为“敌人”，比如，国民党、苏联、资本主义企业家和一些受过西方教育的知识分子。

然而，灵活的战略部署也是必要的。比如，对于“起于弱势而后持续不断地变强”这种趋势来说，适合于它的战略显然与适合“起于强势而后不断衰落并迅速走向弱势”这种趋势的战略截然不
78 同。具体来说，在相对稳定的联盟中，处于强势的一方可以绊住处于弱势的一方，以便使弱势一方保持劣势地位，而弱势一方还必须避免联盟体制会剥夺它们的主动权。但旷日持久的斗争将增加弱势一方的优势，因为这将导致弱势的一方不断瓦解强势一方的资源和意志，最终的优势力量将寻求决定性的对决。我们在这里观察到，毛泽东在 20 世纪三四十年代提出的游击战略更广泛地拓展了他的权力与影响。正如他在 1959 年所说的，“军事是特殊形势下的政治，是政治的继续，政治也是一种战争”[11]。换句话说，在毛泽东在进行战争、社会变革或是党内斗争时，他都会采用类似的战略取向。

另一个在政治斗争中至关重要的因素就是保持主动权。对于毛泽东来说，权力便意味着能够在战场中控制自己与对手的行动。政治策略中的战术目标不是步步前进，也不是扩大作战范围，而是攫取有利地位，诱使对手陷入相对不利的境地。这里我们可以比较一下东西方的运动项目。在西方，若成为强势的一方便意味着掌握控球的主动权，不断地发动进攻、奋勇向前；最担心的便是失去士气或无法前进。比如欧洲足球中的前锋以及负责长传的四分卫总是会在比赛中赢得喝彩。但在东方的体育运动中，例如柔道，甚至是安静的围棋，撤退和截留成为比赛的必要组成部分。在西方的古典式摔跤项目中，人们主要是通过压倒性的力量来制住对手的。而在中国的摔跤比赛中，却主要是让对手因为他自己的体重或是战术失误而摔倒的。因此，被动和不作为（无为）也许是最为恰当的态度，而权力的最佳运作也许是什么都不做，让事情顺其自然地发展也可能是最为有利的。这显然与西方的看法截然相反，西方更强调人们的积极行动以及无为所导致的挫败。

在上述情况中，时间点的选择、发生地的设定以及预测行动的 79
能力至关重要。对于毛泽东来说，关键的任务在于：为了发动突袭，必须在最恰当的时机采取行动，在最有利的环境下谋划交战，预测出己方的权力变化趋势来反击对手的战略。也就是说，保持主动权便意味着控制对手的策略选择。因此，在一定程度上，人们会故意做出显露己方意图和能力的假象，来诱导对手去选择最适合己方客观条件的战略。例如，对于权力“由强变弱”的一方而言，最适合的战略可能是征服那些“由弱变得更弱”的对手，团结那些“由弱势必会变得更强”的对手。而对于那些“由弱变得更弱”的对手，适当的对策就是设计出“由弱变得更强”的表象。

概而言之，毛泽东相信政治冲突的参与者会区别对待他的盟友和对手，这取决于他们是否被看做“弱势必会迅速变强”，或是“由强转而缓慢地变得更弱”等。为了在冲突中出现最有利于己方的形势，预测人们的想法便变得十分重要。但由于毛泽东有许多潜在的敌人和盟友，他对这些人的行为期许各不相同，因而他必须经常为了不同的目标而设想不同的情境。这其中需要假意隐瞒、虚张声势和分化人们的想法。

毛泽东曾通过上述策略战胜了他的两个对手，从而占据了主导地位。张国焘和林彪对毛泽东的描述十分贴切，但在他们做出这些描述的时候，已经成为众矢之的了。这里仍然值得回忆的是下面两段相似的描述，它们所勾勒出来的毛泽东形象时间相隔 35 年之久，但却惊人相似。1935—1936 年，毛泽东为了改善党的困难处境和获取中国共产党的领导权，战胜了张国焘这个竞争对手。张国焘对此曾用恶毒的语言来发泄不满：

> 毛泽东独断自负，重视权力，并且为了达到他的目的不择手段。……（他）总是行事专制狡诈。[12]
>
> 80 为了达到目的，（毛泽东）深思熟虑，无所不为，即使采用不光彩的手段。他还经常两面三刀，一面极力想要打倒我，一面见到我时却总是笑脸相迎……[13]

我们至今尚不知道的是，林彪是否曾经读过张国焘的回忆录，或者，他们两人是否曾经坦率地交换过对主席的看法。然而，20 世纪 60 年代后期至 70 年代初期，据称林彪曾这样描述毛泽东和他的追随者：

> 他们制造矛盾，制造分裂，以达到他们分而治之、各个击破，巩固维持他们的统治地位的目的。他知道同时向所有人进攻，那就等于自取灭亡，所以他每个时期都拉一股力量，打另一股力量。
>
> 今天拉那个打这个，明天拉这个打那个；今天甜言密（蜜）语那些拉的人，明天就加以莫须有的罪名置于死地；今天是他的座上宾，明天就成了他阶下囚。从几十年的历史看，究竟有哪一个开始被他捧起来的人，到后来不被判处政治上的死刑？[14]

张国焘和林彪曾经领教过毛泽东的坚决果断，从他们的反应中也可以看出毛泽东性格中的某些重要侧面。但我们在这里看到更多的却是毛泽东以前同事的懊恼和愤怒，因为他们很难理解毛泽东在追求他更为广泛的目标时所体现出来的战略战术灵活性。对于许多
81 外部观察者而言，这些性格特质意味着无限制的机会主义以及对权

力本身的渴望：毛泽东是一位“专制君主”。就这一点而言，毛泽东对林彪的谴责的反应十分有趣。林彪的这个草稿可能已经在密谋者中私下流传，但毛泽东发现后却下令将这份文件下发到全党去研究。毛泽东对此仅仅做了总结，他并没有指责林彪，也许林彪无意中准确地描绘出了毛泽东的革命者特征，因为他的坚决果断和灵活性都是在追求更广泛的目标时所必需的。事实上，林彪的谴责恰恰证明了他不配作为毛泽东的继任者，因为他不理解领导的本性。

1968 年 10 月，毛泽东和林彪在中共八届十二中全会主席台上。

权力的来源

与前面所有讨论息息相关的是毛泽东对权力来源的看法。社会学家认为，改变他人行为的政治权力类型有以下几种：物质财富、武装力量、感召力（魅力）、意识形态（包括道德诉求和对政治合法性或权威号召的自觉响应）、知识，或人际关系（利用政治领域中的社会关系和义务）。战略和心理因素可以被看做权力的附加维度，因为它们涉及政治人物利用他的资源来获取最大增益的方式。显然，政治人物会对这些权力来源做一权衡。一些人可能认为物质资源尤其重要，而另一些人则主张，首要的是掌握这些强制手段。什么才是政治人物眼中权力的最重要来源呢？那些有助于获得其他权力来源的特质又是什么呢？这些对于理解毛泽东的治国方式十分重要。

虽然毛泽东从来没有明确而系统地表达过对这个问题的看法，但我们在他许多零散的陈述和他自身的行为中已经可以大致拼凑出来。毛泽东从未强调过要将财富或物质丰富作为权力的主要来源。相反，毛泽东认为利用物质激励会刺激人们的欲望。从长远来看，这对实现他的目标极为不利。但他承认这种方式在短期内是有效且必要的。在20世纪60年代早期，他批评这样的看法：向工人提供
82 物质激励将会催生出强大有益的推动力量。他写道，“像这样地把‘个人物质利益的关心’绝对化起来，只会带来发展个人主义的危险。……把消费品分配当做决定性动力，这是对马克思上述正确观点的一种修正。”[15]但毛泽东并不反对使用物质激励。例如，1955—1956年，在集体化运动中，他相信彻底的农业改革将会产生更高的生活水平。更确切地说，如果毛泽东可以选择，他更愿意依靠其他类型的权力来源。除此之外，财富还会导致腐败。权力能够引起物质的丰裕，但这种丰裕却成为随后衰败的说服力最强的理由之一。但这并不意味着毛泽东希望中国继续贫困下去；正相反，他要寻求的是一个富裕的中国。但他承认，这样做的风险因此而产生。

毛泽东对军事力量的看法更为矛盾。他显然意识到了军事的作用：

> “枪杆子里面出政权”……从马克思主义关于国家学说的观点看来，军队是国家政权的主要成分。谁想夺取国家政权，并想保持它，谁就应有强大的军队。……帝国主义时代的阶级斗争的经验告诉我们：工人阶级和劳动群众，只有用枪杆子的力量才能战胜武装的资产阶级和地主；在这个意义上，我们可以说，整个世界只有用枪杆子才可能改造。[16]

83 类似地，在他的经典文章《论联合政府》中，他指出：“没有一个人民的军队，便没有人民的一切。”[17]此外，就毛泽东的实际行为而言，张国焘曾一针见血地指出，“毛泽东牢牢掌控着真正的权力——军队”[18]。而对于毛泽东谨慎地确保他不会遭到来自军队的共同反对，林彪曾这样描述，“由于（毛泽东）采用分而治之的政策，军队的内部矛盾变得十分复杂，难以形成一个我们可以控制的团结力量”[19]。

毛泽东在七大致闭幕词——《愚公移山》。他向大会提交的《论联合政府》的书面政治报告，详细阐明了打败日本侵略者、建立新中国的路线、纲领和政策。

与此同时，毛泽东还指出，“我们的原则是党指挥枪，而决不容许枪指挥党”[20]。毛泽东认为武器的影响是有限的，从他 1938 年的文章《论持久战》中就可以找到关键的论述：

> 武器是战争的重要的因素，但不是决定的因素，决定的因素是人不是物。力量对比不但是军力和经济力的对比，而且是人力和人心的对比。军力和经济力是要人去掌握的。[21]

类似的哲学观点也体现在毛泽东对待使用内部镇压的态度中。他显然想要摧毁他的对手，但他依然竭力避免身体上的暴行。他并不欣赏斯大林对恐怖和谋杀的使用，除了作为最后的消灭手段。他的愿望是“治病救人”。正如 1951 年 3 月他所提到的，即便此时他正试图严厉打击社会内部隐藏的“敌人”。

> 镇压反革命无论何时都应当是准确的精细的有计划的有步骤的，并且完全应由上面控制。[22]

毛泽东意识到，以镇压为基础的权力有两个彼此关联的限制：一方面使用镇压的手段会导致与群众的疏离，另一方面进行镇压离不开民众的支持。总之，毛泽东似乎采取了类似于荀子对孔子的解释：军队是权力的必要但不充分的组成部分，要进行有效的统治，军队就必须与礼义结合起来。

我们可以感觉到，毛泽东对权力来源的看法多少与西方的主流思想有所区别。例如，虽然吸取了越南战争和1973年的赎罪日战争（Yom Kippur War）的教训，但美国人仍然倾向于认为他们是地球上最强大的国家，因为他们拥有最强大的军事力量。同样，斯大林
84 在拒绝承认教皇重要性时曾嘲弄道：“啊，教皇，他到底有多少部门?”毛泽东不会表达这样的想法，他并没有嘲笑这种可以说是来源于道德的权力。而美国的军队当然也不可能会赢得他的尊重，他仅仅把美国的军事实力当做一个暂时的现象。更确切地说，他真正赞赏的是美国人民的组织才能和他们创新的天分。

对毛泽东来说，拥有权力的关键是知识和民众的支持，因为这源自人们的信念，他们相信领导者本质上的善与美德：

> 军队须和民众打成一片，使军队在民众眼睛中看成是自己的军队，这个军队便无敌于天下。[23]

> 应该使每一个同志懂得，只要我们依靠人民，坚决地相信人民群众的创造力是无穷无尽的，因而信任人民，和人民打成一片，那就任何困难也能克服，任何敌人也不能压倒我们，而只会被我们所压倒。[24]

“相信群众，依靠群众。”“人民，只有人民，才是创造历史的动力。”“群众是真正的英雄。”“人民群众有无限的创造力。”“要联系群众，就要按照群众的需要和自愿。”毛泽东的著作中总是会强调与这些类似的话语。久而久之，人们便坚信他们表达的是毛泽东的真正信念。

但这样的结论只是部分正确而已，因为毛泽东也曾说过这样的话语：“造反有理”和“真理不是在多数人手里”。毕竟，毛泽东并不是绝对相信群众信念的内在智慧，因为他一直都致力于人们的思想改造。那些突出的矛盾可以轻易地得到和解，而权力来源于大众对他们领导人的信任。正如毛泽东在“文化大革命”中所讲的，“搞一场革命，定要先造舆论”[25]。正是在此处凸显了毛泽东在分析
85 社会上层建筑和经济基础之间的关系时尤其强调上层建筑。在毛泽

东看来，这些被动员、组织起来的群众，他们有能力改变他们的环境，增加他们手中的权力。毛泽东感到，那些主导着中国人民思想的人将决定最终的命运。[26]

不过，毛泽东并不相信思想领域是难以掌握的。他已经认识到，由于目前的客观条件，他向人们传播的思想信念是有限的。他感觉到有必要在群众中建立良好的信誉和思想正统，反过来，同样也有必要密切关注群众的意见。因此权力与知识彼此联系，尤其是那些与社会状况相关的信息以及那些能够引导群众支持政策的信息。此外，权力还来自对沟通过程的控制。

最后，毛泽东认识到，战略本身就是权力的重要组成部分。毛泽东的著作中充满了不断进行政治斗争的意识，他对事件的描述总是娓娓道来。

> 若只顾反攻，不顾反攻胜利后，或万一反攻失败后，下文如何做法，依然未尽得战略指导者的责任。战略指导者当其处在一个战略阶段时，应该计算到往后多数阶段，至少也应计算到下一个阶段。尽管往后变化难测，愈远看愈渺茫，然而大体的计算是可能的，估计前途的远景是必要的。那种走一步看一步的指导方式，对于政治是不利的，对于战争也是不利的。……然而贯通全战略阶段乃至几个战略阶段的、大体上想通了的、一个长时期的方针，是决不可少的。[27]

我们已经粗略地考察了毛泽东对权力来源的看法，这表现出毛 86
泽东看重思想和知识所产生的长期影响。他同样也重视军事能力在较短时间内的重要性。他认为物质丰裕是一个好坏参半的事情，而人们的情感通过组织引导会激发出巨大的能量。成功的政治家的任务就在于，选取适当的战略以便综合有序地使用和开发这些权力来源。

毛泽东的治国方略

毛泽东对权力和领导的看法可以基本勾勒出他的治国方略。在他的治国理念中有五个尤为突出的特质：（1）追求“之”字发展战略；

(2) 激发下属之间的竞争；(3) 掌握关键问题的决策权；(4) 谨慎地引导群众的想法；(5) 主要通过确定沟通渠道、人事任命和军事部署来控制决策过程，而不是单纯地控制政治结果。

治国的不利条件

在我们讨论上述这些特征之前，必须先考量一下毛泽东在领导过程中遇到的巨大挑战。在革命年代，党和红军在组织上是重叠在一起的，它们散落在中国的各个区域。每个革命根据地都要面临各自独特的问题，它们之间的沟通和联系较为匮乏。在延安，毛泽东逐渐巩固了他在中央机关的地位，但他在各个根据地的影响力却十分有限。1949 年后，在他的领导下，中国的人口从 5 亿增长到近 9 亿（在他去世的时候）。而且，在当时的中国存在着至少 8 个级别的政府组织：中央机关、大区、省、地方或特区、县、公社或镇、大队、小队。这些组织拉大了毛泽东和农民之间的距离。而为了统一治理整个国家，中国必须建立庞大的官僚机构：拥有三四百万人员的军事机构，1 000 多万名公务人员，以及 1975 年时就已经拥有 2 800 多万名党员的中国共产党。毛泽东想要治理这个国家，而不
87 是被这个巨型机构牵制。他想要让这个官僚机构去实现他的目标，他希望能够从中得到政策选择以及做出正确选择时那些必要的信息。毛泽东如果真的想要治国安邦，那么他的执政原则便要求他必须避免成为行政机构的俘虏。

然而，毛泽东这方面的努力被国家的贫困限制了。虽然在毛泽东执政的最后 16 年中，中国并没有提供国家预算数据。但我们大致可以推测，国家预算没有迅速增长，而毛泽东能够酌情使用的财政总额也是有限的。毛泽东必须在严格的经济条件限制下来治理中国。此外，对稀缺资源的竞争也很激烈。毛泽东必须在不依赖于财政拨款这个“猪肉桶”（porkbarrel）的情况下来发展治国战略、确保合作。

此外，毛泽东还要管理许多他曾负责过的机构。他帮助建立了中国共产党，但是党的许多作风在毛泽东成为主要领导人之前就已经形成了。毕竟，中国共产党打败国民党的时间太短了，这意味着

国民政府的许多机构和官员将被吸纳进新的政府。在很大程度上，执政策略上的考量限定了毛泽东在特定情况下可以施行的组织活动范围。所有这些因素都意味着，即使毛泽东是中国的开国元勋，他也不能随意地设计制度结构，而西方的观察者们经常忽视这一点。因此，毛泽东必须通过某些非正式的途径（如使用个人关系）或反体制的方法（如发动运动）来动员那些不完全听命于他的正规机构服从他的意志。

最后，尽管毛泽东挑选出与他关系紧密的同事和智囊，如刘少奇、彭真、周恩来、林彪等人，但他却并没有提拔他们。或许除了陈伯达以及某些他在“文化大革命”期间提拔起来的人之外，毛泽东在中央政治局的同僚和他的直接下属并不完全听从他的意志，他们在整个革命史中拥有独立的地位。毛泽东并不指望他们能够自觉地服从于他的指挥。虽然随着时间的推移，情况在不断变化，但在毛泽东的大部分政治生涯中，他的处境类似于圆桌骑士中的亚瑟 88
王，但这并不是指他是一个周围充满奉承者的专制君主。毛泽东的治国战略可以看做他试图克服上述经济因素、组织因素和人事因素的实践过程。而他采用的方式与他的探索、他对权力和领导的看法息息相关。

发展的辩证过程

毛泽东时代中国政治最突出的表现就在于：一方面，社会动乱和群众动员与不受约束的推进和冲突，交替出现；另一方面，一段时间的巩固、制度化、有计划地发展整合，轮流进行。1950 年年底，新中国成立之初的和谐气氛和经济重建基本结束。在接下来的 18 个月内，中国在城市进行了“三反”、“五反”运动，在农村完成了土地改革。经过 1952 年中期到 1955 年中期短暂的巩固和制度建设，紧接着在 1955—1956 年，中国又经历了农业集体化、工商业国有化、“肃反运动”和“胡风事件”（可能发生得更早一些）。1956—1957 年是另一个整合巩固和形成制度化的时段，随之而来的便是 1958—1960 年的“大跃进”狂潮和 1960—1962 年的政策紧缩。1963—1965 年，我们无法简洁地描述出这场复杂的“社会主义教育运动”的特征，因为这期间同时包含着制度整合和社会实验两大要素，每个都在不同的地点和机构中大力推行。但随后出现了“文化大革命”，1966—1969 年这段时期内的混乱和冲突使中国几乎发展到了内战的边缘。在 1969—1973 年这段相对平静的历史时期，计划经济得到了增长。1974—1976 年发生的“批林批孔”运动和“反资
89 产阶级法权”给整个国家的政治生活带来了巨大的影响。[28]诚然，并不是所有的发展变化都会简单地契合变革的循环模式。首先，在 1949—1976 年整个期间，某些重要的趋势相对持续、有增无减，比如，加强工业化、中小学教育的普及、通信网络的扩展等。此外，每个运动的高潮（如“大跃进”和“文化大革命”）彼此大相径庭。最后，在每个时期的群众动员中，许多活动仍然要通过更具计划性、更为官僚的方式继续施行。然而在制度化的时代里，某些活动却成为运动的对象。由于这些限定条件，仅仅关注中国 1949 年后发展经验的循环状况可能是不合时宜的。[29]

然而，这种循环模式确实存在。而且，对某位已经移居海外的前中国官员的采访表明，在参与者看来，政策的循环状况十分明显。他们认为自己生活在两种类型的政治体制下：有运动时的政治体制和没有运动时的政治体制。目前对于中国的这种振荡状态存在很多未必彼此排斥的解释。[30]但除了体系根源、经济根源或社会根源之外，我们还必须观察毛泽东本人。因为他开启了中国激烈的社会试验年代并起到了重要的作用，而在整合时代，至少他的默许和支持是必要的。

似乎我们可以公正地推测，虽然其他因素也促进了这种振荡状态的产生，但实际上却是毛泽东的权力使然，他故意引导中国沿着波动式运动来发展。他将这种发展方式视为继续探索相互对立物的唯一方法。因此他才会强调将国家的建设重点从经济增长
90 转移到文化变迁再转移到经济增长上来，也因此他才会认可从自由到纪律再到自由，从民主到集中再到民主，从斗争到团结再到斗争。发展看起来是辩证的，每个阶段都代表着向最终融合的进一步逼近。

毛泽东在很多场合明确承认了他的这种方式。例如，“文化大

革命”即将结束时，一位欧洲外交官在拜访毛泽东后说，在他们的谈话中，毛主席将他的统治方法比做熬汤。毛泽东显然是在表达，要向火中投入更多的木材，这样才能烧热中国这口大锅，才能让那些杂质浮出水面。[31] 1958年，他也用这种方式来描述同样的观点：

过渡时期阶级斗争的形势怎样？两条道路斗争。恐怕还有几个回合。我们要有策略。要冷一冷，然后再放一放，不冷不放，他不会出来的。[32]

他说，这个想法最清晰的阐述是在“文化大革命”前夕他给妻子江青的一封信中。到了1972年，这个想法在全国传播开来：

天下大乱，达到天下大治。过七八年又来一次。牛鬼蛇神自己跳出来。……现在的任务是要在全党全国基本上（不可能全部）打倒右派，而且在七八年以后还要有一次横扫牛鬼蛇神的运动，尔后还要有多次扫除。[33]

总之，毛泽东把社会改造过程看做他治国方略的组成部分，而掀起发展高潮是他计划的核心。那些动乱的年代接连出现，已经向当时的领导人透露出底层民众的潜在不满。而民众们心中的敌意倾泻出来时形成的巨大社会力量又被毛泽东导向了他认可的方向。此外，毛泽东还利用这些动乱来考验党内同志的勇气，提拔新的领导
干部，因为他觉得这样的时期可以显示出领导干部处理基层社会力 91
量的能力，他们不再需要经由体制来调和这些力量。毛泽东的这一行动原则体现得最为明显的就是在“文化大革命”期间。在这场动荡前夕，毛泽东曾说：

无产阶级革命事业的接班人，是在群众斗争中产生的，是在革命大风大浪的锻炼中成长的。应当在长期的群众斗争中，考察和识别干部，挑选和培养接班人。[34]

然而，应该强调的是，当毛泽东号召一个斗争时代时，他并不确定最终的结果。进一步来说，毛泽东可以认识到其中蕴含的风险，如过度使用暴力、破坏生产等，但他判断冒风险是必要的。

激发下属之间的政治竞争

毛泽东显然不可能也不会独自治理中国，这一点有时会被人们忽略。他必然依靠党内的中央政治局和庞大的官僚机构，在他们的协助下，他的指导方针才能付诸执行。因此，毛泽东必须通过建构政治过程来实施他的辩证发展战略。在运动的高潮中，毛泽东认为最大的危险在于极端的左派或是过分激进。在整合期间，他担心“右派分子”、“自由主义”或“修正主义”的过度。为了防范这些过度倾向并保持政策的灵活性，毛泽东同时采用了两条对立的政策路线（一条路线主导，另一条隐于其后），依靠两个或两个以上相互竞争的下属。当毛泽东在推动运动向高潮发展时，他会刻意在身边留有一些反对他的智囊，并鼓励某些组织和机构去追求相对温和的政策路线。例如，在1955—1956年间，刘少奇对农业集体化持保留意见，而周恩来并不热衷于“大跃进”运动，他也曾多次试图遏制“文化大革命”中的过激行为。同样，刘少奇和彭德怀也可能并
92 不支持1956—1957年适度和缓的某些方面，林彪在军队施行的政策与1960—1962年的整合背道而驰，而江青则十分反对1969—1973年的政策。但他们中的每一个都身居要职。

毛泽东发现反对者是有用的，因为当他决定放弃先前的政策而转向它的对立面时，他可以掉过头来支持昔日曾对他提出质疑的那些人。他能够压制运动中的过度倾向，因为他经常备有候选的机构和计划来实现他的新意图。他只需要向人们表明先前的方案以及这些方案的执行者并没有按照他的指示来行事，就可以转移人们对他的不满。事实上，毛泽东的指示往往太过模糊。

或许简单地说，毛泽东在任何时刻都会依靠一个“首席部长”来推动政策施行，同时提拔一个“次级部长”去探索另一套可选政策。这里的“首席部长”和“次级部长”是在功能意义上而言的，他们是指毛泽东政策的首要管理官员和中级管理人员。毛泽东的这些助手们的官职因其层级不同而相互各异，包括中共中央副主席、政府总理、中央军委副主席等。毛泽东总是试图挑起他们之间的竞争，这样就可以避免一方完全为另一方所掌握。例如表1：

表 1　20 世纪 50 年代非正式体制中的首席部长、次级部长名单

时间	首席部长	次级部长	主要组织	次要组织
1955—1957 年	周恩来	刘少奇	政府	中国共产党
1958—1964 年	刘少奇	周恩来	中国共产党	政府
1965—1966 年	刘少奇	林彪	中国共产党	中国人民解放军
1966—1969 年	林彪	周恩来	中国人民解放军	—
1970—1974 年	周恩来	张春桥	不适用	
1975 年	邓小平	张春桥	“文化大革命”后期	
1976 年	华国锋	张春桥	后林彪时代	

表 1 列举了 20 世纪 50 年代中期形成的非正式体制中首席部长和次级部长的人员名单。每一个人员变动都粗略地对应了中国政策重点的改变，尽管刘少奇在三个时期内（“大跃进”的动员阶段、 93
“大跃进”后的整合时期、“社会主义教育运动”过程之间）分别作为毛泽东的首席部长和次级部长，但正如我们已经提到的，毛泽东和他的首席部长、次级部长之间的关系并不是上下级之间的关系。这其中包含有某种互惠主义的衡量，还有一定程度的讨价还价成分。然而，仅仅造成他的同事间的紧张关系（如林彪所说的“分而治之”）并不足以保证毛泽东的执政地位，他必须得到他们的承诺和服从，否则，他就会面临这样的危险：（1）一旦首席部长感到毛泽东准备给他降职，他可能会发动政变（如林彪事件）。（2）在各个部长之间可能会暂时结成一个心照不宣的联盟，这样就可以把毛泽东隔离在外（这种情况在 1963—1964 年间已部分显现）。（3）各个部长之间可能会发生剧烈冲突，甚至使用暴力，这样毛泽东便无法使这些部长进行必要的合作，让整个政治体制运转下去（比如 1966—1967 年和 1975—1976 年的情况）。当然，随着毛泽东生命的终结，最后一种危险迫在眉睫，因为整个中国的政治体制需要一个强力的国家领袖来掌舵。

毛泽东精通“分而治之”之术，直到他的晚年也是如此。我在后文将详细阐述可以解释他的这种谋略的三个因素。在策略上，首席部长和次级部长本身就要亲自监督其他的领导干部，这些领导干部为了建设一个更强大的社会主义中国而团结在一起，并按照他们各自的技能、职责和政策偏好而结成不同的集团。毛泽东就好像一个编剧，他恰好将他自己放在了舞台的中央（这可能并不是毛泽东有意为之的）。这样，他的每位合作伙伴都只能反映出他整体的一部分，每位都可以弥补毛泽东所缺乏的性格特质。毛泽东需要这个集团的每位成员，但每位成员对毛泽东的需要更甚于毛泽东对他们的需要。因此，周恩来的国内外谈判技巧与毛泽东的煽动能力相互映衬。周恩来来自扬子江下游，当地的世界主义经验对出身于中国内陆的毛泽东而言，可以很好地补充毛泽东身上的本土主义作风。刘少奇、彭真、任弼时和邓小平，他们所具有的良好的组织能力可以帮助毛泽东去激发人们的奉献热情。陈云和李先念认识到组织和经济的必要性，从而缓和了毛泽东对人类意志的执意追求。像陈伯
94 达、艾思奇以及后来的张春桥等理论工作者，他们不但充分理解了马克思的思想，还能从文化根源上进行阐释，他们将毛泽东的马克思主义发展成为有说服力的中国意识形态。彭德怀、罗荣桓、林彪和叶剑英这些人精通军事和作战指挥，他们可以很好地解释毛泽东的战略学说。康生为人阴险，但他能够保障国内治安，这大大补充了毛泽东公开使用强制措施的治国方式。贺龙和朱德代表了中国起义英雄的军事传统，他们也反映了毛泽东性格特质中的一个侧面。事实上，以毛泽东为中心的这个团体更类似于《水浒传》中以宋江为首的梁山好汉，他们集结起来在起义中表现出惊人的一致性。毛泽东的这个团体基本上是在延安形成的并一直持续到1966年“文化大革命”开始。诚然，由于党内的整肃，这个团体内部会发生某些变化。但从20世纪40年代初开始，党内高层便已经形成了这样的基本模式：以毛泽东为中心，依赖于首席部长来监督政治体制的日常运作，从而彼此互助。

在20世纪50年代，毛泽东为了寻找自己的接班人，开始降低自己的政策参与程度。[35]正如他后来所说的，他退居二线了。他期望这个相互依存的组织可以在他的首席部长和次级部长的领导下运转起来，而他只需要提供最宽泛的指导方针。毛泽东试图保留他在党内的影响力，尤其是对他的首席部长和次级部长。比如他会对某些关键问题保留最终决策权，他会动员群众来纷纷响应，而且他经常会绕过党内的高层而去直接下达命令（毛泽东发布这些命令有时是在出访各省期间，有时是在专门召开的高级领导干部会议上）。

然而，到了20世纪60年代中期，毛泽东认为这个体制已经不再有效了（很可能不准确）。他觉得他是多余的，他被忽视了（由于他妻子江青的蓄意破坏，毛泽东可能认为自己已经失去了权力）。所以在1965—1966年，他要求他的次级部长和其他几个身居要职的
官员摧毁这一集体化体制，如林彪、周恩来、陈伯达、康生和他的 95
妻子江青。从1966年到他生命的终结，毛泽东不断促使首席部长去反对次级部长。但与1940—1966年时期党内对毛泽东的集体依赖不同，当时中国的政治体制内出现了“内院”和“外院”之间的派系冲突。“内院”是指那些个人影响及其思想都依赖于毛泽东的人，他们包括江青、张春桥、姚文元和王洪文（毛泽东去世后不久这四个人就被撤职了）。“外院”是指“文化大革命”以前的党、政府和军队官僚机构的领导人，比如周恩来、叶剑英、李先念和邓小平。从20世纪60年代末到毛泽东去世，他的身体状况已经日渐衰退了，但他却想要掌控这场关乎接班人的政治冲突。

保留关键政策的决策权

在毛泽东的权力达到顶峰的过程中，他还小心地把持着某些关键政策的决定权。毛泽东很清楚地知道什么才是问题的最终选择，比如当前中国的国情是需要强调斗争还是应该加强团结，是应该强调经济发展还是进行文化变革。他试图确定主要矛盾，或是那些可以在特定时刻加以利用的紧要局势。他显然相信他对这些问题有着特别的洞察力，比如，目前的状况适合集中全力来对付国民党吗？到进行农业集体化的时机了吗？要消除中国的资产阶级剩余力量，暴力是必要的吗？应该触发国家与社会之间的紧张关系吗？在这些问题上，即便面临着巨大的反对，他也会毫不犹豫地制定政策。由于他那已经得到证明了的敏锐和政治决心，他往往会以他自己的方式来妥当地处理这些问题。

他还试图掌握以下三个问题的决定权：外交政策、农村社会政策和文化政策。毛泽东已经强烈地感到这三个方面的问题与他的权力息息相关。20世纪40年代，毛泽东取得了在中国共产党内的领
导权，随后由于得到大多数民众的支持拥戴，他开始领导整个中 96

国。在中国受到极端胁迫的年代里，他逐渐成为中国民族主义力量的代表。似乎同时代的戴高乐或温斯顿·丘吉尔也曾在他们的国家采取过类似的举措。毛泽东的个人命运逐渐同民族危亡等同起来。作为中国民族主义力量的最终决定者，只要毛泽东将他的对手指为异国力量的代表，他就可以任意地消灭他。这正是1959年他反对彭德怀时所采用的策略。当然，这也有助于解释为什么毛泽东个人会如此地专心致力于控制中苏关系，为什么他不能容忍其他任何人反对这件事情。他不仅发自内心地相信他的政策，而且他也可能已经意识到如果他允许他人成功地挑战他的政策，那么他将失去控制中国国家利益的权力。

同样，毛泽东也将农村的社会政策视为他要解决的问题。他相信他在这个领域拥有特殊的能力，他也认为在整个政治局里他在为贫农说话。这个自我身份的界定得到了绝大多数农民的拥护，毛泽东宣称，民众的支持能够打倒那些以中国共产党为依托的对手们。鉴于中国革命发源于农村，而共产主义运动也承诺要改善农村人口的生活状况，故而毛泽东的这种主张是强有力的。因此，毛泽东不能容忍任何人攫取他在此问题上的权力就不足为怪了。比如在1959年春天，毛泽东认为此时应该遏制1958年年末“人民公社”运动中出现的极左的现象。

从这个角度来看，人们就可以理解1959年夏天的庐山会议中毛泽东对彭德怀的反击为什么会如此地有力了。毛泽东已经意识到，
97 彭德怀这位国防部长严重地挑战了他的权力，因为彭德怀批评了毛泽东政策的两个方面：一是毛泽东在“大跃进”时期的农村政策，二是他有关中苏关系的决定。如果我们的分析是正确的，那么毛泽东就必须对此做出尽可能强硬的反击。因为彭德怀明知毛泽东的执政之基正是在这两个问题上，却还要对此进行攻击。

这里有必要做一个说明。尽管毛泽东自己制定了中国的对外政策和农村政策，但他却没有垄断这些政策的解释权或执行权。只要他的权威未受到挑战，他还可以在这些领域重新制定政策，他就愿意在许多计划的实际制定中分享权力，甚至会约束自己不去干预。因此，似乎在周恩来作为他的首席部长的两个时期内，中美关系的

1970 年 10 月 1 日，毛泽东和斯诺及其夫人在天安门城楼上。同年 12 月，在和斯诺的谈话中，毛泽东表示欢迎美国总统尼克松访问中国，改善中美两国关系。

政策制定才有可能是一次真正共享、合作的政治冒险。但这种关系只能持续到 1969—1971 年，这时毛泽东希望中国对美国实现新的开放，比如 1970 年年末他与埃德加·斯诺的会谈，以及《人民日报》刊登毛泽东和斯诺在天安门广场上密切友好交谈的照片。

毛泽东还试图成为文化问题的最终决定者。在中国情境中，“文化问题”这个概念比英语中的含义更为广泛，它不仅包括关于传媒、文学和艺术方面的政策，也包含了教育事务、科学技术规划、对知识分子的政策，甚至可以延伸到公共卫生和体育方面。毛泽东关注这些问题自然是由于他意识到了这些问题在决定中国未来时的重要意义。但与外交政策和农村问题不同，毛泽东从来没有建立过他在这一领域的绝对权威。因为这个问题很难简化到个人就可以掌控的程度。另外，毛泽东的同事们也似乎并不相信他在这个领域有着特殊的智慧。事实上，对于中国文化所需要的变革，许多中国共产党的领导人有他们自己相当明确的看法。毕竟，中国需要文化变革的看法要先于中国共产党的成立以及毛泽东的崛起。同时，中国共产党对民族抗战和动员农民的关注，部分是由于毛泽东努力的结果，部 98
分则是因为人们对文化变革的渴望要先于毛泽东在党内的崛起。由于很多人意识到了这个问题的重要性，因此毛泽东并不能将之据为己有。

然而，在另一种意义上，毛泽东的的确确使得意识形态的阐释权独属于他。也就是说，中国共产党所声称的合法性基础，它宣称服从并忠于群众的原因，都要依据毛泽东思想：他创造性地将马克思列宁主义同中国的国情结合起来。由于毛泽东思想是政治体制理论基础的中国来源（现实要复杂得多），因此毛泽东只要指出他的竞争对手偏离了毛泽东思想，他就可以获得胜利。显然最好的政治运作就是这样的。但即使如此，毛泽东依然谨慎地利用这一点来给他的对手施以致命一击，尤其是那些他已经对其不再抱幻想的潜在接班人。毛泽东对此会声称他先前的继承人对他的思想缺乏理解，比如他将刘少奇视为“恶”的象征[36]，此后他又用同样的模式去对付林彪。

树立权威[37]

毫无疑问的是毛泽东谨慎地塑造他自己的形象以便得到决策制定同僚、官僚机构和最广大人民的最大支持。但是，正如前面提到的，要建立他的权威，他必须设计稍有不同的形象来应对不同的对象。他的同事们看到了毛泽东的全部，他们完全受控于毛泽东的权力，比如他的强制意图、他的思想、他的奖赏能力以及他操纵心理的能力。而官僚们或多或少地免于受到他的直接控制，而主要成为
99 他的思想、物质奖励以及拒绝或否认的对象。但对于人民群众，毛泽东仍然是一个遥远的形象，他是一个象征符号，代表着中国的意识形态。毛泽东想要令人敬畏，他有时会使用某些帝王权谋来树立这种敬畏感。用社会学术语来讲，毛泽东感到那些规范型权力（normative power）都已经离他远去了，而那些利酬型权力（remunerative power）被赋予给了官僚，强制型权力（ coercive power）则留给了党内的其他同志。诚然，任何标准下的权力分类都不能完全涵盖权力的各种类型，毕竟各个类型之间的界限并不容易划分，而且还存在某些例外情况。但对于毛泽东的形象，党内同志的看法与人民群众截然不同，毕竟他们接触到了群众从没有看到过的毛泽东。

在1966年的群众游行中，随着毛泽东的出现，红卫兵们发出了激动的狂喊。有的农民把毛主席的照片贴在家里供奉。在他们看来，毛泽东是国家精神的象征。据一位在劳改营待了很长时间的囚犯讲，他们并没有把毛泽东和他们所受到的严厉的处罚联系起来。[38]囚犯们甚至很尊敬毛主席，而将他们的这种处境要么归咎于他们自己的缺点，要么归咎于毛泽东那些邪恶、诡诈的下属。然而，必须补充的是，在毛泽东晚年，他的形象就没那么和善仁慈了。在许多城市居民的心中，他与“文化大革命”的暴力密不可分。而在1973—1974年的“批林批孔”运动中，他甚至鼓励大众传媒将他和残忍的秦始皇相提并论。然而，毛泽东在20世纪50年代和60年代早期形成的敬畏感到底被20世纪70年代中期的运动毁掉了多少（尤其是在城市地区），依然有待商榷。

当然，直到毛泽东的最后岁月里，他显然一直清楚人民群众渴望崇拜他们的领袖。有时他会公开承认，他故意利用群众的这种渴望来加强他在党内的权力。在写给江青的信中，他描绘了他的处境，即下面这段引人注目的话： 100

> 我历来不相信，我那几本小书，有那样大的神通。现在经他（指林彪）一吹，全党全国都吹起来了……他到北京五月会议上还是那样讲……我猜他们的本意，为了打鬼，借助钟馗。我就在二十世纪六十年代当了共产党的钟馗了。事物总是要走向反面的，吹得越高，跌得越重，我是准备跌得粉碎的。那也没有什么要紧，物质不灭，不过粉碎罢了。[39]

毛泽东已经认识到允许“个人崇拜”的风险。而且如果这封信确实写于1966年，那么表明毛泽东对林彪的这种溢美之词只不过是虚假的奉承心知肚明，而他必须认可林彪的这种奉承，这样才能进一步削弱他的对手的官僚基础。正如1965年他告诉埃德加·斯诺的：“赫鲁晓夫倒台了，大概就是因为他没有个人迷信。”[40] 1970年，在他随后与斯诺的交谈中，他曾回忆起他们在1965年的谈话，当时他认为党内的大部分权力已经脱离了他的控制。[41]这就是为什么他向美国记者解释说，一个更广泛的个人崇拜是必要的，这样可以刺激群众去铲除这个反毛的党内官僚主义。毛泽东解释说，人们很难克服三千年来王权崇拜的习惯。但毛泽东断言，在“文化大革命”期间，这样的崇拜已经是纯属多余的，应该冷却下来。但是，他也会问，即使是在美国，那些没有人崇拜的领袖能进行领导吗？毛泽东对此总结道，总是要被崇拜的，也总是有人渴望去崇拜。斯诺在这段对话中的反思较为贴切，他说：显然，关于这一现象毛泽东已经沉思良久，毛泽东注意到这种有关神和上帝的现象，人需要
101 被人崇拜，也需要崇拜别人。毛泽东向斯诺承认，他希望群众眼中的他只不过是一位简单的教员罢了，这是在纯粹规范性层面上来讲的。[42]

官员们也直接受到了毛泽东的思想的影响。这主要是因为他们必须去读毛泽东的著作，而且毛泽东的指示层层下发到党内各个组织之中。官员们意识到毛泽东对他们事业的影响力。他决定着底层官员的上级命令者的命运，他可以发动整风运动并开放晋升机会，他甚至对工资标准也产生了影响。但遗憾的是，没有必要的调查数据能够证明这一点，但是官员们确实倾向于认为毛泽东的权力主要是因为他可以设定奖惩。他们经常将政策错误归咎于毛泽东的智囊或是毛泽东的日渐衰老。因此，在“文化大革命”期间，人们总是会谈到这些被改造的官员，其中有些官员甚至是由于毛泽东发动的某些运动而被囚禁起来的。然而，这些受到迫害的干部却将毛泽东视为一个匡扶正义的人。人们向毛泽东请愿或是写信表示，要是他能够改善官僚们的困境，那么一切都会更好（类似的现象在斯大林时期的苏联也同样存在）。

由于党内同志拥有更丰富的经验，他们也似乎感到了某种威胁。事实上，毛泽东故意制造恐惧感。以下是政治局会议的摘录，文中透露出毛泽东对党内同志的威胁：

> 我们现在有些第一书记，连封建时代的刘邦都不如，倒有点像项羽。这些同志如果不改，最后要垮台的。不是有一出戏叫《霸王别姬》吗？这些同志如果总是不改，难免有一天要“别姬”就是了。（笑声）我为什么讲得这样厉害呢？是想讲得挖苦一点，对一些同志戳得痛一点，让这些同志好好地想一
> 102 想，最好有两天睡不着觉。他们如果睡得着觉，我就不高兴，

因为他们还没有被戳痛。[43]

我在这个讲话里批评了一些现象，批评了一些同志，但是没有指名道姓，没有指出张三、李四来。你们自己心里有数。(笑声)[44]

不用说，这笑声一定是紧张的。但毛泽东并不总是这么间接地威胁。在下面这段引文中，被毛泽东批评的同志们明显已经知道了他们就是毛泽东愤怒的对象：

我现在劝一劝犯错误的几位同志，你们要准备听闲话。……一提起你们犯错误，不要触目惊心，准备人家讲你几年。我说长也不会，看你们改的情况。……

犯错误的同志要准备听闲话，多准备听一点。……只要有了这几条，我看是一定会改过来的。……如果是闲话也听不得，对人也不诚恳，讲假话，又不靠拢大多数，那就难了。[45]

但是我们看到，在毛泽东与张闻天的书面交流中，毛泽东大部分言辞比较尖刻。张闻天是中央政治局委员，他和毛泽东长期共事，后来在庐山会议上受到了毛泽东的批判。8 月 2 日，张闻天在庐山会议会后卧病在床，毛泽东在给张闻天的信中写道：

自作自受，怨得谁人？我认为你是旧病复发……现在又发寒热症了。昔人咏疟疾词（这首曲子，调名《叨叨令》）云："冷来时冷的在冰凌上卧，热来时热的在蒸笼里坐，痛时节痛的天灵破，战时节战的牙关挫。真个是害杀人也么哥，真个是害杀人也么哥，真个是寒来暑往人难过。"同志，是不是？如果是，那就好了。你这个人很需要大病一场。[46]

毛泽东继续建议张闻天去读一读枚乘的《七发》，他赞扬这篇 103
文章确实是一个极佳的文学作品。毛泽东继而措辞尖锐、颇有些残酷无情地总结道：

现在有什么办法呢？愿借你同志之箸，为你同志筹之。两个字，曰："痛改"。承你看得起我，打来几次电话，想到我处一谈。

> 我愿意谈，近日有些忙，请待来日。先用此信，达我悃忱。[47]

我们看到张闻天 8 月 18 日对毛泽东这封炮轰信的回复：

> 我这次动了大手术，对我以后的身体健康，定会起良好的影响。我衷心地感谢你和中央其他同志所给予我的帮助。我一定要同昨天的那个反动的我，永远决绝。今天读到你关于枚乘《七发》的批语和机关枪及其他，更使我深为感动。……希望你多多指导。[48]

他对此热情地回应并要求将这封信印制 160 份分发到中央委员会成员中。张闻天似乎很期待毛泽东的后续处理，他后来对此评价道，毛泽东“很英明，但整人也很厉害，同斯大林晚年差不多”[49]。这种看法似乎在党内得到了广泛的认同。

控制传播、人事和军事力量

毛泽东的文章中有一个潜在的主题，他作为中国的领袖进行有效的领导要取决于他对政治局的控制。但是我们还没有确定他在政策过程中的权力构成，因为中国的政治体制并没有高度制度化。但也不能说毛泽东的权力自然是来自他的执政地位。毛泽东的权力中可能含有，也可能没有某些特质。事实上，他的治国方略、他的坚韧个性以及他控制某些关键问题的能力都取决于他对传播过程的控
104 制，取决于他对高层领导的任命，也取决于他对军事力量的部署。并且只有通过传播，政策才会得到系统的阐述。

因此，让我们来略微窥探毛泽东是如何利用这三种权力来源的。1970—1971 年当他透露他是如何着手削弱林彪的权力时，他是这样说的：

> 我采取了三项办法，一个是甩石头，一个是掺沙子，一个是挖墙脚。批了陈伯达搞的那个骗了不少人的材料，批发了三十八军的报告和济南军区反骄破满的报告，还有军委开了那么长的座谈会，根本不批陈，我在一个文件上加了批语。我的办法，就是拿到这些石头，加上批语，让大家讨论，这是甩石头。土太板结了就不透气，掺一点沙子就透气了。军委办事组掺的人还不够，还要增加一些人，这是掺沙子。改组北京军

区，这叫挖墙脚。[50]

军事指挥

毛泽东不止一次将军队调动作为权力斗争中的准备程序。[51]军队内包含有各自忠诚的派系，而且当毛泽东想要削弱一方而提拔另一方时，他会将忠诚于他的派系转移到关键的战略点，并下令他对手的部队远离至关重要的地区。在这场游戏中，北京的军事意义尤其重大。在几次事件中，毛泽东在最后交锋之前都先打乱了北京的警备司令部的军队部署。例如，在林彪事件的初期，毛泽东便命令三十八军这个高度忠于林彪的精锐部队调离北京，随后他才开始剥 105
夺林彪的权力，这时林彪尚未完全意识到毛泽东已经着手对付他。[52]在毛泽东执政的过程中，中国的精英政治更具有古罗马执政官的意味：毛泽东通过操纵和使用军队内部的紧张关系来不断累积权力。

控制文字

在这个行为中，毛泽东通过他的书面指令确保了他对军队的领导。[53]纵观中国历史，文武之道已经并立为治国的方法。根据中国的史学研究，文臣武将之间永远都存在着权力的争夺。群雄分立时期必将由武将结束并建立起新的王朝，而后在新的王权中，这些武将便由文臣来接任。情同此理，毛泽东也会挑起争端来借力打力，从而控制文、武两个领域。

这里有几个例子可以说明毛泽东对文字的控制。事实上，毛泽东很喜欢个人撰写《人民日报》社论，他还会挑选运动口号和墙面标语。这些口号不但概括了中国当时复杂的政策，而且也为整个国家的政治定下了基调。这些口号提醒着千千万万的民众，告诉他们如何参与到政治过程中。通常传播给大众的口号发生变化就意味着政治风向也起了变化。毛泽东在各种讨论中都强调要将注意力放在口号上。例如，在 1958 年，毛泽东将他的社会关怀写进了“大跃进”的主要口号中：“鼓足干劲，力争上游，多快好省。”[54]他透露他曾考虑用“走出去”而不是“鼓足干劲”，但发现后者的阐述似乎更为可取。毛泽东承认他希望最大限度地鼓励群众，但也认识到这个口号不易为外国人所理解，因此曾打算换掉它。但现在回想起来，他应该很高兴没有更改这个口号。

106 1958 年 12 月，毛泽东对另一个“大跃进”口号持保留态度：“苦战三年，基本改变全国面貌。”[55]毛泽东回忆说，1 月这个口号在中国传播开来，主要强调农村转型。但是，到了 12 月，他却失望地发现，“基本”这个限制词从口号中摘除了，而且这个变换后的口号已经被到处使用。他感觉到这个口号应该修改，除了继续保持最初的乐观号召外，还要引入一个更长的时间跨度来描述这种转变的全面实现。为此毛泽东要求大家讨论出一个合适的口号。

显然毛泽东并不认可每一个口号，并且直到他生命的最后，他的口号也有时被歪曲而未能得到很好的传播，甚至会被伪造。更广泛地说，到了 20 世纪 60 年代，他觉得“文臣”已经对他毫无反应，而他发动“文化大革命”的一个主要原因就是要重申他对“文字”及其传播机构的控制。他转而决定由“内院”，尤其是他的妻子江青去监督，但江青滥用了毛泽东的信任。

在传播过程中控制

毛泽东还详细地指出，通过传播过程许多关键的政策可以得到清晰的阐述。他不断地巡察中国各地，寻找那些用毛泽东思想来解决棘手问题的地方。他阅读书面报告，倾听部下的口头报告，一旦发现他特别喜欢的单位报告，就会命令将之分发下去。因此，从他办公室里传下去的文档里面总是充满了这样的指令：

> 有几个文件印一下。王明和库西宁的谈话，天津一个支书和南京大学党委书记给主席的信。[56]
>
> 广东新会县商业工作搞得好，可以到那里开一次现场会议。[57]
>
> 107 建议将此件印发给全国一切大专学校、科学研究机关的党委、总支、支委阅读……文学艺术团体、报社、杂志社和出版机关的党委、总支，也应发去，也应讨论一次。请酌定。[58]

对于每个单位的学习小组来说，这种材料的独特传播方式是影响政策过程的一种手段；随后还要检查他们处理问题的方式是否符合文件中描述的方法。

为了更确切地表达，毛泽东在很多情况下都会详细阐述执行过程，这样一项新的政策将转化成为大众的政策。1958年，关于辞去中华人民共和国主席一职，毛泽东命令当时的新闻这样来处理这个问题：

> 要做一个正式决议……要求三天之内，省、地、县逐级开一次电话会议。分别通知到地、县和人民公社，三天之后发表公报，免得那时下面感到突如其来。[59]

此外，他还会清楚地表明政策评估应该如何来执行。毛泽东对此所做的具体阐述来自1959年3月他曾经写过的党内公告，当时他和党内其他同志正忙于修正刚刚成立的“人民公社”的政策。[60]毛泽东在3月9日给所有省级第一书记下达指示，命令他们立即召开省内六个层级的干部会议。他指定了主题（讨论“人民公社”）、时间长度（大约10天）、模式（第一秘书将做总结讲话来深度解释“人民公社”面临的不同问题），以及一些要在省级集体会议中分发的文件（由中央委员会提供并由专机运送）。毛泽东通知他的秘书 108
在3月25日到上海参加政治局扩大会议。因为这期间只有16天，他告诉他们准备推迟省级会议到3月22日。与上海会议同时召开的还有一系列的县级会议，这些会议由那些参加了为期10天的省级会议的干部召开。主席指示，这些县级会议应该有一到两千人出席，持续7～10天；并且紧接着还要召开是“人民公社”和大队会议。

毛泽东还会监督起草许多重要文件的流程。例如，目前知晓的几个方案的草案，如《全国农业发展纲要（草案）》、《工作方法六十条》和“前十条”[61]，毛泽东对这几个文件中的起草起着至关重要的作用。通常他会任命一个起草小组提交一份文件，以供他编辑和批示。或者，他会主持一个会议，一一列出草案中应包含的观点。[62]然后文件经常会被提交到中央会议上进行讨论或修订。毛泽东经常会指定哪些人应该参加会议。这种行政风格使毛泽东没有必要控制重要议题的设置，而对这种事关重要政治目标的议题的控制本应是领袖最为关注的。实际上，毛泽东在人事上的安排起到了重要作用。

人事任命

毛泽东究竟是如何来控制人事任命的，他又在多大程度上控制了这一过程，这些我们尚不清楚。例如，他能选任解放军的师长，或是副省长吗？如果可以，多少职位在他的掌控之中？又是谁搜集了这些他赖以做出决定的材料？这些问题的答案尚不可知，但仅有
109 的证据表明他一直密切关注人事部门。他要了解诸如党内同志的健康状态、他们的孩子的政治倾向之类的事情。他的政治局的演讲经常会包含对某些同志的癖好所做的尖刻评论、他们的工作风格，以及毛泽东眼中党内同志对他的看法。有人认为，毛泽东可能会参考中国共产党组织部过滤给他的信息。

毛泽东还指导了整肃问题。他设立特别调查委员会来探究他们错误的来源，并决定他们的后续命运。

然而，有人认为，毛泽东通过人事部门来控制权力同样受到了限制。他花费了时间、精力和策略来压制政敌，必须确保他提名的人能够获得支持并到新的职位上来。最终，他不得不在那些他能找到盟友的地方进行挑选，而这些人可能并不总是投其所好。

毛泽东执政的程度

中国专家已经广泛地讨论了如何准确地描述毛泽东的执政特征。有人认为，从 1949 年到毛泽东去世，中国的政治制度实质上是“多元化”的，拥有各种自治组织、官僚部门、军事派系和争夺影响力的社会组织。当时的中国政策是协商和妥协的结果。财政预算分配由各个竞争部门进行交涉。在这个模式中，毛泽东除了作为统一政权的象征之外，他的主要作用就是协调和平衡利益。而他达成妥协的能力恰好与他的价值偏好相吻合，即便他的价值偏好会随着权力变动而不断改变。有时，毛泽东的权力和当时中国的客观条件为他发起重大的新项目提供了条件。

某些中国专家受到了那些描述北京权力斗争的文章的影响，他们似乎总是认为，毛泽东从未掌权。也就是说，他们认为，直到 20

世纪50年代中期，权力仍然落在地方手里。从20世纪50年代起，毛泽东被不断排挤，并且被他身边那些雄心勃勃、诡计多端的副手们掌控。首先刘少奇篡夺权力，然后林彪和陈伯达导致了“文化大 110
革命”的过度进行，最后毛泽东在临终无法控制他那脾气暴躁的妻子。这位可怜的老人毛泽东，他想要英勇地实施他的社会公正计划、经济发展计划，但是他永不可能实现自己的初衷！

显然，我们还有很多需要解释的地方，比如，勾勒中国政治时是把毛泽东放在弱势地位呢，还是将协商放在这个“多元化”政策过程的中心？令人信服的是，现有的证据表明，1955年7月的农业集体化、1957年5月的百花齐放运动、1966年8月的红卫兵运动，以及1970年邀请尼克松总统来访，还有对某些主要举措的命名，这些在没有毛泽东的权力和决心的情况下是不会发生的。更广泛地说，减少城乡不平等的承诺，为创建高效的官僚机构所作的不懈努力，以及在教育和公共卫生领域内勇于进行的试验性政策，这些都可以清楚地刻画出毛泽东的毅力和意志。我们已经注意到，毛泽东成功地创立了发展的辩证法，他设立了分析范畴和政治话语模式，他一生所取得的巨大成功已经渗透到了整个体制之内。但严重的危险仍然存在，分析者们可能过度强调了他当政的最后几年，而这时的他却仅仅是他以前的缩影。这样，分析者们还可能会忽视掉他对中国早期政治进程的决定性影响。

还有一些分析者概括毛泽东明显主导的政策过程时，走向了另一个极端。他们认为，所有的权力都源自毛泽东，所有下属都试图寻求顺从他那多变模糊的渴望，他们彼此竞争以证明他们对他的忠诚。对于这些观察者而言，毛泽东是“独裁者”。但这种观点也有问题，毛泽东晚年显然已经无法控制猖獗的派系斗争，而且当时他还成为林彪试图暗杀的“目标”。因为，正如本文所展示的，毛泽东必须不断使用策略来执行他的意志。他的资源是有限的。他确实有国内的敌人——那些拥有自己的权力去反对毛泽东计划的人。

所以真相在哪里呢？是笼统地认为毛泽东是一位政治家，还是一个贵族中的君主，一个傀儡，一个独裁者，或是别人的俘虏？虽
然每个勾勒都包含着真实的成分，但最好的答案似乎是没有任何对 111

毛泽东的静态评价是准确无误的。因为他的角色随着时间的推移发生了重大的变化，而与之共同变化的还有中国的整个体制。最简单地看，有人认为中国的体制以及毛泽东在其中的地位共经历了五个阶段。为了追寻这个发展轨迹，我们可以将毛泽东时代的中国政治秩序想象为以下几种类型的决策领域：(1) 毛泽东的领域。这个领域并非高度制度化，但包含着毛泽东可以用于交流和实现意志的机制，比如他可以召集的会议、他可以阅读和批准的报告、他通过军事委员会发布的指示、他出游时发布的指令、他向媒体发布的评论等。(2) 政策说明机构，这一机构由党内其他同志领导，包括在周恩来领导下的国务院，在林彪领导下的军事委员会，在陈伯达领导下的“文化大革命”集团。(3) 庞大的党、政府和军队官僚等级，包括它们的功能细分和不同行政层级。(4) 特设运动组织，由官僚机构的官员构成，这些官员高于临时的运动工作人员，为了特定的目标去动员群众（运动工作人员可以直接听从毛泽东的命令，也可以听从政策制定机构或是官僚机构本身的指令）。(5) 地方团体——工厂、学校、商业企业、社区、医院等。中国体制的进化可以按照以下三个方面来描述：每个领域的权力消长变化、每个领域内的领导者面对的决策议程的变化以及每个领域之间的关系变化。

建立一个新秩序（1949—1955）

在这一时期，占主导地位的决策领域是毛泽东和他的高层政策说明者（在北京），整个中国被划分成六个大区以及特设运动组织。这些特设运动在新中国成立初期曾遍布全国，包括：土地改革、抗美援朝、“三反”“五反”、爱国卫生运动、地方选举运动以及与之
112 相关的国家人口普查、新婚姻法运动和许多其他运动。这些年间，关于毛泽东确切的权力以及他所做的具体干预鲜为人知，大量的权力落到了地方。毛泽东和北京的党内高层如周恩来和刘少奇正试图创建一个实际可行的中央机构。他们花了一段时间来建构服从、有序的官僚机构，此时国家权力并没有在此基础上陆续扩展到地方机构中，特别是乡村的地方机构。这是一个巩固权力、创设可行机构的时代。毛泽东试图围绕着他的思想团结民众，这被热切地传播开

来，而且毛泽东还发动了几次主要运动。但基本上，毛泽东正在积累权力来推动下一步的农业集体化和工商业国有化。这种权力增长随着区域机构的撤销而完成，而更强有力的党中央和政府机构的建立是在1954—1955年。

毛泽东领导（1955—1959）

就毛泽东的权力和他执政的效力而言，历史学家可能会把这个时代记录为毛泽东统治的平静岁月。除了1957年的财政收缩，逐年增加的国家财政收入使得中国拥有足够的财力进行新的经济发展和福利计划。这种经济增长使得对稀缺资源的竞争不那么激烈了，因为每个人都可以分得一杯羹。1955年加速进行的集体化进程已经证明了毛泽东的洞察力，直到“大跃进”失败，他的大部分同事都不愿反抗他的政策建议。诚然，毛泽东也曾抱怨，他并没有从他的经济专家那里获得更多的选择，而且同那些强有力的领导者一样，他的政策也遭到了党内同志的反对，比如1957年他鼓励开放对党的批评，以及他插手“大跃进”。但他通过分散权力而最终战胜了这些人。

在这段时期的中国，官僚机构处于适当的位置，集体化方案稳步进行，而且国家的统计网络即将提供可靠的统计数据，以便党内高层和他们的下属官僚能够做出英明的决定。毛泽东试图禁止这种过度依赖政策执行的官僚作风，他通过在不同的领域不断开展运 113
动，成功地平衡了官僚机构那逐渐增强的趋势。毛泽东继续寻找地方机构的适当形式，但基层机构的定期重组却实际上阻止了乡村地区机构的日常化。毛泽东从下面获得了大量关于值得效法的模范单位的报告，他随后在书籍和文章中将这些模范单位宣传出去。

诚然，体制因素干扰了他，尤其是官僚机构已经变成反对机构。某些实质性问题也使他担心，特别是落后的农业生产和传统价值观的缓慢变革。但总体而言，毛泽东对于这几年的整体表现还是很满意的，这时他开始平静地考虑接班人问题，而且他愿意降低自己日常参与政策过程的程度。

衰减的权力（1960—1965）

“大跃进”的失败，“人民公社”的建立，以及根深蒂固的官僚政治的出现，相当迅速地改变了中国的政治景观。深度的经济萧条侵蚀了人民政权的权威，削弱了毛泽东在党内其他同志中的地位，也暂时损害了他的自信心。毛泽东的这些同事从延安的日子里就开始离他而去。这部分是由于他在“大跃进”中所犯的错误，部分是因为他在庐山会议的报复行为显示出他性格中不好的一面。而且，随着毛泽东的衰老，接班人问题日益浮出水面，而他的同事们开始急于建立他们独立的权力基础，这样他们就能够在毛泽东去世后继续在体制内生存下去。此外，一个自然的演化过程发生了：他的同事们不得不面对官僚机构固有的问题、道德观念和组织目标。在某种程度上，毛泽东昔日的一些同事开始追逐官僚集团的利益。这是一个缓慢的、几乎看不见的过程，但它意味着毛泽东和他的政策说明者之间的联系被削弱了，但在这些政策说明者和官僚领域之间的关系却变得更为紧密。

此外，官员们对“大跃进”的深刻印象在于有限的公共设施，事实上还包括运动的危险。这场运动也可能教会他们某些预防、限
114 制和颠覆运动的政治技能。正如毛泽东从他发动“社会主义教育运动”（1963—1964）的努力中总结到的，他需要付出更大的努力去将问题从正规官僚机构的执行中转移出来，而使它们成为运动的对象。

但也许最重要的是，整个政治体制都开始制度化了。地方政治机构已经稳定。如农村的“人民公社”、大队、小队；城市的市区，社区和胡同。基本职业模式已经形成。“大跃进”之后的时代经历了经济组织、规划实践和20世纪50年代的财政预算恢复。人们的生活已经安定下来。但随之而来的是，革命者们发现他们正在被他们所制造的行政体制管理。这些革命者在整个20世纪50年代一直振奋于重塑中国社会和创建新的政治秩序。他们必须生活在这个他们为他人所设立的限制之中。与20世纪50年代不同，财政预算缩减所带来的痛苦选择要相对更多。而人们对稀缺资源的争抢也愈演愈烈。

对于毛泽东来说，以上所有这些都特别令人沮丧，他误解了他权力减弱的根本原因。他将这种损失归咎于党内高层的破坏，而其

中的大部分同事却对他尽忠职守，试图协调他的命令与自己的官僚准则。事实上，在稳定社会出现的过程中，主席的权力正在缩减。

从以上状态发动革命（1966—1969）

稳定的社会秩序被扰乱，最终会产生一个新的、压迫的统治阶级。并且，由于毛泽东感觉到党内的很多同志对他并不忠诚（他的对手造成的一种认识），他试图拆除他一手建立起来的政治秩序。73 岁时，他试图发动一场对政治体制的攻击："文化大革命"。接下来的行动快速开展起来，却未得到精心的策划。毛泽东在大量的援助下采取了这些措施：（1）整肃党内的决策同僚，清除一些政策说明机构（特别是党的秘书处）。（2）重新振作运动领域，即通过挑 115
起代际的紧张关系来动员年轻人成为红卫兵。（3）利用红卫兵来破坏官僚机构的日常运作，比如随便将公职人员拖到街上。（4）勉强利用军队来承担必要的团结和协调功能，这些功能先前由党和政府来执行。（5）建立一些更为民主的地方团体，主要是通过推动年轻干部们到地方领导职位上来，这些年轻干部在"文化大革命"进程中证明了他们对毛泽东的理解及对他的忠诚。在某种程度上，毛泽东试图恢复中国共产党游击年代的部分体制以及 20 世纪 50 年代早期的情况：毛泽东及其忠诚的同志（不受官僚政治妨碍），运动的指挥权分散在全国，群众受政治运动的引导。

"文化大革命"的原因太过复杂，这里无法全面概括出来。不过，显而易见的是毛泽东并没有实现他的目标。红卫兵也脱离了他的控制。肆无忌惮的权力斗争在等级制度的每个层次上发生。整个中国濒临内战的边缘。毛泽东此时意识到了中国的内部混乱，他开始强加秩序，调动军队到造反的中心地区，并且试图利用官僚机构重建日常生活秩序。

星星之火：一个时代的结束（1969—1976）

当毛泽东能够重新实现国内稳定时，他已经 76 岁了。他的身体逐渐衰弱，此时他已经无力去果断地塑造"文化大革命"后期的体制了。他最后成功地清除了林彪，获得了暂时的政策优势，但这却没有使他去重塑体制。1970 年，毛泽东的矛头转向了周恩来，但周恩来不久后就饱受癌症折磨。所有其他的人都看到了迫在眉睫的事情。“文化大革命”后期的政治体制显然是一个临时安排，它将随着毛泽东的去世而终结。

在这些不确定的条件下，官僚机构依然得到了重组。事实上，地方团体的领导者往往是分开的，在老干部和年轻干部之间存有分歧，这些年轻干部在“文化大革命”期间被提拔上来。尽管如此，这些地方机构中的大部分运行良好，唯一的例外是在教育领域。在教育领域中，“文化大革命”使得中小学校和大学处于政治混乱状
116 态。在 1969—1976 年间，真正的权力转向了经济官僚机构和地方团体。北京的高层政治斗争决定了媒体的内容，而西方的头条也因此集中在党内的高层。但真正影响中国的故事却在其他地方，比如规划局，各个省市、工厂和农场。

在北京，日渐衰弱的毛泽东已经无法再去牵制他的同事们进行派系斗争了。毛泽东不可能也不希望完全消除“内院”，他用这个“内院”直接指导了“文化大革命”。“内院”和“外院”——党、军队和政府的高层领导——都在为两者不可避免的冲突做准备。

毛泽东正在衰退的优势取决于军队对他们这位即将离世的主席的忠诚。在林彪死后，没有人再去出人意料地支持各种普通的对手登上高位。毛泽东享受这种可以重塑中国命运的权力，他虽业已老迈，却还有旺盛的精力去敏锐地观察他身上所发生的事情。这个拥有如此张力的政治家，他的身上融合了那么多矛盾的特质，他似乎已经经历了人类经验的全部。

作为战士的毛泽东 117

纪亚玛（Jacques Guillermaz）

随着时间的流逝，毛泽东作为一位军事思想家、战略家的形象已经趋于消失。1949 年以来，中国已经基本上取得了和平，除了 1953 年的朝鲜战争、1962 年印度边境的短暂军事行动、1969 年乌苏里江发生的一些事件。中国的社会主义建设和动荡不安的政治境况已经掩盖了纯粹的军事问题。与国防相关的军事战略也已经多半移交给了军事委员会和总参谋部。在全世界，革命的时代已经结束。目前，只有在极少数情况下，我们才会提到“毛主席的军事路线”，才会回忆或者重新编写那些早期战争的革命插曲，包括著名的党内整肃运动，比如，对林彪、彭德怀和邓小平的处理。

由于毛泽东的离世，我们很自然地会在两个领域内对他的贡献进行考量：军事思想和作战指导。当然，这还要包括 1949 年之后的国防战略。在军事领域内，对毛泽东的思想进行研究是必要的，同时它也一定是暂时的。因为迄今为止，中国共产党军事史的书写并不完整，而且研究的水平也有待提高。我们确实搜集到了很多毛泽东本人的重要军事著作，它们来自他的官方四卷本《毛泽东选集》，还有“文化大革命”时期毛的各种文本中的一些想法和语录。除此之外，我们必须还得使用《星星之火，可以燎原》这样的坊间收藏，以及那些回忆录和追忆性文章，尽管这些回忆有些为了得到令人满意的分析而过于概括和修饰。此外，毛泽东似乎是这段时期内唯一的军事作家。红军的总司令朱德、副总司令彭德怀，包括所有的作战指挥官们，他们似乎只是将他们的著作局限在作战技巧和战术领域上。最后，我们必须划分出毛泽东军事史的各个时期。在第 118
二次国内革命战争期间，他所担任的职责与这个形象大相径庭。到了 1935 年遵义会议后，他在军事领域的指导又一贯绝对。也许有一天，未来会从某些虚构的历史书写中揭开现实。但现在，我们必须把大部分精力放在这些事件的官方论述中，尽量回到这些文章的原意，而不去纠正文章的内容。

在本文中，我将首先概述毛泽东军事思想的发展，这会关涉中国共产党的历史。接着，我会选择一些领域内的基本观点（包括理论和实践）来考察，以期能够做出总体性评价。这些基本观点涉及战争哲学、战略战术、后勤组织、道德力量和人的重要性，还有军队和社会之间的关系、毛泽东的军事理论及其军事经验在国外的价值等。

毛泽东和中国共产党的军事史

毛泽东从小就表现出了强烈的战斗气质。我们有许多奇闻逸事可以证实，他从青春期开始就逐渐形成了这样的性格特征。在中国，他那个年龄的所有中国学生都会读《三国演义》或是《水浒传》。但他们中只有极少数人才会受到这些书如此深刻的影响。他们想要实现他们的抱负，并在这些书中寻求学习的榜样。在很早的时候，毛泽东就表现出强烈的反叛精神，这在当时是很出名的。然而，毛泽东的许多同时代年轻人，从严复到鲁迅再到蒋介石，他们已经在现代的陆军和海军中看到了拯救中国的出路，他们希望为此奉献终生，或是当成一种暂时的职业。但毛泽东和他们不同，他对从军并不感兴趣。事实上，毛泽东的父亲以前也当过兵，这种经历非但没有激发毛泽东从军的热情，甚至还可能对他产生了某些负面影响。1911 年，清政府逐渐走向衰落，毛泽东的革命热情澎湃，他加入了当时武汉的一个兵团。然而，在参军的六个月里，他并没有接受正规的军事训练，反而更多的是关注当时报纸上的政治事件。在他后来的回忆中，这个
119 短暂的经验几乎被他遗忘了。当时毛泽东已经 18 岁了。直到十五六年之后，毛泽东才慢慢发现武装行动的重要性，并亲自组建了他自己的革命武装。1974 年 9 月* 他对法国总统蓬皮杜（Georges Pompidou）说：战争总有一天是要打的，环境让我也要上战场。在北伐战争（1926—1927）期间，他的注意力全部倾注在农民干部的训练

* 时间应为 1973 年 9 月。——译者注

上。如果我们仔细研究他在1927年年初写的《湖南农民运动考察报告》，也许可以推断，这时的毛泽东认为夺取政权首先要依靠的是广泛的农民起义。

随着1927年国共两党关系的破裂，中国共产党改变了它的城市工人阶级属性，转而成为一个由农民构成的政党，尽管此时它的领导权仍然掌握在知识分子手中。南昌起义的失败表明，在国民军实力的威胁下，只有采取军事行动才能确保起义的成功和革命的发展。毛泽东也逐渐构想出“革命战争”的领导方式，他在后来将这个方式系统化，并形成了普遍的模式。众所周知，1927年9月的秋收起义是毛泽东军事领导的开端。但这次起义的准备并不充分，又没有得到良好的组织，加上当时起义者的作战不力，最终这次起义以惨败而告终。在湖南地区* 永新县三湾村，也就是井冈山脚下，毛泽东对剩下的起义者进行了改编。此时，他仅有几百人，而且装备很差。但正是从这样微薄的力量开始，毛泽东逐渐累积了中国共产党宝贵的军事财富。

*应为江西。——译者注

时隔一年，在《中国的红色政权为什么能够存在?》（1928年10月5日）和《井冈山的斗争》这两个基本文本中，毛泽东已经表现出他卓越的军事能力，他不但掌握和吸收了战争的基本规则，还能够根据当地的地缘政治情况和军事条件来调整军事战略。他逐步规划出各个战略要素。为了发展扩大常规军队，他提出中国共产党要建立“根据地”，组织当地人一起参加劳作。此时，毛泽东这种灵活易变的策略便可以概括为著名的“十六字方针”[1]。 120

毫无疑问，毛泽东将他的许多思想都归之于他那些受过更为优秀军事训练的同事们，尤其是朱德。同一时期，中国共产党也开始在湖北和陕西等地建立革命根据地。但毛泽东却第一个将这种根据地经验提高到了理论水平。这一理论在革命早期鼓舞了红军战士的斗志。后来，毛泽东在抗日战争（1937—1945）和第三次国内革命战争（1946—1949）期间将这一理论逐渐发展完善起来。

1929年年底到1930年年初，毛泽东的工作转移到了江西苏区，并在这里写下了极为重要的两篇文章：《关于纠正党内的错误思想》（1929年12月）和《星星之火，可以燎原》（1930年1月）。《关于纠正党内的错误思想》这篇文章几乎没有涉及战略战术，更多的是关于军队的革命任务以及它的内部政治生活。[2]据说，第二篇文章《星星之火，可以燎原》是毛泽东针对林彪的悲观情绪而写的。这篇文章对于我们理解毛泽东的战略战术思想至关重要。在战略领域，毛泽东注重结合当时的全面政治情境来考虑红军及其发展潜力。在策略领域，毛泽东的意见与当时的中央革命军事委员会发生了分歧，为此他在这篇文章中着重阐释了军事力量分散与集中的种种限制。此外，他的游击战策略也在这篇文章中基本成型。

随后的六年，中国共产党先是经历了 1930 年的李立三冒进行动，再是 1930—1934 年的五次反“围剿”运动，到了 1934—1935 年被迫进行长征。1936 年 12 月，毛泽东发表了另一篇文章《中国革命战争的战略问题》。这篇文章意义非凡，也比毛泽东先前的文章传播更为广泛。这篇长达 80 多页的著述总结了第二次国内革命战
121 争时期的基本经验，并成为当时红军学校的权威课本来使用。我们这里必须注意的是，毛泽东有时会感到他和党内的其他同志对军事领域问题的看法并不一致，他那时甚至感到他被解除了职务。当然，与他这种判断截然相反的是，1930 年夏天他就参加了红军攻打长沙、南昌和武汉的战斗，这场战役红军损失惨重。在前三次反“围剿”中，红军取得了重大胜利。毛泽东作为战略家的威名便是这时建立起来的，即使当时是由朱德来负责实际作战指导的。

1932 年，中国共产党的领导层从上海撤离，转到了江西。在 1 月份，党内发出《关于争取革命在一省与数省首先胜利的决议》，这份文件间接攻击了毛泽东的观点。1932 年 8 月，毛泽东在宁都会议上发现自己已经被撤销了军事委员会主席的职务。当时，与毛泽东看法相左的“28 个半布尔什维克”控制了党内的决策权。他们的军事路线在接下来的三年内支配了红军的行动，但在第五次“围剿”期间和长征中，最终以放弃江西红色根据地（1934 年 10 月）结束。党内两条军事路线的斗争变化已经超出了我们的考察范围。然而，我们应该注意到，路线斗争的结果却是影响深远的。毛泽东的军事路线建立于遵义会议（1935 年 1 月），这确保了他的政治胜利，并为中国的共产主义运动提供了新方向。在很久以后，当毛泽

东指导那些为人所熟知的战役时，他已经完全从莫斯科的掌控中解脱出来。

抗日战争开始于 1937 年 7 月的卢沟桥事变。这场战争将毛泽东、中国共产党和红军推到了一个新的位置上。自此以后，毛泽东的权威日渐增强。当时的国民党军队装备不足、缺乏训练，而且人员混杂，而日军所具有的强大火力以及高度的机动性和灵活性使他们在中国几乎如入无人之境。另外，国民党军队除了总司令蒋介石
具有极高的威望，它的军事指挥远不是真正统一的。在共产主义的 122
剩余力量中，朱德任总司令，彭德怀任副总司令，叶剑英是参谋长。他们共有四万名战士，分别组织成了三个正规师：林彪领导的一一五师，贺龙率领的一二〇师和刘伯承指挥的一二九师。每个师还配备有弹药库、后勤服务组织和军事训练中心，差不多包括了三到五万人和一些当地的民兵。毛泽东和革命军事委员会此时的反应迅速，他们立刻意识到，就像在江西一样，激烈的战斗无疑已经打响了。在这场激战中，常规的大兵团（师级以上）作战基本形成，它们彼此对立，或占攻势，或取守势。此外，政治目标也影响了军事战略的方向。也就是说，无论何地，红军都要在日本战线的后方建立红色根据地。

从抗日战争开始，毛泽东便指挥红军（当时是八路军）要按照两个核心原则作战。他认为这场战争必然是：(1) 游击战；(2) 持久战。

根据毛泽东在《抗日游击战争的战略问题》（1938 年 5 月）中所写道的作战方针，我们概括如下：在原则上不抛弃常规战争，军事的重点放在小单位（团级以下）的行动上，这些小单位分别集中在日军军事力量薄弱的地方。我们看到，如果按照这些作战原则行动，红军势必会在大量的小股作战中消灭许多小规模敌军。因此，战争的情势可能会逐渐转向对红军有利的一面，而红军的对手也将失去行动的主动权和自由。当这种游击战略应用到华中和华北的广阔区域时，在全国人民普遍抗战的背景下，它必定会发挥重要的作用，从而具有重要的战略意义。

由于地缘政治的原因，尤其是中国的领土范围广阔、缺乏重要的经济中心，还有受国际形势影响，这些都将抗日战争不可避免地

123 拖延下去。这样，红军就必须：（1）建立“根据地”，动员“根据地”的群众，利用当地的资源。（2）逐渐将进行游击战的各个分队整编成正规单位，以便在适当的时机开展运动战。

1938 年 5 月，毛泽东以《论持久战》为题发表了一系列演讲。在这些讲话中，他阐述了他对抗日战争的构想，并将之分为三个阶段：日本战略进攻和中国战略防守阶段日本战略巩固和中国准备反攻阶段以及中国战略反攻和日本战略撤退阶段。

毛泽东经常提到他的对日作战观念，并将它们发展为：游击战、常规战、普遍类型的正规战。但常规战是中国特有的，毛泽东称之为“游击战争提高到了更高水平”[3]。但在当时的状况下，由于共产党军队的抗日斗争太过分散，几乎不可能草拟出像今天这样详细而准确的军事叙述。[4]

1937 年秋天，当日军向山西省挺进时，发生了两次重要战役。9 月 25 日，在日军第五师团第二十一旅团后方，林彪领导的一一五师与国民第六集团军合作，组织了成功的突袭并部分歼灭了日军，期间缴获武器 1 000 余件。几周后，刘伯承所率的一二九师在山西东部、贺龙所率的一二〇师在山西北部雁门关分别取得了一些战役的胜利。

到 1938 年年底，日本已经占领了中国的战略要地，并做暂时的休整。在部分战区，国民政府的力量建立了起来，源源不断地向前线输送作战部队。在华北和华东地区，日本由于军队的后备力量不
124 足而无法完全占领，共产党便试图在这些地区开展活动。红色根据地的建设完善是一个不断发展的过程。虽然这些根据地的群众的确被动员了起来，但由于缺乏武器，共产党只能设立一些民兵组织或自卫组织。显然，这些组织的行动并不能有效抵挡日军的攻击。而那些装备相对匮乏的正规部队则分散在中国的广大地区，他们只能发动伏击，但日本入侵者却可以随心所欲地进行扫荡。

这里唯一值得注意的是 1940 年夏天展开的百团大战。在这场战役中，约有 100 个小单位作战部队袭击日本在中国北部的通信线路。在“文化大革命”期间，人们把这次不算成功的战役归之于彭德怀首创，而毛泽东对此并不知情。[5]

1945年8月15日，日本宣告投降，中国从此摆脱了毛泽东所说的战略防御阶段。事实上，直到与国民党政府展开了“第三次国内革命战争”（1946—1949）的正面交锋，共产党才开始准备反攻阶段（1946—1947），随后着手发动反攻阶段（1948—1949）。这次革命战争以共产党的胜利而告终。

1947年，共产党军队更名为中国人民解放军（PLA）。这支军队在很短的时间里就从小股游击战发展到1947年秋天的大规模兵团作战，尤其在1948年和1949年，解放军已经拥有了陆军、集团军和野战军三大兵团单位。此外，共产党对作战指挥官、总参谋部和初级军事干部进行了思想上的调整，改革了军队组织，着力实施了整体性战略和新的策略，设立了后勤服务力量来支持数百万战士对日作战，在战争中还使用了某些重型武器（如大炮），这些对于解放军的军事作战意义重大。但更重要的是，通过这些措施解放军的军事权威树立了起来。在这方面，我们还不能确定毛泽东起到了什么样的作用，但我们有理由相信，他在其中的影响必然是重大的。 125
这不仅是由于他当时所处的职务，还因为长期以来中国战争发展的变化已经被包含在他的预料之中。总之，1946年9月16日的他所撰写的《集中优势兵力，各个歼灭敌人》一文表明，毛泽东此时已经意识到战争状态下转变作战方针的效果。在另一篇更为重要的文章《目前形势和我们的任务》（1947年12月25日）中，毛泽东总结了解放军的10条战略原则，这些原则有的已经发挥了作用，有的在未来的战役中将被使用。

我们对毛泽东在一般作战指导中的作用了解得更多。在他的许多指示中，我们可以看到他所起到的作用十分明显。如1947年春天他发布的关于西北战场作战的指示（1947年4月15日），1949年*9月、10月关于满洲辽沈战役的指示和1948年10月11日淮海战役的指示，还有那些表明他对作战局势精确了解的若干文本。虽然此时朱德仍然是解放军的总司令，但毛泽东作为革命军事委员会主席，他可以直接向战场指挥员发布命令，规定他们的地理目标，指定他们的作战时间。1971年9月在林彪事件以后，中国的官方出版物着重强调了林彪的懦弱，指责他缺乏远见，尤其是在辽沈战役

*应为1948年。——译者注

中。[6]据说，只有毛泽东这位军事天才才可以及时纠正当时的一些重大错误，确保战争取得压倒性的胜利。

1949 年，中华人民共和国的建立完全转变了共产党关注的问题。在政治领域、经济领域和社会领域，共产党面对的问题已经不再是破坏而是重建。在军事领域，问题也已经不再是武装夺取政权、坚决进
126 行内战了，而是要建立稳固的国防力量以应对当时强大的外部威胁。在这种全新的形势下，毛泽东的军事思想并没有脱离他的革命经验和思想传统。此外，与中国那些潜在的敌人相比，中国军队的现代装备匮乏、技术落后，常常使人回想起 1937—1945 年中国共产党在抗日战争中的情形。几年之后，出于朝鲜战争的需要，加上苏联在军事及其他领域所施加的影响，中国的军事武装逐渐趋于“专业化”，开始仿照苏联模式发展常规武装力量。1954—1959 年，彭德怀作为共和国的国防部长，他一直支持这一军事路线。但在 1956 年，毛泽东的传统军事思想重新出现。1965 年，也就是“文化大革命”前夕，类似的情况再次凸显了出来，尤其是在当时的一些著名文本中，比如林彪的《人民战争胜利万岁》、贺龙的《中国人民解放军的民主传统》。虽然这些文本的作者已经被打倒，但文本中的思想却未被否定。然而，这些军事政策本身已经不再适应核时代的要求了。延安精神指引下的人民战争、以常规部队为轴心的经典战争以及最终的核战争和热核战争，这些结合起来赋予了当今中国军事学说以鲜明的独创性，而这其中毛泽东的影响居功至伟。

毛泽东的军事学说

毛泽东对战争的陈述大多是片段式的，因而我们无法确定他的战争观。毛泽东和克劳斯威茨（Clausewitz）的观点一致，虽然毛泽东不承认他曾引用克劳斯威茨的话“战争是政治的继续”，但用毛泽东的话来说，就是“战争是流血的政治”[7]。因此，战争与人民的历史密不可分，只有当人类社会的发展消除了阶级和国家时，战争才会终结。

127 战争——从有私有财产和有阶级以来就开始了的、用以解

> 决阶级和阶级、民族和民族、国家和国家、政治集团和政治集团之间、在一定发展阶段上的矛盾的一种最高的斗争形式。[8]

因此，战争基本上是社会现象，而不是人性表达（个人或集体仇恨）。它不可能摆脱它的阶级成分。在这一点上，毛泽东突破了儒家传统，体现出更多的道家思想。他甚至拒绝承认那些限制了古代战争的道德因素和社会因素。[9]这些综合起来导致了两个结果。第一是毛泽东对正义的战争和非正义的战争做出了区分。他说：“一切进步的战争都是正义的，一切阻碍进步的战争都是非正义的。”[10]因此战争并不总意味着灾祸。它往往会推翻统治阶级的统治，使人民真正掌权来推动社会进步。第二是关于战争的政治性质问题。由于战争是革命性的，因此战争需要各级政治动员。事实上，群众动员在战争中占主导地位，尤其是在抗战期间。动员的形式多种多样，包括简单的政治宣传和统一战线策略的实施。

无论毛泽东持有怎样的战争道德观和哲学观，从一般意义上讲，他首先是一位战略家。他的战略思想已经超越了单纯的军事领域，还包含诸如因地制宜、树立共同价值观等所有那些涉及战争行为的因素，特别是那些政治经济因素、社会因素和道德因素。因此在 1936 年的《中国革命战争的战略问题》中，毛泽东十分谨慎地界定了与战争相关的一般情况：中国内部存在着政治分歧，敌对的国民政府实力强大，红军力量薄弱，而中国共产党在指挥军事作战的
同时还要指导土地改革。同样，在《论持久战》中，毛泽东多次强 128
调当时的国际和国内的政治环境。几乎所有毛泽东的军事著作都是依据当时总体的政治经济背景而撰写的。毛泽东认为，战时的领袖不但要成为党的主席，还要承担国家元首的职责。事实上，在 1949 年以前，他就已经做得很好了。

毛泽东是一位战略家，中国自然是他首要的关注对象。一般来说，毛泽东经常会提到战争、阶级或是民族的革命战争，并以此来引导，甚至是警示。在《中国革命战争的战略问题》中，毛泽东主张，苏联内战的经验不应该被“机械地运用”。因此，中国的革命战争并不是要跟随苏联的传统，甚至也不是要建立取得革命胜利的统一模式，使它适合所有国家的民族解放战争。毕竟，这种“模

式”只不过来自它所取得的胜利而已。

我们还应该注意的是，无论毛泽东讨论的是战略战术还是后勤服务，他的军事学说总是来源于经验，并且可以纳入到他的哲学认识之中。

> 没有进学校机会的人，仍然可以学习战争，就是从战争中学习。……干就是学习。[11]

毛泽东经常讲他自己就是一个很好的例子。比如，1968年他说：

> 我就没上过什么军事学校，我就没有读过什么兵法。人家说我打仗靠《三国演义》、《孙子兵法》。我说《孙子兵法》我没看过，《三国演义》是看过的。……后来我写什么战略问题，才把《孙子兵法》粗望一遍。[12]

毛泽东的军事思想具有非凡的适应性，这和当时中国的现实境况、毛泽东的个人经验以及他早期接受的理论训练密切相关，因而
129 他才能在战争中随机应变。常规战、游击战、运动战以及最后进行的大规模战斗战役接连不断，但在他的领导鼓舞下，共产主义的军事制度显然并没有受到干扰。

目前的文本和事实已经足够清楚地表明，毛泽东战略思想的基本要素很早就开始形成了，并在随后的过程中慢慢丰富发展起来。我在下文将继续分析1927—1949年毛泽东军事思想里面最重要、最典型的特征。

在中国，革命战争只能是人民的战争。因此，大众必须被全面动员起来。为了争取最大多数的群众，尤其是那些占人口绝大多数的贫苦农民，共产党不断开展强有力的政治工作，对群众进行舆论宣传，实施某些社会举措（主要是农业方面），以便能够在地方层面尽快地建立起可靠有效的共产党“红色政权”。当然，这必须在军队内党组织的帮助下才能完成。但由于农民固有的保守主义以及当时不稳定的军事形势，这项工作进行得并不容易。

> 在这种时候，任何的革命战争如果没有或违背无产阶级和共产党的领导，那个战争是一定要失败的。[13]

上述引文提到的无产阶级仅仅就理论层面而言。此外，农民的

作用相当重要，毛泽东本人也使用了“土地革命战争”这样重要的表述。这双重证明了军事行动不可能在没有农民的支持下展开。毕竟，农民不但提供了精神资源和物质资源，还提供了几乎所有的军队人力资源。

> 这是因为我们的战略战术是建立在人民战争这个基础上的，任何反人民的军队都不能利用我们的战略战术。[14]

如果这一战略战术是持久有效的，那么“根据地”的群众势必会积极支持这支军队。这些“根据地”是“小块红色政权的区域”，建立在“白色政权的包围中”。在第二次国内革命战争中，与抗日游击战争一样，这些根据地为共产党的军事行动提供了支持。没有 130
这些根据地，共产党的军事行动将难以为继，行动范围也会大大缩小，各地也难以开展有效而稳定的游击战争。只有在华中的几个省内以及整个华北地区，共产党才能够在这些“根据地”的基础上建立军事力量。最终，共产党建立了约 20 个红色区域，直到 1945 年日本投降，这些小块区域才得以统一在一起。

长期以来，毛泽东由于主张优先开展游击战而受到指责。尽管如此，自 1927 年以来，毛泽东逐渐形成了他的“正规军”理念，这已经成为他军事思想的一个主要特点。

> 相当力量的正式红军的存在，是红色政权存在的必要条件。若只有地方性质的赤卫队而没有正式的红军，则只能对付挨户团，而不能对付正式的白色军队。[15]

红军最初成立于江西苏维埃时期（1927—1934），它是“将来大革命的主要工具”[16]。在长征中，它几乎消失殆尽，后来它的行动潜藏在了游击战争中。抗战结束后，这些分散的游击队伍重新整编组成正规的“大兵团”（师级以上）。1947 年，这些大兵团构成了今天的中国人民解放军。这标志着中国军事历史开始了新的篇章。

红军的作战方针必须是灵活易变的。这不仅仅是由于某些特殊状况，或是作战时间较短，抑或是作战规模过小，还因为红军本身缺乏必要的人力、武器和装备，而且它也没有一个稳定的前线来支持作战。因此，毛泽东的军事思想总是会根据不同的时间、环境以

及相关军事力量的重要性来寻求不同的表达方式，如运动战、游击
战。无论如何，毛泽东所描述的运动战表达了他对军事攻击的一般
131 理解，也包含有某些军事常规概念，如奇袭（surprise）、速决战
（speed）、灵活性（flexibility）、隐秘性（secrecy）和主动性（initi-
ative）。然而，作战灵活与快速决策并不会妨碍红军审慎地准备行
动方案，也不会妨碍他们小心翼翼地执行作战方针。毛泽东说：
“拚命主义是军事上的近视眼。”[17]运动战也具有严重的缺陷，因为
红军作战时要考虑到根据地所处的地理位置和规模大小的不断变
化。但毛泽东却对运动战极为赞同：

> 运动战，还是阵地战？我们的答复是：运动战。在没有广大兵力，没有弹药补充，每一个根据地打来打去仅只有一支红军的条件下，阵地战对于我们是基本上无用的。阵地战，对于我们，不但防御时基本地不能用它，就是进攻时也同样不能用。[18]

毛泽东反对阵地战的最佳事例之一就是红军的第五次反“围剿”。我们知道，红军当时的内部路线是要固守红色区域战线，但毛泽东反对以这种内部路线为基础的半静态防御策略。这位新的军事领导人决定，红军应当支持以外部路线为基础的运动战。在毛泽东看来，这种战略将迫使敌人放弃“围剿”，从而使敌人的注意力转向其他地区。我们也知道，这场争论意义重大，因为它最终促使毛泽东在遵义会议上回到了共产主义运动的领导层中，它也对毛泽东树立军事领域的权威起到了决定性的作用。[19]

战争的主要目标必然是消灭敌人的有效力量。仅仅是击溃敌人
的军事武装，或是重新夺回城市等地区，显然都是不够的。针对这
一原则，毛泽东给出了两个主要原因，也许历史上最好的战略家也
会赞同毛泽东的这种说法。第一个原因是要扰乱敌人，也就是通过
彻底摧毁敌人的一个军事单位来扰乱敌人的作战部署。毛泽东说：
“对于人，伤其十指不如断其一指；对于敌，击溃其十个师不如歼
132 灭其一个师。”[20]另一个原因是红军配备的缺乏。毕竟，富有的“龙
王”和“乞丐”是无法在消耗战中彼此竞争的。通过摧毁敌人的作
战单位，红军可以获得必要的武器、弹药和装备；但如果仅仅是击
溃敌人，便不可能获得这些战利品了。毛泽东幽默地叙述道：

伦敦和汉阳的兵工厂，我们是有权利的，并且经过敌人的运输队送来。这是真理，并不是笑话。[21]

不言而喻，毛泽东经常会讨论那些历史悠久的兵法战略：安全措施（security）、出其不意（surprise）、知己知彼（knowing your enemy）、部队的经济部署、主动性、行动自由等。但这些都不是兵法的创新。

尽管通过相关文本和军事事件，我们可以相对容易地了解毛泽东 1949 年以前的战略思想和他的军事态度，但如果要追溯中华人民共和国建立至毛泽东去世这段时期的毛泽东军事思想，我们便不能采用同样的方式了。这段时间内，毛泽东的思想和行动与中国的整体防御政策融合到一起。毛泽东此时不但要考虑不断变化的意识形态立场，还必须考虑中国外交政策的紧急转变，尤其是中苏关系的发展。最后毛泽东不得不接受核假说。尽管如此，通过偶尔披露的毛泽东言论，我们可以从“文化大革命”期间出版的文本中略微了解毛泽东内心深处的那些想法。

前面已经概括了中国国防政策的若干变化。毫无疑问，从朝鲜战争到 1959 年，中国所面临的客观限制使得中国和毛泽东本人不得不将中国与苏联的国防政策联系起来，追随苏联模式，尽管中国并不是没有偶尔的保留。[22]然而，从 1956 年起，中苏在意识形态领域产生了分歧，两国的政治关系开始恶化。1959 年 6 月 20 日，苏联告知中国他们拒绝履行 1957 年 10 月 15 日的承诺（苏联承诺为中国提供必要的技术和技术数据来制造原子弹）。自此，中国不得不形成独立自主的国防政策。毫无疑问的是，正是毛泽东导致了中国不得不采取这样的国防政策，因为他不久之前曾拒绝与苏联进行任何军事合作，这些军事合作在他看来恰恰是苏联监控中国军事力量的一种形式。[23] 133

考虑到中国与美苏两个潜在敌人之间的军事力量平衡，这个政策预先假定，中国要采取普遍的防御态度，要迅速建立起足够的核震慑力量，同时还要将各级各地的人民群众动员起来以便抵抗那些潜在的侵略者，并且要注意在边疆地区和纵向道路上设有驻守的常规部队。这种防御观念表明了毛泽东在 1927—1949 年不断显现的思维逻辑和他的现实关切。然而，它也指出了核战争问题的极端可能性。如果考虑到毛泽东所拥有的权力，同时忽视掉中国人民对原子弹的威胁所知甚少，甚至还没有意识到这种威胁，那么这种防御观念也反映出毛泽东对于核战争问题的看法和基本态度。

这就意味着，在很长一段时间里，毛泽东会弱化甚至轻视核威胁。1946 年，他向美国记者安娜·路易斯·斯特朗宣称：

> 原子弹是美国反动派用来吓人的一只纸老虎，看样子可怕，实际上并不可怕。当然，原子弹是一种大规模屠杀的武器，但是决定战争胜败的是人民，而不是一两件新式武器。[24]

1957 年 2 月，在最高国务会议上，他说：

> 如果帝国主义者一定要发动第三次世界大战，可以断定，其结果必定又要有多少亿人口转到社会主义方面，帝国主义剩下的地盘就不多了，也有可能整个帝国主义制度全部崩溃。[25]

134 同年，在莫斯科，毛泽东带着更大的乐观主义发表讲话，并用著名的“东风压倒西风”表达了他的态度。毛泽东似乎是在煽动苏联采取更加好战的政策。他对尼赫鲁所做的评论使人们怀疑他是否了解核武器的可怕程度。用赫鲁晓夫的话来说，就是认为核武器与阶级没有什么区别。

后来，中苏之间的论战使苏联得以在战争与和平的问题上攻击中国和毛泽东。然而，中国否认想要发动战争。中苏之间的讨论（这些讨论毛泽东倒是不得不认可）可以总结为几句话：中国不想要核战争但帝国主义想要发动，因此只要帝国主义存在就有发生核战争的可能。如果核战争爆发，它将造成大规模的破坏，但社会主义却将在全世界取得胜利。此外，核战争的威胁不会阻碍“正义的战争”。这是长久以来毛泽东的思想看法，我们已经提到过了。

至少直到毛泽东去世，这些观点仍然有效。它们反映了中国政府在裁军问题上的立场，也反映了 1964 年起中国核试验成功后的态度。[26]这些试验相继进行。毛泽东本人坚信，国家应该具备充足的军械库（包括核武器、弹道导弹、微型武器等），这是绝对必要的，也十分紧迫。[27]

毛泽东最初表达了他对核武器作用的蔑视。1958 年，他的态度
截然相反，毛泽东开始重视核武器。他纠正了他在 1946 年发表的声
明，他承认，如果从战略角度来看，帝国主义和反动派都是“纸老 135
虎”，但从战术上讲，它们是“活的铁的真的老虎，它们会吃人
的”[28]。与毛泽东的这些公开观点相反，毛泽东似乎认为中国对“帝
国主义”的危险并不需要太多的焦虑。他几次表示，社会主义阵营和
西方阵营都不希望发生战争，而且美国人完全沉浸于发展他们在世界
地位上的经济优势。如果战争爆发，他们将什么也得不到。[29]

在 20 世纪 70 年代，中国声称受到苏联侵略的威胁。为了防患于未然，同时也警示世界，中国掀起了一场全面的战备运动。当然，也许有一天我们将知道这场运动的源头是否可以追溯到毛泽东身上。

无论毛泽东关于核战争的陈述可能是什么，我们必须认识到，自 1958 年台湾海峡危机以来，中国的外交政策在实践中一直非常温和，几乎没有或极少遭遇风险，包括 1962 年的印度边界问题和 1965 年后的越南问题。在最后的分析中，我们也许可以确信，毛泽东是和平时期战略的真正设计师，他总是能够根据需要来施加影响。1965 年他罢免总参谋长罗瑞卿便是一个很好的例子。“文化大革命”虽然很激进，但这一时期并没有对和平时期的战略进行修正。

在江西苏维埃时期，毛泽东只能调动很少的人力资源，他需要谨慎部署。对待军事问题，他当时和中央革命军事委员会意见相左。毛泽东那时全身心地投入到指挥作战部队的战术应用上来。正是在那时，他设计了“十六字方针”，这个方针连最没有文化的军官都能记住：

敌进我退，
敌驻我扰，
敌疲我打，
敌退我追。[30]

几年后，在第五次反“围剿”中，他分析批判了奥托·布劳恩
(Otto Braun，别名李德、华夫）的策略，奥托·布劳恩是中国共产 136
党的德国军事顾问，他被共产国际派往中国共产党内。他的战略包

括：对已经暴露的敌人采取近距离突袭的策略，沿着通往红色区域中心的主要线路设立安全防御网络。此时，对于那些与游击战有关的特殊条件，毛泽东似乎并没有受到鼓舞。毕竟，这时的游击战主要是在战术层面而言的，而且毛泽东确实认为这场战争“就从战术范围跑了出来向战略敲门”[31]。然而，在第三次国内革命战争时，他在各种文本中都详细论述了这个问题。毛泽东并没有将这些文本和先前的文本做比较。这种战争的重要特点体现在，绝对有必要通过各个攻击点来掌握整体的优越性。[32]

自 1949 年以来，毛泽东似乎并没有明确表示他对战术问题的看法。但今天的中国人民解放军的小规模作战单位却变得更为复杂了，它的装备也比以前更好了。并且，中国人民解放军现在的战术已经与现代军队相一致，并且远远超出了它的创造者的智慧。[33]

毛泽东能够很好地组织调配战争必要的人力资源和物质资源吗？相比于中央政府的极端低效，答案当然是肯定的。但如果将他的成就在西方的范畴内做一准确比较，答案则是否定的。中国有着充足的人力资源，除了 1927 年红军刚到井冈山之初，群众动员一直都进行得较为顺利。在某些特定的时候，甚至在抗日战争中，大量的士兵会被遣散。共产主义体制的独创性（就这一点而言，如果毛泽东不是一个创新者，那么他至少也是主要设计者）依赖于它的人
137 力资源组织的三个层次：（1）正规部队；（2）民兵组织；（3）地方自我防御武装。

根据人们不同的爱好、年龄、体力、社会地位和家庭情况，任何人都可以很容易地在这一组织体制内找到自己的位置，这个体制是非常开放的，因而能有效动员群众，推动革命军队的建立。

从 1927 年到国共两党内战的最后一场重要战役，如果说红军从不缺乏人力，那它总是要担心缺乏武器、装备，甚至是补给的。毛泽东一直关注这个问题。在当时，红军的许多小股作战就是为了向城镇地区输送补给，同时对抗那些力量薄弱易于对付的敌对武装。然而，在这方面，毛泽东和党的其他领导人一样，他必须服从战争的严酷需要。

毛泽东的第一次军事任务就是整合各种战斗力量，形成一支接受过

军事训练和政治训练的武装队伍，并跟随他一道前往井冈山。在毛泽东所经历的各个战役中，他都要完成同样的任务。1929年的古田会议上确立了红军作战任务的根本原则。在这次会议上，毛泽东撰写了《关于纠正党内的错误思想》这个最重要的决议。[34]

然而，对于任何战斗者而言，他们总是会首先考虑那些必须占据核心位置的“人”，希望不断地引导纠正这些政治行动。也就是说，军队内要有党。因此，在军事领域，我们很快就会发现毛泽东关于“人”的重要性的著名论点。他认为，如果人们一直处于“革命化”的状态，人们的潜力就几乎是无限的。1938年，他写道：“武器是战争的重要的因素，但不是决定的因素，决定的因素是人不是物。”[35]

道德力量的重要性显然受到中西方军事指挥官的关注。然而，却没有人像毛泽东这样，对唯意志论表达出如此绝对的自信。事实上，在整个毛泽东思想中，这种唯意志论占据主导地位。到了“文化大革命”前夕，军队向人们赞扬和宣传的也恰恰就是这种唯意志论。 *138*

至少在现代，没有人会和毛泽东一样将武装力量的整合带到社会之中。最初，军队作为革命运动的手段，它无法和人民建立联系，更不要说融合在一起了。事实上，人们往往由于精神需求和物质需求才会被动员起来。那时的军队领导与民众领袖往往是同一人，军队也变成党和民众的训练基地。这样的合作一直持续了20多年，形成了1949年以来中国独特的精神面貌和思想传统。此外，由于毛泽东与中央革命军事委员会的早期分歧，毛泽东倾向于依赖军事机构和军队。毕竟，红军的军事组织是他和朱德在1927年创建的，长征之后毛泽东又重建了这支革命武装，并为这支革命队伍奠定了理论基础。可以说，毛泽东的大部分成就就在于这些军事组织。上述这些基本上发生在江西苏维埃时期、遵义会议期间和“文化大革命”前夕。

一旦军队不再是一个造反团体，它就不能再存在于人群之中了。1949年后的军队现代化使它逐渐趋于苏联模式中的军队专业化。不过，1959年后，尤其是1962年后，中国的政治普遍发展开来，军队便被卷进毛泽东试图改造的社会中，成为一种模式。在“文化大革命”中，军队接管了已经不再起作用的政治体制、经济制度，甚至是文化机构。

这时，军队不但是思想道德领域的榜样，也是组织、方法和工作作风上的模范（当时的公民美德和革命美德包括无私、传播毛泽东思想、参加集体生活等）。1964 年 2 月 1 日《人民日报》的社论题为《全国都要学习解放军》。后来 1966 年的“五七指示”便是这篇文章思想的实际应用。在这条指示的启发下，“五七干
139 校”形成了。军队很快就主导了整个国家的活动，它为这些活动提供了所有重要的组织机构（确实起到了大部分作用）。

在经济事务上，尤其是在大力发展生产的岁月里，武装部队的参与是非常重要的。它们不但要援助农业、工业和运输业，还要完成军队自身的职责和干部的移转。

最后在文化变革方面，军队通过舆论宣传和直接干预产生了巨大的影响，激发了新的革命主题。在教育领域，军队也提供了学习的样板，即 1935—1945 年在延安创办的中国人民抗日军事政治大学。

人们可能会认为，1966—1971 年，中国社会正经历着一个军事化的过程，并带有某种军事共产主义的倾向——军队、党和人民在延安传统（毛泽东思想）的领导下紧密联结在一起。但这种状况终将淡出中国的历史舞台。其原因首先在于林彪事件的发生，其次这种状况与中国悠久的历史传统背道而驰，而且它也不符合现代社会的发展要求。事实上，这种模式与毛泽东的政治军事思想最为相称，它的影响对中国的未来也极其深远。

1949 年以来，对那些为民族解放而不断斗争的国家来说，对第三世界的革命运动来说，夺取政权的“中国道路”已经成为一种模式。它具有如下的主要特征：统一战线、党的领导（党的建立）、农民的首要作用、农村游击根据地的创立、以根据地为基础逐渐发展的常规军队。毛泽东的军事思想对于“中国道路”的形成自然是起到了决定性的作用。1965 年林彪写道：“毛泽东同志关于人民战争的理论……不仅适用于中国，而且是对世界各被压迫民族和被压迫人民革命斗争的伟大贡献。”[36]在毛泽东的整个理论中，林彪特别
140 强调了在农村地区建立革命根据地以及农村包围城市这两点的重要性，并且提出更为重要的是战争所具有的人民本质。最后，他明确

指出了人民战争和苏联资产阶级路线之间的强烈对比，认为苏联资产阶级路线的军事战略依靠的不过是核武器这一压倒性力量，苏联的这种战略“在全世界革命人民中，起着败坏士气的作用，起着从精神上解除武装的作用”。

不过，尽管毛泽东的革命思想言论鼓舞了世界上不少的革命运动，但他的军事思想却似乎并没有被同等利用起来。在两次越南战争以及在此期间的柬埔寨、老挝战争中，毛泽东的军事思想发挥了重要作用。在菲律宾、缅甸和马来西亚，一些毛主义地下武装仍然活跃，他们取得了不同程度的胜利。与此同时，在撒哈拉以南的非洲、拉丁美洲等其他各地，毛泽东的军事思想却收效甚微。与那些外国支持者的美好希望相反，中国并没有成为世界的“延安”（1937—1949）。对此，我们不应该太过惊讶。毕竟，中国及其革命所面临的整体环境在其他地方极为罕见。我们也不应该忘记，1937—1945 年的抗日战争对于毛泽东和中国共产党来说是一个重大事件，正是这场战争使毛泽东及其领导的党将江西的建设经验推广到了国家层面。同时，在抗日战争中，红军（1936 年几近消失）不断地发展壮大。最终，这场战争造就了中国人民解放军，使它能够和国民党军队做最后的交锋并取得了胜利。我们在中国的历史上再难找到同样的情况了。

1949 年后，毛泽东制定了中国的国防政策，这仍然受到国内和国际环境等客观因素的影响。对于其他国家来说，中国的国防发展并不能成为真正的参照样本，即便是在同样的社会主义国家中。

我们并不能简单地说历史将赋予毛泽东这位天生的战士以重要的意义。毕竟，毛泽东本人和他领导的中国都是无可比拟的。毛泽东不是拿破仑，也不是玻利瓦尔（Bolivar），更不是那些人们早就公认的伟大军事领袖。他要成为新型中国社会的设计者，这已经远 141
远超出了“解放者”（libertador）的范畴。因为对于“解放者”来说，首先要解放和统一的是那些西班牙语美洲国家*。20 世纪 20 年代到 50 年代的中国由于当时的国内外情况而仍然呈现出极为复杂的独特景象，毕竟中国还承载着它特有的却十分厚重的文化遗产。

* 主要指中、南美洲及西印度群岛国家。——译者注

毛泽东比中国的其他共产主义者更好地把握了军队的正确作用和组织形式，这大概是他最值得称赞的地方了。在他看来，军事行

动应当在整个革命事业中发挥作用。而且，毛泽东基本上没有接受过外国教育或是受到外国影响，他能够更好地理解那些中国特有的问题。当然，正是这种现实性，毛泽东才没有重复犯李立三、王明的轻率错误，才能够不断地权衡和充分利用当时的军事形势，尽管他一度被指责是“游击主义”（guerrillaism）。他可能是遵从孙子的教诲：“是故胜兵先胜而后求战，败兵先战而后求胜。”[37]

任何时代任何国家的战时领袖都具备这样的主要特征：对可能发生事情的感知力，在新情况下的快速决断力，还有迅速调整纠正战略战术以适应现实的能力。显然，毛泽东这位军事思想家已经具备了一名优秀上将的所有特质，即使他并不总是像“战神”一样，即使他只是做出一般性的作战指示（一般由军事委员会起草），即使他将具体的战斗计划交给了司令员（主要是朱德）或是区域指挥官。

此外，值得注意的是，毛泽东不仅拥有军事行动的天分，他还有人们所说的“军事浪漫主义”（military romanticism）的意味。这种“军事浪漫主义”的意味使得他成为伟大的诗人，这在中国极为罕见。比如，他用古典诗歌来表达胜利时的喜悦：

142 百万雄师过大江。……天翻地覆慨而慷。[38]

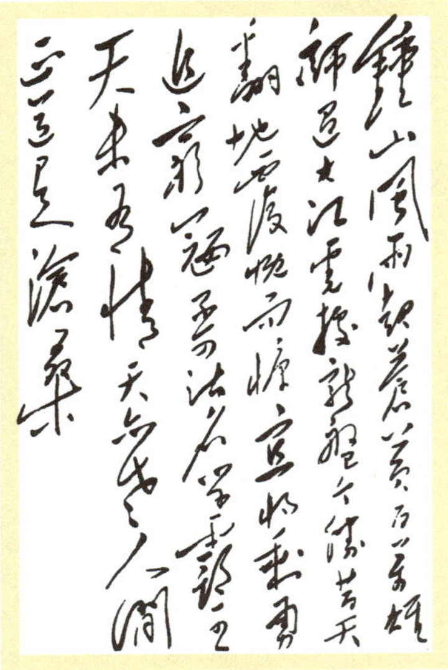

毛泽东《七律·人民解放军占领南京》手迹。

毛泽东从没有真正接受过任何军事训练，无论是传统的还是现代的。虽然如此，他却十分熟悉史学家所记载的那些中国军事历史。因此毛泽东才了解到伟大的军事作家孙子的某些思想。当然，这种知识几乎没有影响他自身的军事理论。当然，我们也许可以确定，毛泽东战略中诸如欲擒故纵、上兵伐谋等思想，应该出自孙子。而他的歼敌于野、一鼓作气却是受到了现代西方战术的启发。

毛泽东，这位军事思想家和战争领袖，他知道如何让人们理解他的想法。在革命战争中，军队的干部和士兵基本上都没有接受过教育，甚至是文盲，他们经常要单独作战。因此，毛泽东为了让他们记住和运用他的战略主张，在通常情况下他的讲话都会尽量简短形象。正是由于这样的原因，当我们从文学的角度来评价毛泽东时，他并不是一位伟大的军事作家。毕竟，他的理论阐述很少是全面系统的，所叙述的内容也总是会涉及具体事实。此外，他反对军事历史学家对于精确性和准确性的要求，正如他本人对军事事件的论述就总是过于简化或模糊。然而，毛泽东的军事思想却广为流传，这极大地提高了他在中国的权威以及世界中的声望。

从军事角度来看，毛泽东身上具有鲜明的时代特征和地域特征。当他投身于红军的创造、发展和运作时，他也将他的原则、精神和战略战术理论置于其间，并因此证明了他那无与伦比的军事天分。在指挥战争时，他泰然自若。由于武器缺乏、装备短缺以及运输工具（铁路、卡车）缺位，这些战争已经被简化成了步兵作战，更容易让我们回想起那些19世纪末发生的战争。毛泽东巧妙地运用 143
了“政治”这个武器，他将视角转向了人民群众，这为他最终克敌制胜提供了绝对的优势。事实上，毛泽东的敌人并不在乎地方民众的态度，他们在战争中的所有作战方案都与毛泽东截然不同。

为了掌握政权，所有这些军事思想因素都被替代了，旧的问题也掩盖在了现代国防政策之下。由于要应对海外的威胁，现代国防政策要求更高的工业化生产水平来提供武器装备。事实上，当时世界的那些侵略者，他们坚决开展核武器战略战术，他们甚至会用常规武器来摧毁经济基础设施，他们也会借助地理特性和人口分布去占领那些被人民放弃防御的地区。但对于这些情况，人民战争本身已经不再能提供明确的答案了。

毛泽东对此相当理智，他制定了一项将核震慑、常规武器和人民战争结合起来的政策。这项政策与毛泽东的军事思想直接相关，它似乎有利于人民战争。然而，毛泽东思想本身便有着诸多客观限制，它是暂时的。我想，当中国有能力回击世界范围的军事对抗时，中国将“有如天助”（sanctuarized），与美国、苏联达到一样的发展程度，并永久位列超级大国之中。只有在此时，毛泽东那独特的军事天分才会消失在人们的视野中。

从根本上说，毛泽东作为发展中国家革命战争和人民战争的理论家，他的军事威望并不会消逝。但也有人可能会说，毛泽东那种独创性和他名望的本质已经随着1949年的胜利而丢失了。

144 作为导师的毛泽东

恩瑞卡·匹斯切尔（Enrica Collotti Pischel）

在毛泽东的一生中，他对教育问题深有感触。对他来说，教育问题不仅仅是知识和政治的问题，而且也与他的个人经历直接相关。尽管他曾向埃德加·斯诺讲述了他的经历，我们也可以通过阅读和阐释他的诗词来略微了解他的内心世界，但在毛泽东本人能提供给我们的信息中，关于他个人经历的终归是太少了。

例如，我们尚不知晓，在毛泽东知识体系的形成过程中，还有他那非凡的辩证法，究竟是什么样的文化影响起到关键作用。毛泽东确实告诉我们，他的母亲是一位佛教徒，而他也被迫修习了儒家经典。他在各处讲话言谈中让人们知道，他并非偶然地知道了有关斯宾诺莎、康德、黑格尔、“古希腊”和卢梭的知识。[1]在会见法国的来访者时，他喜欢引用法国18世纪作家如拉美特利（Lamettrie）的话。通过一些纪实材料，我们可以了解到，罗素提出的问题对毛泽东的思想发展产生过重要的影响。[2]我们也能找到一些见证人，例如，在萧氏兄弟那里，我们可以证实卢梭对青年毛泽东的影响。[3]不过，所有这些都是零散的资料，而且毛泽东从未给我们提供任何称得上“思想自传”的东西。只有一个例外，关于他作为一名学生和
145 一位教师的经历。显然，毛泽东感到“老师—学生”这一辩证关系是他人生中最重要的关系之一。

从1936年毛泽东对埃德加·斯诺讲述的自传到最近由红卫兵出版的他的讲话，我们注意到，当毛泽东真正谈及他的个人经历时，他总是会谈到自己作为一名学生或者一位教师的情况，他也喜欢用一种相当专业化的教学用语来谈论这样的经历。因此，我们知道，他的第一位国文老师“是主张严格对待学生的”[4]，而他的父亲“是一个严格的监工”，但却是非常坏的“执政党”[5]。因为在毛泽东看

来，“我父亲的严厉态度到头来是自招失败。我学会了恨他，我们对他建立了真正的统一战线。同时，他的严厉态度大概对我也有好处。这使我干活非常勤快……”[6]

这里，教师地位的含义是非常重要的，而且也是辨证的、矛盾的（恰如毛泽东身上一直发生的那样）。“勤奋”，即刻苦工作的能力和圆满完成工作任务的意志，这是毛泽东一直给予高度重视的方面。一位被“恨”着的教师并不能完全发挥作用，而这可能会是一位他正“恨”着的教师教给他的吗？当毛泽东是一名小学生和年轻的儿子时，他肯定没有注意到这个问题。仅仅是到了 1936 年，他深藏着的“教师意识”才促使他从教学问题的视角去考察他自己的个性发展。

当然，在他讲述的自身经历中，我们也发现了一些可能是真实的插曲，这些插曲表明了他后来作为一名教师的态度，诸如他在学校读通俗的传奇文学，“老师走过来的时候就用一本正经书遮住”[7]。当他成为一名年迈的领袖时，毛泽东说道，一个好的教员应该允许学生公开去做那些他们总是在秘密做的事情，并且老师和学生都可以这样做。[8]他曾遭到歧视的个人经历同样真实：作为一个农民的孩子，他在学校里受到了歧视，但学校也促使这位农民的孩子去关注世界问题。[9]

不过，在毛泽东的自传性叙述中，最有趣的评论是他在谈及将教师作为职业选择时的说法：在做出这种选择时，毛泽东已经是一 146
个青年人了，而且在辛亥革命和他入伍当兵期间，他在经历了一些深刻却混杂的事情之后，他的政治意识很快得到了发展。如果我们读读他对埃德加·斯诺讲述的事，我们就会知道，1912 年他离开军队后，实际上不是去寻找“工作”，而是在寻找“学校”，这样才能实现他自己渴望发挥的作用，他要在一所学校学到某种知识，以用来指导他去拯救中国。在这里，我们再次看到了毛泽东陈述的两面性。一方面，毛泽东告诉我们，作为一个青年人他遇到的问题：思想上不确定、困惑以及爱国，又一心想要为值得献身的事业而奋斗，但他却不知道这个事业在哪里。这个时候的毛泽东听起来似乎要比后来有些人编造的形象真实得多。这些人认为，毛泽东是一个天才，他早在1926年就差不多是一名完美的马克思主义者了。另一方面，作为一位教师，在1912年前后，毛泽东勾画了整个中国学校的破败景象。[10]从他说的这些，我们便能理解，为什么在1936年毛泽东认为创立一种新型的学校，对中国人民来说是绝对必要的，而且这也将成为革命的最重要任务之一。

如果与中国其他的革命者相比，毛泽东的特殊之处似乎在于，他强调学校对他本身个性形成的作用。实际上，这有可能使毛泽东更深入地去思考教学问题，思考如何找到最适合他的学校。因为，作为农民的儿子（虽然这个农民设法使自己成为商人），除了关注学校外，他并没有期许什么。他的父亲并不一定让他做官或是当会计。但作为知识阶层的儿子，他唯一的选择就是成为他们中的一员，哪怕是要以长期失业、自我牺牲和悲惨生活为代价。毛泽东不得不为选择一所学校而多考虑一些。但是，当他决定离开长沙的省立第一中学而到湖南省立图书馆去“自修”时[11]，似乎他的这种选择也是经过深思熟虑的。1964年，毛泽东还把这个选择视为他文化发展过程中最重要的决定之一。[12]实际上，毛泽东的教学思想的一个显著特征就是，他认为，学生基本上是靠自学的，教师的主要作
147 用就是教学生如何去学习。作为革命领袖，毛泽东后来做了更加准确的陈述，人只能依靠自己去学习，但如果他是与世隔绝的，他就不能学习了。人们能够而且必须通过社会革命实践来学习。当然，当他看到湖南师范学校的广告时，他还不能清楚地总结出这个结论。而湖南师范学校是一所很好的学校，它显然适合毛泽东的思想框架。因为恰是在这里，他的思想问题得到了回应。毛泽东此时已年近20岁，他的个人知识已经慢慢成熟起来，在这个发展过程中，“学校问题”起到了十分重要的作用。

在湖南师范学校时，毛泽东似乎很愉快，尽管他也批评过这所学校。在他的一生中，他通晓中国古典文化，他知道自己不同于同时代的中国其他革命者，他对汉语有着特别的才能，而他似乎将这些都归功于这所学校。但相比于此，他显然把这些更多地归功于他的“伦理学教员”杨昌济所教授的西方哲学文化。在毛泽东的个人回忆中，他不断地把杨昌济描述为少数几个他非常尊敬和钦佩的男

性长者之一。[13]确实，杨昌济“是一个唯心主义者”。作为一个马克思主义者，毛泽东已然意识到杨昌济这种唯心主义的政治局限性。然而，他还是赞颂杨昌济是“一个道德高尚的人”，他“努力鼓励学生立志做有益于社会的正大光明的人”。他似乎在暗示，无论杨昌济的“学说”的具体内容如何（后来毛泽东反对杨昌济的观点），他仍然对杨昌济作为教员给学生做出的道德榜样感到满意。把毛泽东对他的父亲这位“教员”的看法，与他对杨昌济的评价做一比较，其结果对我们来说是富有启发性的：毛泽东的父亲是“一个严格的监工”，毕竟，他确实教会了毛泽东勤奋工作，这是毛泽东很看重的美德，但由于这导致了毛泽东对他的愤恨，他又“自招失败”。而杨昌济则相反，作为一个伦理学教员，他为毛泽东所爱戴和接受，因为他向年轻的毛泽东指出了信仰一种价值体系的方式，这已经超然于个人的私欲之外。

很难指出，毛泽东从杨昌济那里具体继承了哪些思想。当毛泽东谈及他在1920年成为马克思主义者时，他的意思也是他抛弃了杨昌济的唯心主义。杨昌济提出的许多思想理念恰恰就是毛泽东后来所谴责的中国资产阶级知识分子的典型思想障碍。1964年，毛泽东说，他曾一度“相信康德的二元论，特别是唯心论”[14]。虽然他克服了那种思想态度，但似乎很难说毛泽东完全否定了康德道德观的基本论点，即人类的行为只有受到普遍法则支配时，才能在道德上加以判断。当然，自从毛泽东成为马克思主义者后，他才不得不认为，在阶级社会里，“普遍法则”简直就是不可能的。但是，在他的意识里，总是存在着“为大多数人”、为“被压迫者”工作的诉求，这些人是“人类的绝大多数”，这就仿佛是某种渴望达到的理想世界，这个世界中绝大多数人能够非常接近“普遍性”。毛泽东恰当地运用了儒家概念，将之表述为大同思想。但是，这难道不是他年轻时代康德思想的再现吗？ 148

对于毛泽东来说，这一切恰是在表明，杨昌济已经成为良师的化身，他能够引导学生克服自私自利行为。从不同的角度来看，在设立新的思想方面，当毛泽东写《纪念白求恩》和《为人民服务》时，他受到杨昌济的影响太大了。这并不是说毛泽东的全部思想都体现在这两篇文章中，我们之所以会产生这样的看法仅仅由于林彪所犯的一个政治错误。林彪把它们从毛泽东的文章中分离出来，并将二者视作毛泽东思想学说的最崇高表达。相比于这两篇文章所包含的内容，在毛泽东的整体精神世界中存在着更多的矛盾，并且与社会生活有着更多的联系。但是，毛泽东当然会认为这两篇文章是某种恳求，是一位革命教师对他的学生所做的合理要求。因此，我们可以说，对毛泽东来说，如果在教师与学生、领袖与群众之间不存在强有力的精神联系，那么就不会有适当的教育过程，同样也不会有适当的政治发展。抽象的“伦理”并不够。毛泽东确实认为杨昌济是一位善良真实的老师，但这多少有点儿尚未说完的味道，因为杨昌济所教授的“伦理学”是站在纯粹资产阶级知识分子的立场而言的。[15]
149 毛泽东看到了自己作为一位教师所发挥的不同作用：一位革命实践的教师，他的目标是要教导全体中国人民学会如何改造社会。然而他似乎也感到，没有经历强力的精神选择和具备深刻的内在动因，那就什么都学不到，什么也教不了。

如果毛泽东很早就感知到这种政治行动甚至于师生关系中对精神动因的需要，那么联系他的政治经历来看，他关于教与学的思想就发展得太过缓慢了。我们只有通过他著作（正式的和非正式的）中的一系列零星片段，才能大致了解这一发展状况。

他的第一篇著名的文章是有关体育教育的作用的。这篇文章并不仅仅论述了教育，正如施拉姆在他的那本介绍性的小册子里所证实的，它还有某些令人感兴趣的评论，使我们得以看到，毛泽东在很早的时候就发展了他关于教育和学校的思想。[16]例如，他告诉我们，教师和校长都是旧习惯的囚徒，人们更倾向于劳动而不注重细节，他们还不能看到现实问题。[17]从他所说的，我们能够了解到，毛泽东很早就注意到，绝大多数教师都是极为平庸愚蠢的人。在这篇文章里，他已经谈到了他在 1964 年将重复的话，即功课太繁重，而又不是很有用，对于年轻的孩子们来说，学校常常是一所监狱。他认为，思想上对运动锻炼的轻视，不仅有害于健康，而且也不利于人们精神与智力的发展。[18]体育锻炼尽管显然还不是“社会实践”，但在这里已经被看做是“实践”的一种形式。然而，在这篇文章里，我们也能看到，1917年，毛泽东仍然是“师范学校”的一名学生，他已经关注那些正在上学的孩子们的教育问题了，尽管此时他没有讨论那些不能上学的孩子，也没有讨论“体育锻炼”对大多数人的作用。

毛泽东的下一篇文章《民众的大联合》[19]同样也很有趣。它是
反映毛泽东对教学问题态度的早期资料。同农民、工人、妇女、警 150
察和车夫一样，毛泽东挑出学生和小学教师作为被压迫群体中的两个基本团体。在这里，我们再一次发现，毛泽东控诉了传统学校强加给孩子们的身体限制。在他的描述中，学校几乎形同监狱。这种状况不仅对身体，而且对精神来说，都是一种负担。而这对于国家来说，也是一种非常严峻的危险状况，因为培养起来的学生都是愚笨的“低能儿”。

探究一下这种说法的文化背景将是十分有趣的。其一便是，在观念和知识的所有不可替代来源中，人类身体的体育锻炼显然最为毛泽东自己所欣赏。在这里，毛泽东的个人经历可能是最重要的因素。其二则体现在卢梭意义上的人的“本质”在知识和精神中所起到的作用。另外，值得注意的是，这篇文章是毛泽东引用卢梭言论的少数文本之一。毛泽东把卢梭当做新型教育的倡导者，这种新型教育可以使学生摆脱传统文化及其教学方法的抑制作用。毛泽东似乎已经深深地受到了卢梭思想的影响，但主要不在于卢梭的国家观和他对政治体制问题的看法，而在于他的教育观。卢梭的这些观点与18世纪法国底层的状况密切相关，并且只会导致类似于马拉（Marat）、罗伯斯庇尔（Robespierre）、圣茹斯特（Saint Just）那样的政治见解，这显然并不适合于毛泽东所要解决的问题。卢梭视教育为每个人必须在教师的帮助下依靠自己而获取的成就。教师的主要作用是，排除社会对学生的干扰，并训练学生运用他们的能力。当然，毛泽东关于教育的思想没有止步于卢梭所说的这些方面。当他成为一位马克思主义者时，他选择了超越卢梭的视角。然而他谴责强制教育的智力损害时所采用的方法，却仍然是典型的《爱弥儿》作者的手法。

同样值得注意的是，毛泽东在《民众的大联合》一文中引用卢梭的话时，他指出“自然教育”作为卢梭的最好的“发明”，但他

继续将之解释为学生们的集体努力，用以将他们自己从传统学校的
151 “苦海”中解救出来。[20]这就显然不是卢梭的意思了，因为卢梭是在一个绝对孤立的状态下提出《爱弥儿》中的教育理念的，尽管物质事物和丰富的“自然”背景应被视为其基础。“自然教育”这个主题带有典型的西方民主传统，卢梭的教育思想极大地加强了这一民主传统。但毛泽东所支持的“自然教育”的实践则是在法国革命之后，由一些社会主义组织在19世纪末发展出来的。还有一些值得注意的问题：毛泽东坚持谴责，学校的设施仅仅是用于阅读和听讲，从而产生了一种特别压抑的作用，这使人们很容易联想到约翰·杜威（John Dewey）有关教育的畅销书。[21]我们能够肯定地推论说，在那时毛泽东就已经熟知杜威提出的教育思想了吗？

另外还要补充一点，在《民众的大联合》一文中，毛泽东因为同样的原因，也关注了小学教师的情况。孩子们被关在学校这所监狱里，但教师的境况也同样糟糕，甚至还更为不幸，因为他们很穷（相比于工人和农民的状况，毛泽东更为直白地为他们经济上的拮据状况抱不平），而且不得不同心爱的妻子分居。“小学教师横直是奴隶罢了。我们要想不做奴隶，除非联结我们的同类，成立一个小学教师的联合。”[22]

因此，似乎可以说，在毛泽东成为马克思主义者之前，他的许多关于教育的思想就已经产生了。1920年，当他写信给蔡和森论及
152 罗素和教育问题时，他认为，学校问题对他来说仍然是优先考虑的。施拉姆曾强调过罗素对毛泽东的重要影响。[23]对于毛泽东来说，这个问题后来成为他的思想背景了，例如《湖南农民运动考察报告》就是证据。在这篇文章中，他过分强调了群众对于革命运动的自发能力。因此，在他后来的文本中，教育问题，或者如果人们愿意的话，政党、教师、学生之间的关系问题，已经不再那么重要了。不过，这个问题还是提出来了。例如，毛泽东称：“开一万个法政学校，能不能在这

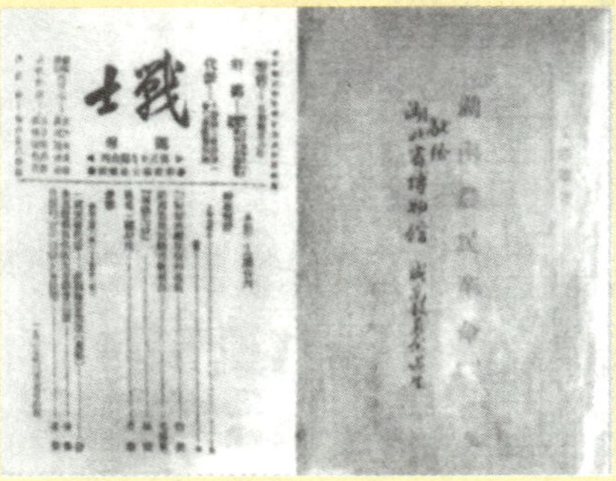

1927年，刊载《湖南农民运动考察报告》的《战士》周刊和出版的该报告单行本。

样短时间内普及政治教育于穷乡僻壤的男女老少，像现在农会所做的政治教育一样呢？我想不能吧。”[24]随后的几页表明，毛泽东现在的态度与1919年相比已相去甚远。他强调，阶级关系是农民缺乏教育的来源：

> 中国历来只是地主有文化，农民没有文化。可是地主的文化是由农民造成的，因为造成地主文化的东西，不是别的，正是从农民身上掠取的血汗。中国有百分之九十未受文化教育的人民，这个里面，最大多数是农民。农村里地主势力一倒，农民的文化运动便开始了。试看农民一向痛恶学校，如今却在努力办夜学。[25]

在这里，我们也首次找到了毛泽东的自传体回忆，这是他有关教育的典型陈述：

> 我从前做学生时，回乡看见农民反对“洋学堂”，也和一般“洋学生”、“洋教习”一鼻孔出气，站在洋学堂的利益上面，总觉得农民未免有些不对。民国十四年在乡下住了半年，这时我是一个共产党员，有了马克思主义的观点，方才明白我是错了，农民的道理是对的。……如今他们却大办其夜学，名之曰农民学校。有些已经举办，有些正在筹备……他们非常热心开办这种学校，认为这样的学校才是他们自己的。[26]

接着，像典型的“报告”一样，毛泽东继续以非常乐观的语调展望着，在不久的将来，将会有数以万计的农民学校到处涌现。

在随后的几年里，毛泽东的注意力集中到了军事问题上，但教 153
育问题从未在他的文章里消失。所以，他在“民主的政治训练”[27]
中看到了红军的特点之一。当讨论到井冈山根据地的经验时，为了
解决太多的战士来自游民无产者这一问题，政治训练作为唯一办法
再次被提了出来。[28]毛泽东现在清楚地看到了党作为一位教师的作
用：由于红军战士生活与战斗的社会和政治环境，党在改造人方面
的能力还可以走得更远。

1929年12月的决议又提出了同样的主题（这个决议是林彪集团在“文化大革命”初期最乐于提到的文章之一）。红军的任务

"决不是单纯地打仗的……还要负担宣传群众、组织群众、武装群众、帮助群众建立革命政权以至于建立共产党的组织等项重大的任务"[29]。在这里，在这场互相教育和自我教育的现实努力中，战士—学生又变成教育群众的老师。注意，毛泽东这里讨论了关于游民无产者和流氓无产者的恶习在红军中的影响[30]，他认为通过政治教育，战士中所有源于流氓无产者恶习的这些不良倾向都可以得到纠正。我们能否这样推论，毛泽东认为教育不能改变人的阶级特性，但却是被剥削者理解错误的真正根源，这些错误使他们不能充分发挥革命作用，因而必须加以克服呢？

后来，在1933—1934年的经济学文章[31]中，毛泽东的教育思想似乎又前进了一步。这些文章的要旨似乎是，红色区域的首要作用就是教育群众，就是支持教育。但是，任何教育或政治训练都不可能劝服群众把他们的基本要求置于一边，也就是说，革命必须为
154 大多数群众提供一个较好的境况，也就是必须从物质上改善他们的生活。这是促使政治教育得以实现的前提。

毛泽东向斯诺做的自传式的叙述中有丰富的教育学上的暗示。1936年，恰在毛泽东陈述之后，他写了《中国革命战争的战略问题》[32]，这是他教育思想的亮点之一，因为这篇文章的中心议题就是"如何学习"。毛泽东在该文中首次论述，必须研究和解决特殊的而不是一般的问题。跟随着他的教育思想的发展轨迹，对于毛泽东对"条令"的轻视，我们并不感到奇怪，因为它们"全是抄了外国的"。似乎他对苏联的条令的看法差不多也是如此，因为"如果我们一模一样地照抄来用，丝毫也不变更其形式和内容，就一定是削足适履，要打败仗"[33]。在这里我们可以发现，作为毛泽东对"买办文化"的首次回应，它扩大到对苏联文化的大规模引进上，而1956年后，这成为他思想的一个典型特征。

该文中最重要的段落之一是"重要的问题在善于学习"（这个段落1965年被挑出重新编入了为干部准备的《毛泽东著作选读》中）。毛泽东提出了他深信不疑的教学观点："学习不是容易的事情，使用更加不容易……要达到智勇双全这一点，有一种方法是要学的，学习的时候要用这种方法，使用的时候也要用这种方法。"[34]

接着，毛泽东继续描述："指挥员的正确的部署来源于正确的决心，正确的决心来源于正确的判断，正确的判断来源于周到的和必要的侦察，和对于各种侦察材料的联贯起来的思索。"[35]因此，尽管人们所说的"道德美德"是必要的，但战略主要被看成是一个学习问题，因为一个"经验多的军人"将是善于学习的，"假使他是虚心学习的"。总之，战略学习不是一个纯粹的知识过程，"读书是学习，使用也是学习，而且是更重要的学习。从战争学习战争——这是我们的主要方法。没有进学校机会的人，仍然可以学习战争，就 155
是从战争中学习。革命战争是民众的事，常常不是先学好了再干，而是干起来再学习，干就是学习"[36]。此时此刻，毛泽东关于学习的思想似乎得到了完全的发展，虽然他后来又补充了一些新主题和新经验，但教育思想的核心部分已经在 1936 年 12 月明确地表达出来了。似乎值得注意的是，毛泽东选择了战略这一人类文化中最为辩证的领域，作为全面阐发他教育思想的情境。

毛泽东最著名的两部哲学著作《实践论》和《矛盾论》确实为他的教育主题做了补充，但它们却不是分析毛泽东教育思想的最重要来源。当然，如果知识来自社会实践，真正的教育能够通过社会实践形成，那么教师怎样让学生去参加社会实践呢？学校起到特别合适的作用了吗？教育仅仅通过参加社会实践就能完成了吗？毛泽东在《矛盾论》中讨论道，矛盾的特殊性是非常重要的，因此教育必须使学生能够对特殊矛盾进行深入研究。含糊的概念往往都过于教条化。所有的教师都必须反对那些只是重复死教条的"懒汉"。教育必须使人们能够辩证地去看待人和事，训练人们进行艰苦的思想练习，这不仅需要有灵活的头脑、始终如一的意志、刻苦勤奋的才能，还需要进行透彻的研究，以及某些想象。

在《反对自由主义》这篇短文中，毛泽东把思想斗争看成典型的教育活动。在他眼中，"自由主义"是某些人的错误态度，这些人出于机会主义的考虑，拒绝去反对那些"明知不对"[37]的人，这里的"拒绝"可以说就是成为他们"严厉的监工"。反对自由主义的斗争要求有坚定的原则立场，比如自觉抵制背后议论和个人主义，但更多的是要反对懒惰、反对放任自流的处世态度。毛泽 156

东认为自由主义是十分危险的，因为它鼓励人们放弃为解决矛盾而进行斗争。在这篇文章中，毛泽东提出了强烈的呼吁，尽管是在马克思主义语境下提出的。卢梭认为，应该借正当的男女关系之名反对不正当的男女关系。显然，毛泽东此处的论述极易使人联想起卢梭：

> 一个共产党员，应该是襟怀坦白，忠实，积极，以革命利益为第一生命，以个人利益服从革命利益；无论何时何地，坚持正确的原则，同一切不正确的思想和行为作不疲倦的斗争，用以巩固党的集体生活，巩固党和群众的联系；关心党和群众比关心个人为重，关心他人比关心自己为重。这样才算得一个共产党员。[38]

的确，这篇文章提出的问题比回答要更多一些。例如：谁将是这样一位共产党员的“教师”？谁将以这样崇高的美德去感染他？是党，是群众，是社会实践，抑或是他本身？在这种道德观念下，这样的庸俗态度有危险吗？这些问题并不是抽象的，因为在随后的中国革命历史进程中，所有这些假设都一度被接受，而后又被抛弃了。

抗日战争期间，作为教师的毛泽东与作为领袖的毛泽东似乎很好地融合了起来。《中国共产党在民族战争中的地位》[39]这篇报告提供了证据。该文中谈及的问题是党群关系问题，这个问题成为毛泽东战时著作中教育讨论的关键。共产党人是群众的教师还是学生？毛泽东给出的回答似乎是，他们首要是教师，但也是学生：

> 必须懂得，共产党员不过是全民族中的一小部分，党外存在
> 157 着广大的先进分子和积极分子，我们必须和他们协同工作。那种以为只有自己好、别人都不行的想法，是完全不对的。……共产党员又应成为学习的模范，他们每天都是民众的教师，但又每天都是民众的学生。只有向民众学习，向环境学习，向友党友军学习，了解了他们，才能对于工作实事求是，对于前途有远见卓识。[40]

在这里，我们非常清楚地发现，在毛泽东的思想和政治实践中，特别是在1957年以后和“文化大革命”中，对矛盾的阐述越来

越深入。第一句看起来，好像是在说，共产党员已经是真理的“掌握者”，他们将耐心、沉着、理智地教导学生，而学生可能会或多或少地不情愿，但绝大多数是愿意接受老师们在政治和教学上的影响的。在第二个句子中说，“真理”仍然需要去发现和完善，而共产党员也需要别人帮助来完成他们的使命。矛盾在此处并没有解决，而在毛泽东看来，它也永远不会解决。我们所能问的只是：是否只有共产党员（虽然也要有群众的支持）才能提出政治见解？或者说，群众或其他人是否也能取代党的这种作用？这也许是毛主义中最重要的政治问题，它将产生严重的政治后果，因为毛泽东从未能指出具体的解决办法。或者至少说，无论毛泽东多么艰难地处理这个问题，他也未能指出在面对矛盾时所应采取的正确行为。这并不是一个纯粹的政治问题，它显然与“教学法”相关。“文化大革命”中含有这样深刻的教育色彩并非是偶然的：一旦革命政权建立起来，毛泽东将不得不尝试解决学校组织与青年人政治教育之间的矛盾。

对于毛泽东来说，尽管比起 1957 年后，他此时已经很少公开讨 158
论了，但一系列问题仍然很快就出现了。在《青年运动的方向》[41]一文中，教育问题是和历史背景相对立的，即它是与五四运动以来的中国革命的整个发展过程的价值相对立的。在这里，毛泽东首次明确指出，体力劳动对教育起着不可或缺的作用。在开展青年运动时，武装斗争中的政治整合和政治参与很重要，但这还不够，“他们在学习革命的理论，研究抗日救国的道理和方法。他们在实行生产运动，开发了千亩万亩的荒地”[42]。

这种通过体力劳动进行的教育与孔子的教育思想形成鲜明对比。因轻视劳动，孔子遭到了猛烈的攻击。但是，不只是青年人需要受教育，知识分子也要受教育或者再教育，以便能够和群众整合起来。1939 年纪念五四运动 20 周年，毛泽东得以阐明他的知识分子政策。实际上，知识分子热烈的抗日情绪给共产党提出了一个江西苏维埃时期尚未凸显的问题。知识分子在统一战线中的作用，这是毛泽东在第二次世界大战期间分析的重要问题之一。这基本上是一个政治问题和社会问题，但也涉及教育方面。知识分子如果不同工农结合，就将一事无成。“革命的或不革命的或反革命的知识分子的最后的分界，看其是否愿意并且实行和工农民众相结合。”[43]这是一个高度危险的说法。后来出于对知识分子的政策需要，它被任意引用，甚至成为人们恐吓他人的工具。但这显然是同毛泽东的整个社会政治观念相一致的。

159 为了使知识分子与群众有效地结合起来，可以做哪些事情呢？在1939年12月中央委员会的决定中，毛泽东试图提出具体建议，以便改正党员中对知识分子抱有的“宗派”态度。[44]几个月后，在《抗日根据地的政权问题》指示中，这个问题再次被提了出来：党在政权组织中的领导作用是通过“党的正确政策和自己的模范工作，说服和教育党外人士，使他们愿意接受我们的建议”[45]而得以保证的。“模范领导”在中国有着悠久的传统，这里似乎表明，首要的是党员必须克服他们不愿和不惯同党外人士合作的狭隘性。有人可能会说，党员受教育是为了使他们能去教育别人。毛泽东反对孔子的教育内容和教育方法，就如同他否认儒家官僚支持的统治阶级的作用一样。然而，他却继承了儒家传统，强调教育作为一种统治手段，它首先是为了选拔统治者，然后才是通过教育使他们得以统治人民。应当改变的是受教育者、教育目的和教育内容，但教育本身不用改变。

1942年的整风运动，尽管主要集中在适当的政治和思想问题上，却具有很深刻的教育意涵。例如，毛泽东的《〈农村调查〉的序言和跋》[46]，这是他教学思想的代表性文本。他讲述了他是如何通过访问不同类型的人（他们与革命的联盟并非是理所当然的）来获得资料的，然后他补充道：“他们都给了我很多闻所未闻的知识……（这
160 些人）是我的可敬爱的先生。”[47]这就告诉我们，在毛泽东看来，老师的作用十分重要：一名教师必须首先使学生意识到他完全不了解的东西。我们不能核实毛泽东这种表述的具体思想来源，这似乎来自某个长篇哲学教育读本，但是也可能是一位名师长期教育的结果。

总之，这个材料是一篇关于教育的短论。相比于其他各处的论述，这里毛泽东更清楚地告诉我们，“调查”是学习的最高形式，而他自己的首要作用就是教会革命者们如何去调查。

> 必须给予时间，必须有调查纲目，还必须自己口问手写，并同到会人展开讨论。因此，没有满腔的热忱，没有眼睛向下的决心，没有求知的渴望，没有放下臭架子、甘当小学生的精神，是一定不能做，也一定做不好的。必须明白：群众是真正的英雄，而我们自己则往往是幼稚可笑的，不了解这一点，就不能得到起码的知识。……对于只懂得理论不懂得实际情况的人，这种调查工作尤有必要，否则他们就不能将理论和实际相联系。“没有调查就没有发言权”，这句话，虽然曾经被人讥为“狭隘经验论”的，我却至今不悔；不但不悔，我仍然坚持没有调查是不可能有发言权的。[48]

在这里，毛泽东完全将自己的作用定位为教导革命者“如何学习”。

在《改造我们的学习》[49]中，教育问题也是讨论的中心，尽管在某种程度上，它被所谓的“马克思主义中国化”的复杂问题取代了。毛泽东重申了某些教育思想：研究工作必须付出艰辛的劳动，“马克思列宁主义是科学，科学是老老实实的学问”，粗枝大叶与马克思主义是完全对立的，教条主义的老师不是好老师，也教不出好学生，他们“造成了一种反常的心理，对中国问题反而无兴趣，对 161
党的指示反而不重视，他们一心向往的，就是从先生那里学来的据说是万古不变的教条”。与黑格尔一样，毛泽东认为，学习知识不能以抓住万古不变的教条为目的，真理是循序渐进形成的：“我们要从国内外……的实际情况出发，从其中引出其固有的而不是臆造的规律性，即找出周围事变的内部联系，作为我们行动的向导。而要这样做，就须不凭主观想象，不凭一时的热情，不凭死的书本，而凭客观存在的事实，详细地占有材料，在马克思列宁主义一般原理的指导下，从这些材料中引出正确的结论。这种结论，不是甲乙丙丁的现象罗列，也不是夸夸其谈的滥调文章，而是科学的结论。”[50]

在《整顿党的作风》[51]中，教育问题再一次被详细地讨论，唯一的不同之处是，这里的重点不再是“如何学习”而是“如何运用”所学到的知识：党校的学生必须能够掌握和运用马克思主义学说和方法论，而运用是掌握的唯一目的。学校常常不能给学生以真正的知识，知识分子对抽象知识的炫耀不仅有害于学生，而且妨碍了他们的进步。在这篇演说中，毛泽东概括了他对知识来源的解释：“世界上的知识只有两门，一门叫做生产斗争知识，一门叫做阶级斗争知识。……此外还有什么知识呢？没有了。”[52] 1963 年他在“前十条”中再次提及此事（1963 年毛泽东又补充了“科学实验”作为知识的来源）。[53]这意味着书本知识根本就不是知识，而学校培养的仅仅是“半知识分子”。

纵观毛泽东教育思想的发展脉络，以上各点似乎是理所当然
162 的。但是，这里还要补充一点，对于手握书本、靠群众养活的知识分子，毛泽东谴责了他们的这种寄生虫性质。当然，这并不是这篇演说值得注意的唯一论点，因为这里毛泽东也分析了“缺乏理性的知识”的危险，认为这并不是科学的知识。而以自己的经验为满足，那也是很危险的，必须加以克服。通过阅读毛泽东的这篇文章，我们还是能够看到，毛泽东相信，比起教条主义知识分子的傲慢态度，克服这个缺点要更容易些。毛泽东偏爱工人阶级出身的干部，他们必须努力弥补他们所缺乏的理论能力，而他们之所以缺乏理论能力仅仅是因为贫穷。无论如何，毛泽东已经清楚地指出这种状况必须改变。1949 年以后，这个问题立刻变得重要起来，因为此时大量的农民干部（至少在中层水平上）面临着统治中国的问题。

在阅读毛泽东的文章时，我们可以感到，在关于整风运动的文章中，毛泽东受卢梭的影响体现得最为强烈。在《反对党八股》[54]中，我们发现，毛泽东对语言文字教育发表了有趣的议论。他虽然反对抽象地教学，但却一直明确地支持学生培养良好的甚至是高超的语言能力。后来即使在“文化大革命”中，当他在讨论学校问题时，他也是如此认为的。这里，他再次批评了语言枯燥无味的状况，主张要从人民群众中学习生动活泼的语言，并学习古人语言中有生命力的东西。这意味着文学研究不仅是有用的，而且它也有助于完全掌握一门语言。

随着整风运动接近尾声，毛泽东教育思想的系统阐述似乎已经完成，至少在夺取革命政权的斗争阶段，的确如此。1962—1964

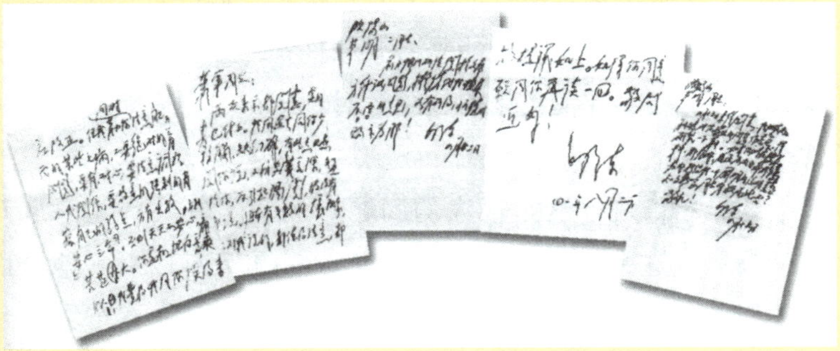

在整风运动中，延安文艺界暴露出许多问题，毛泽东亲自找文艺界的同志谈话或给他们写信了解情况。这是毛泽东写给萧军、欧阳山、草明的信。

年，毛泽东又开始了新一轮研究，此时，他正在寻求避免社会主义社会出现复辟的道路，并试图为这一需要概括出一套教育政策。

1945年后与国民党进行的最后斗争创造了一个新环境。在这种 163
新环境中，领袖—干部—党员与人民群众之间的关系继续被描述为师生关系。现在毛泽东告诉我们，政治教育和辩论绝不能再仅仅局限于干部精英和革命者这一狭窄的范围内，而必须扩大到最广泛的人民群众中去。如果不能通过教育群众而动员他们，那就是一个严重的政治错误。“同志们是办报的。你们的工作，就是教育群众，让群众知道自己的利益[55]，自己的任务，和党的方针政策。”[56]在同国民党斗争的最后岁月里，毛泽东反复强调，政治教育与群众动员是同一个过程，这个过程必须在党内和全国范围内同时进行（在党委书记和委员之间，书记既是老师，又是学生[57]），要在群众中培养干部，即人民解放军的战士[58]。

在西方，这种讨论似乎是不恰切或者是言过其实的，然而西欧的工人运动从一开始就具有很强的教育学意义，而且在改变教育水平和教育观念上，它确实发挥了重要的作用（至少在意大利是这样）。但在非资本主义社会中，这种作用是否继续存在，就值得怀疑了。无论如何，在普通工人阶级成员中选举产生领导机构，这一直是欧洲社会主义和共产主义政党长期追求的目标。事实上，毛泽东也面临着同样的需要。但是，教育问题在中国与欧洲并不一致。在中国，教育一直是选拔统治阶层的手段，不论是贵族出身还是土地、财产或是钱，都不能构成允许其进入统治阶层和领导阶层的条件（至少原则上是这样）。如果革命在中国取得成功，共产党员就

164 必须提出一种选拔国家统治者的新方式：除非人们准备仅从“非儒家”中选拔，否则知识就不可能是必要条件；但是，当人们挑选统治国家和领导人民实现现代化的领导者时，知识又是一个不能忽视的条件。

对于毛泽东来说，这是最大的问题之一。随着共产党夺取政权之日的临近，这个问题也变得愈加重要。1957年以后，他全面衡量了苏联革命在创建新社会时的失败教训。但是，在革命力量夺取政权的前夕，毛泽东已经表现出，他十分担忧政治教育可能会出现蜕化。他感到，在革命者中存在意志薄弱的“敌人”，他们正在进行一种腐化的“反教育”，这是十分危险的。根据毛主义的辩证观点，没有任何过程能够可靠完成，也不会有任何结果是理所当然的；任何已取得的成功，都可能转化为失败，任何平衡都能够而且必然被打破。教育亦是如此：教育既可以获得，也可以失去。因此，在一段非常著名的语录中（而且随着时间的推移，这段语录也越来越恰切），毛泽东预见了共产党将会经历一个“否定教育”的过程：

> 因为胜利，党内的骄傲情绪，以功臣自居的情绪，停顿起来不求进步的情绪，贪图享乐不愿再过艰苦生活的情绪，可能生长。因为胜利，人民感谢我们，资产阶级也会出来捧场。敌人的武力是不能征服我们的，这点已经得到证明了。资产阶级的捧场则可能征服我们队伍中的意志薄弱者。可能有这样一些共产党人，他们是不曾被拿枪的敌人征服过的，他们在这些敌人面前不愧英雄的称号；但是经不起人们用糖衣裹着的炮弹的攻击，他们在糖弹面前要打败仗。我们必须预防这种情况。[59]

尽管毛泽东内心深处一直存有某种教育意识——这从他的各种简短议论中可以看出——但是在新中国成立后的最初岁月里，他的精力更多地投到了社会和政治问题中，而不是教育中。他确实注意到了学校组织结构的问题[60]，并且要求学校、工厂、农业合作社之
165 间相互交流经验[61]。他再次指出老师是无知自大的，他们必须首先教育自己。[62]1957年，毛泽东直接指出，斯大林是一个坏老师，因

1955年10月,毛泽东在中共七届六中全会上。这次会议根据同年7月毛泽东《关于农业合作化问题》的报告作出决议，加速推进农业合作化。

为他是一个“形而上学者”，他教会人们搞形而上学。[63]1958年4月在武汉，他把斯大林的缺点和错误归咎于他所上的宗教学校，认为那是个十分僵化的环境。[64]正如他在莫斯科对中国留学生的讲话中所表露的深切情感，毛泽东愈加关心新一代青年的精神和政治发展问题：“世界是你们的，也是我们的，但归根结底是你们的。你们青年人朝气蓬勃，正在兴旺时期，好像早晨八九点钟的太阳，希望寄托在你们身上。”[65]这段话看来体现了毛泽东对青年人的感情：显然是乐观的，但也夹杂着疑虑——这是他那种教师观念的典型反映，他并不确切知道学生身上承担着怎样的未来。

1957年以后，在中国共产党内和国际共产主义运动中，针对采取何种新政策建设社会主义的论战走向尖锐化。毛泽东再一次将问题联系到教育这个主题上来。因此，他再次讨论到，一种革命的新型中国文化将在与西方资产阶级传统文化和苏联文化的比较中诞生。他号召建立一种独立的中国革命文化，这种文化能够充分利用其他社会的文化成果。毛泽东将之作为教育问题提了出来。[66]毛泽东在此处的思考和建议与他后来在“文化大革命”期间提出的文化政策（得到了左派的支持）相比要丰富得多、“开明”得多。

即便是技术问题，也充满了教育的意味。与苏联关系破裂之 166

后，中国共产党便面临着要独立发展经济和技术的问题。此时，为了最广大人民群众的利益，毛泽东一再醉心于分析技术教育问题。这里有必要处理一下欧洲的“毛主义者”的某些看法。他们认为，毛泽东对技术发展有些忧虑，他赞成的是一个“非工业化社会”。这可能是那些成长于工业社会内的叛逆者的感觉，但绝不会来自一个“殖民地”国家的革命者，因为这个国家是帝国主义统治的牺牲者，毛泽东正是持这一看法。毛泽东一直全力赞成技术发展，而且越快越好。不过，他所想要的是真正的技术发展，而不是“伪造的发展”，这里面没有小部分特权者（工程师、工人和政治家）伪造的神话，用以将整个国家引入一种不现实的幻境，或者仅仅是向农民敲诈钱财。

无怪乎毛泽东要求在各级教育中都要注重打好科学技术基础。他总是强调，要在人民群众中，特别是在青年农民中，最大限度地普及科学技术知识。他支持实际的科学技术，反对抽象的论述或是教条的模仿。1958 年“大跃进”，他撰写了《工作方法六十条（草案）》[67]，其中他强调，要把学习技术当做发展经济的前提。中国革命必须完成技术革命的历史任务，而共产党人必须再次从“学习”开始。“不懂得实际的是假红，是空头政治家。要把政治和技术结合起来……在相同的条件下，拿先进和落后比，促使落后赶上先进。”[68]干部，特别是中央干部，“一年一定要有四个月的时间轮流离开办公室，到下面去作调查研究，开会，到处跑”[69]。接着，毛泽东指出了搜集、分析资料和核对信息的具体方法，以便用具有
167 “准确性、鲜明性、生动性”的语言把文件写出来，并再次陈述了掌握良好语言能力的政治需要。[70]这篇文章虽然并不完整，但还是可以发现，其中的第 39 条至第 50 条，对学校的课程提出了一个总纲：社会科学、技术、历史和语言，在毛泽东看来，是同等重要的。

根据毛泽东关于实践作用的相关看法[71]，这里更为有意思的是，毛泽东从经济的角度，要求学校做到自足：

> （四十八）一切中等技术学校和技工学校，凡是可能的，一律试办工厂或者农场，进行生产，做到自给或者半自给。学生实行半工半读。在条件许可的情况下，这些学校可以多招些

学生，但是不要国家增加经费。

一切高等工业学校的可以进行生产的实验室和附属工场，除了保证教学和科学研究的需要以外，都应当尽可能地进行生产。此外，还可以由学生和教师同当地的工厂订立参加劳动的合同。

（四十九）一切农业学校除了在自己的农场进行生产，还可以同当地的农业合作社订立参加劳动的合同……

（五十）大学和城市里的中等学校，在可能条件下，可以由几个学校联合设立附属工厂或者作坊，也可以同工厂、工地或者服务行业订立参加劳动的合同。[72]

毛泽东的这一态度不仅仅是出于对抽象理论教育的不信任，而且也是出于减少教育开支的经济需要。毛泽东清楚地知道，教育学生的花费是由大多数中国人民特别是农民背负的。

在随后的几个月里，毛泽东再次强调学校和工厂要互相改变其作用：学校里应当有工厂，工厂里应当有学校，要搞“半工半读”[73]。毛泽东在对苏联“新阶级”产生和发展进行追本溯源的分析时，消灭脑力劳动和体力劳动的差别这一问题，对他造成了越来越大的压力，尽管如此，他还是从思想和经济两方面论证了这一选择的合理性。与此同时，他也关注着更多关于群众教育的传统问题。1958年，在成都会议的第二次讲话中，他认为，消除文盲是“大跃进”期间与农业的落后性做斗争的一个方面。[74]在第三次讲话中，他又回到了他所喜爱的一个老题目上，即较少接受教育的年轻人的创造性问题： 168

历史上总是学问少的人推翻学问多的人。……从古以来，创新学派、新教派都是学问不足的青年人，他们一眼看出一种新东西，就抓住向老古董开战！[75]

不过，这里毛泽东似乎过分热衷于把伟大的发明创造归功于无知的人民身上，这就好像是错把弗莱明（Fleming）当成了一个洗衣男工，把富兰克林描绘成了一个没有文化的“报童”。他的目标是攻击知识分子和社会上的保守主义者，他在开展一场政治斗争，而不是一个教育规划。作为一位教育规划者，他一直是十分小心谨慎的，他高度关注那些专门的问题，然而这里，他所要强调的仅仅是政治上的需要：

> 当然，学校也可以学到东西，不是把学校都关门了，而是说不一定住学校。看你方向对不对，去不去抓。学问是抓来的。从来创立学派的青年，一抓到真理，就藐视古董，有所发明，博学家就来压迫。历史难道不是如此吗？我们开头搞革命，还不是一些娃娃，二十多岁，而那时的统治者袁世凯、段祺瑞都是老气横秋的。讲学问，他们多；讲真理，我们多。[76]

当我们读到毛泽东 1959 年 9 月的讲话时，他上述说法的政治含
169 义就变得很清楚了。在这个讲话中，我们再次看到毛泽东通常号召的学习、努力学习、认真学习，尽管只是对有用之物的学习：

> 我们大家要学点东西……许多东西我没有学。我这个人缺点很多，并不是一个完全的人，好些时候我自己不喜欢自己。马克思主义各部分的学问我没学好。比如说外文，也没有学好。经济工作现在刚刚开始学习。但是，同志们，我决心学习，至死方休，死了拉倒。总而言之，活一天就学习一天。[77]

这一段以及下一页都是关于游泳与水的知识之间关系的论述，这似乎凸显出毛泽东在教育方面的信条。在毛泽东看来，理解是一个过程，它需要在广度和深度上慢慢扩展深入。经验（历史的和科学的）的重要性在于，它能扩大人们的知识面。逐渐获取知识是所有共产党员都必须追求的一个政治目标。而狭隘的学习以及对旧观念的机械重复是知识分子和社会的弊病。

在接下来的岁月里，随着毛泽东对苏联社会的批评逐渐深化，这个观点被他再三重复。显然，在苏联的社会体系中，毛泽东观察到了革命社会“变质”的一个根源。例如，在著名的《人的正确思想是从哪里来的?》这一评论里，似乎并未比《实践论》和整风运动期间的文章增添什么。更令人震惊的是，这篇认识论分析竟提出了一个解决农村工作问题的方法，那就是要求人们不要忘记阶级斗
170 争。[78]实际上，随着 1965 年《毛泽东著作选读》（甲种本）的广泛

发行，毛泽东对有关知识和学校教育问题所做的简短概括已经在中国大地成为学生造反的口号之一。因此，1962 年后面临着一场严峻的党内斗争，毛泽东似乎极为关心的是，为了动员年轻人支持他的政策，他要让他的教育思想尽可能广泛地传播开来。这也解释了何以他的许多有关教育的言论会带有很强烈的说教味道。其中典型的例子是 1963 年 12 月毛泽东所写的《关于加强相互学习克服固步自封、骄傲自满的指示》[79]这一最为清楚地反映了卢梭影响的文本，由于此处的阶级斗争和群众监督的主张，卢梭的思想被系统地修正了。在毛泽东看来，苏联的政策是对革命的彻底“背叛”。而此时对于党内出现的“修正主义”迹象，他也日渐感到担忧。这使他倾向于把自己的希望寄托在青年人身上，而他们的思想保证在保卫革命成果的斗争中至关重要。

在与毛远新的三次谈话[80]中，毛泽东对教育问题的讨论完全融合在他对反对“修正主义”的新政策所做的阐述之中。在毛泽东的思想中，“培养接班人”的需要这时已经等同于将国家从“改变颜色”的危险中挽救出来的需要，但这并不意味着，在随之而来的“文化大革命”中，毛泽东会忽视掉技术教育的细节。相反，我们发现，在 1964—1965 年的文章中，就教育方法问题，他做出了某些极为详尽的指示。[81]现在，他证明他自己在教学法上真的“又红又专”，其证据便是他对每一位教师都面临的实践问题有兴趣。例如，他建议把讲义预先发给学生，以便于用“问—答”这一对话形式来代替传统的讲课形式。他再次涉及了语言问题，特别是技术语言，涉及了科学发展史的不同课程和科学概念的内在规律。他还建议要普遍而大胆地进行试验。但是，对他来说，最重要的问题仍然是教师问题：“自己要教育人，教育者要先受教育。”[82] 171

然而，这时候毛泽东的最大兴趣似乎已经远远超出了严格意义上的学校问题和教学方法问题。他现在的战斗目标是文化革命。在这里论述文化革命的这种转折是不可能的。虽然其中的教育因素与社会政治进程相互交织，但为创立新型学校、新的教育观念而做的斗争确实产生了决定性的作用，并且这不只是发生在中国。在西方，文化革命最广泛而深远的影响之一恰恰就在于它挑战了旧的教育制度，而这个制度在某些方面和某些地方比中国的教育制度还要古老而过时得多。毛泽东所要强化的这种新的教育观念在著名的“五七指示”中得到了说明[83]（对于青年和老年、干部和群众、战士和工人、农民和学生来说，这一新教育观念更能使他们得到长久而普遍的政治发展）。这个“文化大革命”的宣言标志性地概括了毛泽东长期以来精心构思的解决教育问题的办法，但却过于简单化了。在毛泽东看来，人类理想的政治形态就是像军队那样。实际上，毛泽东相当恰切地指出：这个指示“既不是新的，也不是独创……我们的军队已经按这个方式工作了十年”。但把这种实践作为整个中国社会的一种政策来普遍推行，却的确是相当新的做法了。

在“文化大革命”初期，教育问题与政治斗争融合在一起，成为这场战斗的前线。例如，在 1966 年 8 月 8 日的决定[84]和毛泽东给红卫兵的信[85]中，这一点是很清楚的。这里，毛泽东参照马克思的观点，清楚地提醒红卫兵，他们需要经受进一步的政治教育，以便学会如何去“解放全人类”，即如何去联合其他被压迫的团体。这个教育计划已经远远超出了学校和教学方法问题，并且在“文化大革命”的过程中即将失败。在运动的后期，军队介入学校事务[86]，后来，学生中的派系斗争广泛出现，毛泽东再次回到了关于
172 教学方法的具体问题上来，现在他倾向于强调，就合适的阶级斗争观念和科学技术教育两个方面而言，无产阶级都是学生的领导力量。[87] 1968 年夏天，当宗派主义和派系斗争在中国广泛而深入地进行之时，毛泽东再次对教育问题给予了深切的关注，它成为政治斗争的最前线。然而，与 1964—1965 年的讲话不同，关于这一时期的材料是相当匮乏的，我们只能通过其他领导人的文章中的简短引语来了解毛泽东的态度。再后来，国际局势的要求和党内斗争的演化也许花费了这位年迈的革命者的绝大部分精力。

毛泽东似乎已经成为现时代最为关心教育的政治领袖了。对于他来说，培养革命接班人的问题与防止革命创设的社会体制蜕变为“新阶级”的专制政权的问题融合在一起。他号召在社会主义社会“千万不要忘记阶级斗争”，这个诉求不仅成为 1958 年以来中国不断

发生动乱的根源所在，也是使得“毛的中国”不同于其他任何国家的原因之一。这些国家（包括苏联）的失败促使毛泽东去寻找一条新的道路。

终其一生，毛泽东都想成为一名教师，而不是主子——仅仅是教师。实际上，他为中国制定了革命战略，他教导中国人民执行这一战略的方法，我们并没有夸大他的贡献。相应地，我们很想知晓：如果没有毛泽东，中国人民是否也能推翻旧制度，并使他们的生活条件得到实质性改变呢？到目前为止，我们可以认为，无论是对于革命精英来说，还是对于伟大的人民群众来说，毛泽东都是一位非常成功的老师，因为他能够筛选出他的同代人都面临的问题，并找到解决的途径。他这样做了至少有 40 年。极少有老师有他这样 173
多的学生，或者说这样好的学生。但是，毛泽东对他自己和他的学生要求更多：他希望他们有能力解决行将到来的问题，有勇气（就如毛泽东和他的同志们所体现的那种勇气）面对新问题。毛泽东成长于一个特定的年代，当时特殊的环境培育出了一批非凡的人，他们领导了中国革命。毛泽东希望他的接班人在意志、才能和决心上都要超出他的同代人，他将为了绝大多数人的利益，继续改造中国和世界。

毛泽东可能是在自欺欺人。因为正是革命者的成就可能会减弱下一代的活力（或至少是能力）。人们通常根据他们的紧迫需要采取行动，而不是他们接受的教育，无论他们的老师是好是坏。因此，中国的青年人迟早可能会抛弃毛泽东的教导，或者仅仅口头上遵从其教导——这仍相当于抛弃了他的教诲。“新阶级”潜伏着，年迈的毛泽东似乎已经感觉到了它的临近，以及它不可避免的自我暴露。

然而，从长远来看，无论是国内还是国外，将会有更多的人回过头去重新阅读毛泽东的文章，去寻找其分析过程、方法和观点，用以帮助他们解决那些新的却仍未预见到的问题。他们阅读和阐释毛泽东的方式可能会背离毛泽东的本意。但是，毛泽东已经成为我们这个时代中少数几个明确说出人类需要不断“探索真理”的人之一。从个人方面来说，毛泽东积极参与（相当自满）了这一探索过程。他说："和全党同志共同一起向群众学习，继续当一个小学生，这就是我的志愿。"[88]对于一位领袖来说，这是一个高度辩证的理想（或者说矛盾），但却是毛泽东的代表性话语。他的"历史经验"（比如"党"、"群众"、"教师"、"小学生"，每一个词都有着他自己的理解）未能解决所有这些矛盾，而且这些矛盾带来的结果也必然是不可预见的。

★经济学家毛泽东 174

克里斯托弗·豪（Christopher Howe）
肯尼思·沃克（Kenneth R. Walker）

导言

本文想要探究的是中国经济发展环境下的毛泽东。在毛泽东的政治生涯中，中国的经济发生了天翻地覆的变化。传统的经济制度被彻底肃清，取而代之的是社会主义制度的所有权和计划调控；现代工业在规模、结构和质量等方面从微薄的基础上突飞猛进地发展了起来。这些变化有的在1949年之前就开始了，但大多数却是1949年后才真正在中国确定了下来。我们接下来要探讨的两个主要问题是：首先，毛泽东是怎样意识到经济变革的过程的？在这个过程中他又处于什么样的政治领袖地位？其次，毛泽东是从什么时候起开始积极参与经济政策的？它的效果又是怎样的？因为我们资料的主要来源是毛泽东的著作和讲话，所以前面的问题回答起来更容易一些。回答第二个问题会遇到许多困难，因为毛泽东的事业发展过程仍然需要历史学家和政治学家进行大量的研究。但即使是在现阶段，我们仍然可以使用其中的几个重要观点。对于那些认识仍不充分或是让我们困惑的地方，我们也会指出这其中所涉及的问题。

虽然我们主要是按照时间顺序来进行研究探讨的，但我们的分析将在这个框架下侧重于某些经济学家特别感兴趣的主题，比如：经济制度规划的性质，经济发展的速度、激励机制、贸易和技术。在文章的结论中，我们将总结出研究结果，指出毛泽东所领导的社会经济遗产的性质。

175 在毛泽东的青年时期，中国的经济模式主要是乡村经济。那时，至少五分之四的人口住在村庄或小城镇，农业成为决定生活水平的主要因素。从技术上看，这种乡村经济的特点在于规模小、需要将人力资源集中起来灵活利用，而且几乎不需要使用现代农业技术或是机械动力。从制度上说，土地租用权和所有权的性质因地而异。在中国南部和东部的部分地区，地主制是一个严重的经济问题和社会问题，而中国北方部分地区的证据却表明，这些问题在中国并不是普遍存在的。总的来说，中国这一时期的农业自20世纪20年代起尚未得到充分发展，这体现在它的增长几乎达到了临界点，农业收入不均衡、不稳定，而且它也并没有为工业发展、城市居民和对外贸易提供所需要的食品和原材料。

第一次世界大战期间，中国的工业迅猛增长，并且这一发展势头一直持续到20世纪40年代。因此，在1949年之前，上海已经具备了重要的轻工业体系。而在中国东北，日本投资建设了相当大的现代重工业基地。尽管中国的工业已经取得了这些发展，但是它依然存在一些弱点：工业从业人员从未超过300万；工业在地理上的集中约束了它的经济影响力和社会影响力，而工业的结构却反映了外国投资者和商人的偏好，而不是中国本国的发展需要。此外，在这种情况下，农业的相对薄弱以及国家政府有效管理的缺乏也阻碍了工业的进步。

有人可能会认为，中国战前的许多经济问题应当归于不利的国际经济环境以及内战和抗日战争的直接影响。当然，有可能情况确实如此，但一个多世纪以来，中国的根本问题却是怎样来改造这个经济、地理和文化意义上的庞然大物，让它能够适应人口的增长需要。与其他当代的发展中国家相比，中国的发展环境并不是全然不利的。但是
176 在此时，中国经济中的内在潜能、中国的政治成就和管理成就却仍未被开发出来。确实，这段历史似乎使中国经济发展的停滞状况严重化了，而不是刺激增长。

毛泽东早期的经济工作和思想

毛泽东大致从三个互有重叠的层面来处理中国1949年以前的经

济问题。作为一位理论家，他寻求能够解释中国落后的理论基础；作为一位革命者，他关注革命工作中的经济维度；作为一位领袖，他在中国共产党的政权范围内拥有着对经济问题的直接体验（毛泽东后来才总结出来）。

作为一位理论家，毛泽东一贯强调阶级结构对经济的抑制作用。毛泽东在 1926 年称，中国的阶级结构主要是由“地主和买办”控制的，他们自己是“国际资产阶级的附庸，其生存和发展，是附属于帝国主义的。这些阶级代表中国最落后的和最反动的生产关系，阻碍中国生产力的发展。他们和中国革命的目的完全不相容”[1]。毛泽东清楚地预测说，这些阶级的清除以及它们的国内组织和国际联系的瓦解，将会释放出新的经济能量。毛泽东相信政治体制变革能够对经济产生影响，并且在他的整个事业生涯中，一直以各种形式坚持这种信念。

1927 年，毛泽东撰写了他著名的《湖南农民运动考察报告》。在这份报告中，他着重分析了农民运动的革命潜力，并且再三强调：“一切革命同志须知：国民革命需要一个大的农村变动。”[2] 然而，这篇报告的主旨和内容却生动地表现出了毛泽东对农民问题的态度，这在他后续的经济工作中起了重要作用。例如，毛泽东不仅 177
强调了阶级结构的抑制作用，而且承认它的解放作用，因为它打破了宗教和文化体系的“上层建筑”。毛泽东还描述了贫苦农民身上所固有的革命可能性，因为他们“债务丛集，如牛负重”。在 1955—1956 年的“社会主义改造高潮”（以下简称“高潮”）中，毛泽东再次重申，穷人就是革命也没有什么可损失的。但最为重要的是，毛泽东强调了农村改造的速度以及其中可能会出现的暴力问题。他把农民运动比做“暴风骤雨”，并且沉醉于农民运动制造的“乱子”之中。在 1955—1956 年的“高潮”、1958 年的“大跃进”以及 1967—1970 年“文化大革命”前期中，毛泽东都曾表露过类似的情绪。因此，在毛泽东职业生涯的一开始，他就发现了农村的重要性以及波动式前进那令人振奋的效能。

毛泽东的早期事业生涯也说明，他有能力通过适当的撤退和冷静的实用主义分析来推动事情不断向积极方向发展。灵活性和实用主义之所以如此重要，原因之一是，毛泽东的同志们倾向于用苏联的正统的马克思主义做事情，却从不考虑苏联与中国国情之间的重大差别。为此，毛泽东批评这样的同事道："在延安学了，到富县就不能应用。"[3] 1941 年，他在《〈农村调查〉的序言和跋》的序言中写道："'没有调查就没有发言权'，这句话，虽然曾经被人讥为'狭隘经验论'的，我却至今不悔；不但不悔，我仍然坚持没有调查是不可能有发言权的。"[4]与他的实用主义相关的是他对官僚主义的极端厌弃。早在 1933 年，他就认为官僚主义是"极坏的"，必须"抛到粪缸里去"[5]。后来，在边区，毛泽东发起了"精兵简政"运动，这是后来很多诸如此类运动的先导。

1949 年之前，在毛泽东所采纳的更为具体的经济原则中，最重
178 要的一个就是"自力更生"。在这一原则的指导下，边区要能够生产出各种用来支持生活和军事活动的必需品，并在可能的情况下，使经济和军队本身的各个部门也能自给自足。在某种程度上，这项政策反映了特定时期的特定需要，它也反映了毛泽东对中国的自信，他认为如果给予中国适当的管理，中国将不必再在经济上依赖外国。他在 1937 年写道："如此广土众民的国家而说财政经济无办法，真是没有道理的话。"[6]然而，在谈及苏联援助的重要性时，他总是十分小心谨慎。例如，在斯大林 60 岁生日时，毛泽东写了一篇短文，他在贺文中强调了斯大林对中国共产党的指导，并指出"只有苏联是用了空军和物资援助了我们"[7]。

毛泽东的实用主义的另一个重要体现是他接受"混合"经济，即私有制经济和各种类型的公有制经济并存。毛泽东认为，经济过早社会主义化会造成危害。因此，他允许民营企业在中国存在并进行经营，他甚至谈到了有必要吸引资本家从其他地区到共产党这里来。[8]毛泽东在这些问题上体现的灵活性让人们想起了列宁。列宁在 20 世纪 20 年代提出了新经济政策，他表示愿意使用外国资本和技术，并允许私营部门发展。而毛泽东的这种政策是他为新民主主义时期设定的，通过这一时期中国将步入社会主义社会。

1949 年毛泽东为接管经济所做的准备

毛泽东曾预测，当他掌握了政权时，他要处理中国的经济问

题。目前有三篇文章揭示出这一点：《新民主主义论》（1940）、《论联合政府》（1945）和《论人民民主专政》。最后一篇写于 1949 年 6 月，也就是中华人民共和国成立前三个月。 179

《新民主主义论》开篇全面论述了中国自 1840 年鸦片战争以来的历史。毛泽东在这篇文章中将 1840 年“鸦片战争”确定为中国进入现代的转折点。经过这场战争，中国开始从一个封建社会转变为半殖民地半封建社会。毛泽东在文章中分析了正在进行的民主主义革命与远未实现的社会主义革命之间的区别。他强调，由于中国的落后状况，民主主义革命将经过相当长的时间才能最终实现。此外，它还需要中国民众的广泛支持。

在新民主主义的经济中，首要的就是进行农民需求的土地改革。毛泽东写道：“新民主主义的政治，实质上就是授权给农民。”[9] 他还认为，私营工商部门会继续存在，但要服从公共部门的领导。毛泽东用孙中山的话来概述这些建议显然是想要证明中国共产党是孙中山真正的继承人，并且在中国只有中国共产党才能实现孙中山的思想。

在《论联合政府》这篇讲话中，毛泽东进一步扩展了他对中国革命的新民主主义阶段的设想。在这篇文章中，他将新民主主义视为一个可能持续“几十年”的阶段，并且他还为土地改革和经济体系的建立做了详细的规划。这种新建立的经济体系将维护工人阶级的利益，也将维护私营资本的利益。这篇讲话中特别有意思的是，毛泽东设想中国经济的未来体现在大规模的工业和大城市上：

> 将来还要有几千万农民进入城市，进入工厂。如果中国需要建设强大的民族工业，建设很多的近代的大城市，就要有一个变农村人口为城市人口的长过程。[10]

这篇文章表明，毛泽东这种与游击战相适应的小规模经济建设经验并不能使他认清中国未来的经济状况，那时他将在中国强制实行一种与苏联截然不同的社会主义工业化模式。 180

在《论人民民主专政》中，毛泽东全面考虑了上述各个问题，并对他的经济政策做了执政之前的最后说明。此时，毛泽东已经没有必要去考虑政治联盟的问题了。因此毛泽东以他独有的方式强调了他将要组建的政府的专政性质。他坚信社会主义仍然是一个遥远的目标。关于私营部门，他论述道：

> 中国必须利用一切于国计民生有利而不是有害的城乡资本主义因素，团结民族资产阶级，共同奋斗。我们现在的方针是节制资本主义，而不是消灭资本主义。[11]

在这篇文章中，毛泽东面临着一个新问题：怎样来界定外国援助和对外贸易在中国发展中的作用？他对这个问题的反应是矛盾的：一方面，他已经意识到，中国要实现真正的经济独立，摆脱对帝国主义国家的依赖，将需要很长一段时间[12]；另一方面，中国必须“一边倒”，也就是说中国将依赖苏联和社会主义阵营，寻求指导和物质支援。因此，毛泽东承认需要发展对外经济联系（至少在一段时间内），但他似乎并不完全清楚这些经济联系被用在何处。

第一个五年计划的设立

1949 年的经济状况反映了中国长时间的经济危机以及战争的影响。这时的中国，工业和农业生产出现低谷，战争中的财政政策导致了恶性通货膨胀。这些短期的问题成为中国未来三年经济发展的主要障碍。

181 毛泽东执政后的第一个举动是飞往莫斯科与斯大林讨论苏联对中国的经济援助问题。经过九个星期的谈判，1950 年 2 月毛泽东回国，向苏联借贷 3 亿美元。从任何客观标准来看，这种支援都是微不足道的。这种情况与马歇尔计划中苏联对远东的支持或美国对欧洲的援助相比，没有任何相似之处。对于中国来说，它终究还是要靠自己发展起来。[13]毛泽东后来提到与斯大林的经济关系时形容道：“老虎口里的肉还是能拿出来的。”

在这种背景下，中国政府采取了务实和保守的经济政策。土地改革被谨慎地开展起来，主要是不能攻击“中上层”的农民，这样才能顺利恢复农业生产。私营工商业也开始“蓬勃发展”，通货膨胀由于财政集中措施得到了控制。没有证据表明毛泽东此时不同意这些政策。相反，1950 年 6 月，他规划了一项为期三年的经济重建计划，在其中他公开支持了这些政策。[14]这并不令人惊讶。这种土地政策策略上的去激进化（de-radicalization）是符合毛泽东的论述的，而且鼓励私营工业部门发展也是新民主主义不可分割的一部分。在“文化大革命”期间，刘少奇的研究者断言，此时毛泽东和刘少奇对土地问题的看法存在着严重的分歧。[15]他们认为，刘少奇最终赢了，而且正是因此中国才施行了保守的土地改革政策，也因此官方才转而认为，在工业发展和农业机械化之前，中国将不会取得向集体农业迈进的重大进展。但是这些研究者给出的解释依据却 182
平淡无奇。比如，他们引用了毛泽东在《论联合政府》和《论人民民主专政》中的论述作为这一时期毛泽东观点的依据。他们还引用了 1949 年 3 月毛泽东在七届二中全会上的总结讲话。然而，他们却从《论人民民主专政》中引用了这句话：“农业社会化的步骤，必须和以国有企业为主体的强大的工业的发展相适应。”这使得毛泽东的论述与刘少奇的观点一致起来。而毛泽东在七届二中全会上的讲话也仅仅是谈到了农业部门“必须谨慎地、逐步地而又积极地引导它们向着现代化和集体化的方向发展的”，这并不意味着毛泽东要强制实现快速社会主义化，也不意味着毛泽东接受了刘少奇对现代化和社会主义化之间联系的看法。

1950 年 10 月，中国参与了朝鲜战争。这无疑会加重中国经济的压力，也使得毛泽东后来发动一系列运动来压制“反革命分子”、抑制腐败的滋生。死于这些运动的人有许多是农村和商界的领袖。

这些运动对经济产生了严重的影响，它们导致城市的失业率上升，最终正常的经济生活也彻底陷入瘫痪。因此，从 1952 年下半年开始，政府结束了这种运动，并采取措施刺激经济增长。几个月之后，经济增长明显再次达到了极限，而鼓励私营部门（约占手工业生产的一半）的经济发展也将导致其他问题。

到 1953 年春季，农业政策也遇到了困难。土地改革留下的仅仅 183
是农业生产的效率降低和农村的阶级差异，而想要增加互助和合作的努力也没有取得成功。最终，政府在粮食采购中发现了严重的问题：随着农民不断地迁移到城市，在乡务农的人员大量减少，而城市的失业率必然会增加。

第一个五年计划和社会主义改造

在此背景下，必须要解决经济战略的一些基本问题。这些问题也许可以概括如下：

（1）应该以什么样的速度来发展经济？

（2）中国经济应该采用什么样的制度和规划体系，即中国应该继续发展“混合”经济吗？所谓“混合”经济模式，是指在城市中公有制和私有制并存，在农村发展个体农业。

（3）在农业和工业之间，以及工业内部的各个分支机构中，应该如何均衡地分配资源？

（4）中国的国民收入中用于投资而不是消费的财政支出应占多大比例？

（5）在发展过程中，对外贸易应该发挥什么样的作用？

1953 年，针对这些问题出现了三种解决方案：决定进行第一个五年计划，决定社会主义过渡时期的总路线，决定要继续努力加快农业社会化。

虽然第一个五年计划（以下简称“一五”计划）直到 1955 年 7 月才公开发表，但它的初稿却可以追溯到 1951 年。1953 年制订的“一五”计划号召大幅度增加工业建设。1953 年 6 月到 8 月召开的全国财经工作会议讨论了长期规划的战略部署，并于 9 月与苏联就贸易借贷与援助问题达成了一致意见，其中包括苏联帮助中国新建
184 和改建 141 项重大工程。中国因而才对 1959 年前的工业增长问题做出了基本决定。

采用工业计划之后，在 10 月召开的一次政治局会议上，过渡时期的总路线被确定为政治制度的指导方针，中国的工业化建设也要在这个指导原则下进行。与此同时，这项决定还引发了关于农业问题的讨论高潮。因此，1953 年 12 月中共中央通过了《关于发展农业生产合作社的决议》。

对于上面列出的五个问题，这个决议给出了解决策略，它们可

以概括如下：

（1）经济要高速增长起来。

（2）中国将在经济社会主义化以及公共部门的经济领导两方面迈出决定性的一步。

（3）目前的战略是以轻工业和农业为代价，将国家（和几乎所有公共部门）财政收入的大部分投入到重工业和交通运输业中来。

（4）投资比例最初大约占国民收入的 20%，以后逐渐增加份额。这个比例与苏联实现第一个五年计划时的比例相同，但是当时苏联的国民收入要远远高于中国。当然，这个新比例至少是 1949 年以前财政投入的三倍。

（5）中国将几乎完全依赖从苏联等社会主义阵营国家进口机械、设备和技术援助。

1955 年 3 月，中国共产党全国代表会议讨论通过了“一五”计划草案，并建议由国务院提请全国人大审议批准，颁布实施。这是毛泽东在会上致开幕词。

总之，这个决议的通过标志着中国经济的一个转折点，并且毫不奇怪，它将会成为人们激烈争论的主题。几派思想参与了这场讨论，但最主要的争论在于：有人赞成快速发展重工业，采用社会主义策略；另外一些人则认为应该以较低的速度发展，资源的投入也应该倾向于农业和轻工业，并且要长期依赖于从苏联进口工业产品，而不是在短期内力求实现中国的工业独立。支持后者的人相信，采用这样的策略意味着更少的风险，它不但可以促进经济稳定增长，而且采用它比采用其他方法更能大幅度提高人们的生活水平。[16] 185

在这些看法中，毛泽东支持什么呢？从目前可用的资料来判断，毛泽东这些年间已经较少公开讲话，我们也许可以将这种迹象解释为毛泽东并不赞成这些决定，又或者他反对那些还不确定的内容。但他自己后来说，尽管过渡时期的总路线过分模仿了苏联模式，但它还是“基本正确”的。[17]

因此，我们认为毛泽东是“一五”计划的支持者。如果有保留意见的话，他也并没有表现出来。首先，“一五”计划在某几处与毛泽东过去的思想相互连贯。比如制度改革、快速推进和强调重工业，这些都是毛泽东在早期文本中所倡导的。然而，1953年开始的“一五”计划与毛泽东早期的观点之间也存在矛盾，之所以如此主要是由于毛泽东现在认为，中国经济问题的解决方法只有在快速发展的前提下才能够找到。这一思想变化的主要问题在于，毛泽东早年曾论述过中国发展的几个阶段，当时他认为中国的革命必然要经历这些阶段。先前1949年一直被看做新民主主义革命发展的一个转折点，而在1953年10月毛泽东却发表重要讲话说，1949年实际上
186 是中国开始向社会主义过渡的一年。[18]因此，新民主主义阶段（期间私营部门发挥了“几十年”的作用）应该说在四年以前就已经完成了！[19]

证明毛泽东支持“一五”计划的进一步证据是在中央人民政府委员会会议上李富春的报告——《关于与苏联政府商谈苏联对我国经济建设援助问题的报告》。这份报告与毛泽东感谢马林科夫的电报并排发表（电报的主要内容认为，苏联的计划将能使中国“避免许多错误和少走许多弯路”）。在讲话中李富春是这样说的：

> 根据毛主席的指示，我国第一个五年建设计划的基本任务是：首先集中主要力量发展重工业，建立国家工业化和国防现代化的基础；相应地培养建设人才，发展交通运输业、轻工业、农业和扩大商业；有步骤地促进农业和手工业的合作化和进行对私营工商业的改造，并正确地发挥个体农业、手工业和私营工商业的作用。[20]

李富春说：“所有这些，都是为了保证国民经济中社会主义成分的比重的稳步增长，为了保证在发展生产的基础上逐步提高人民物质生活和文化生活的水平。”如果这些指示实际上没有得到毛泽东的允许，我们很难相信毛泽东会同意李富春将这些计划说成是他的“指示”。在农业问题上，还有另一个证据可证明毛泽东所起到的作用。在1953年10月召开的关于农业互助合作工作的国民会议上，毛泽东听取了报告，报告中提及要快速进行社会主义改造，并说：

> 对于农村的阵地，社会主义如果不去占领，资本主义就必然会去占领。[21]

这是他在1955年夏天将要重复的话。也许在1955年，毛泽东 187
正通过倡导激进的政策来提醒那些小心翼翼的同志们。

第一次“跃进”：1955—1957年

一直到1955年夏天，由于经济政策上的分歧，毛泽东必须阐明他自己的经济思想来结束这场争论。只有在此时，他才能基于自己独特的经济原则提出详细的经济规划。[22]毛泽东的新经济计划的影响是直接而深远的。1955年，在农业、工业、手工业、商业中出现了社会主义改造的“高潮”，紧接着，1956年在生产建设方面又出现了一个飞跃，到了1957年经济活动高涨起来。这种状况的缘起和特征值得我们密切关注，因为它们具有明显的一致性，并且在五年内重复了两次。

毛泽东之所以会介入其中是由于：（1）他想要纠正领导层中右派的保守观点；（2）他相信，无论在所有权还是在生产方面（他认为二者密切相关），现在都是快速进行经济转型的适当时机。而表
现欠佳的经济与经济政策的分歧是相关的，特别是在1954年和 188
1955年的春天。尽管采取了过渡时期的总路线，施行广泛的、长期的经济战略，但是政府却尚未采纳或公布第一个五年计划的具体目标，并且对于是否实施农业政策，政府的态度也是犹豫不决的。

1954年，毛泽东再次尝试建立广泛的农村合作社，却遭到了农民的反对。当时，许多农民还不确信他们加入合作社是否会获得真正的经济利益。对于政府采取的粮食统购统销计划（这个方案包括消费、税收和销售配额），农民们的反应很强烈，因为这无疑在他们身上强加了负担。[23]由于农民的生产积极性下降，农业产出回落，越来越多的猪和耕畜死亡。对于没有拖拉机、以猪粪为肥料的主要来源的中国经济来说，这已经意味着严重的后果了。同时，在1953年和1954年，棉花和主要粮食作物的产量下降直接影响了工业的生产和建设，间接导致了人们对这些为未来工业增长而提出的高指标的怀疑。所有这一切——放弃任何快速农业集体化的计划，把精力集中于增加对农民的物质激励上[24]——都造成了那些重要人物的压

力，比如邓子恢（中央农村工作部部长）的“下马”。1955 年春天，浙江省已经“下马”，它在“惊慌失措”[25]（毛泽东是这样描述的）的情绪下解散了 20 000 个合作社。以这种危险的处境作为背景，毛泽东决定在 1955 年和 1956 年年初的经济政策上给予强有力的领导。他的经济分析包括以下四个方面。

1. 机构改革、发展规划和增长比例

毛泽东认为，经济的快速增长可以通过坚定的中央领导与某种
189 类型的地方自主经济发展相结合的方式来实现。农业、手工业和工业社会主义改造以及计划体系的改革都将造成这种变化。毛泽东认为，由于中国未能创建一个动态的社会主义经济体系，因而中国的经济发展才会长期停滞。对此，毛泽东已经在农业和工业的表现中观察到了足够的证据。

农业集体化计划的首次提出是在毛泽东 7 月 31 日的讲话中。在这篇讲话中，他号召要发起一个新的运动来建立半社会主义的合作社，紧接着便是建立完全社会主义的集体。毛泽东强调在各个阶段内变革农业组织的重要性（他认为，草率的集体化将不利于生产发展和收入增长），他设想到 1960 年完成这个计划的第一阶段，即半社会主义的合作社。完全的社会主义集体将被逐步引入。相比于第一个五年计划[26]（三周前发表），这些目标意味着更快的农业转型。而毛泽东 1955 年 12 月修订的目标[27]则完全超过了这些目标本身。那时，毛泽东明显已经在他的 7 月演讲中设定了运动的“高潮”。对此他总结道：半社会主义合作社在 1956 年就能完成，1959—1960 年中国将全部实现集体化。欣喜于他的成功，毛泽东接着说，农业的“高潮”为工业、手工业和商业的社会主义化提供了可能，并且中国也有必要实现工业、手工业和商业的社会主义化。通过这种方式，非农业部门就要去响应农业合作化所带来的经济增长。

这时，毛泽东对中国未来的经济发展形势很乐观。[28]1955 年，他对中国的生产水平做出了预测（不是简单的目标）。他指出，这些预测将会在 1967 年完全实现，即通过三个五年计划来完成。那
190 时，粮食产量将翻倍，棉花产量将翻两番，钢产量将上升到 1955 年

的六倍。[29]为了使经济快速发展，毛泽东立即发起动员：

> 要加快，各项工作均又快又多又好，较短时期得到较好成绩。[30]

这是中国的第一次飞跃，它的基础是毛泽东的一贯原则——经济发展要通过快速、波浪状运动来实现。他反对使用渐进的方法，因为这种方法试图消除张力。在毛泽东看来，“不平衡是经常的，平衡是暂时的”[31]，这是“前进规律”。他承认，波浪式运动会产生不平衡或“矛盾”（例如，由于部门之间的不平衡发展而形成了某些部门的相对短缺），但正是这些运动才会刺激进步。上述问题一旦得到解决，经济将会比之前发展得更好。实际上，毛泽东设想了三次这样的波动：1955—1956 年、1957—1958 年和 1958—1959 年的冬天。

这种经济发展路径包含了某些矛盾因素。一方面，毛泽东主张要完成各个阶段的社会主义化任务，这意味着经济发展的顺利程度；但另一方面，他也相信，这种经济增长是冲击或是波动的产物。在后来的岁月里，毛泽东总是想要限制那些异常显著的发展趋势。因此，他号召全国在 1956 年进行一次生产活动和社会主义合作化运动的飞跃，然而他又评论道：

> 太慢、太快都不好，都叫机会主义。[32]

同时，他也警告说，“左”倾也是可能的。[33]而在 1955 年，他还抨击了当时普遍的“右”倾倾向。

另一个矛盾体现在，毛泽东一方面倡导不平衡与非集权化（decentralization），另一方面却相信强大的中央导向的“整体”规划具有很多优点。因此，毛泽东一面认为有必要发展地方权力[34]来激发其积极性和独立性，另一面又抱怨说：“有些同志很喜欢分散主义， 191
爱闹独立王国。”[35]他坚称只有中央计划才可以达到“全国平衡”，没有它“要天下大乱”[36]。

2. 各经济部门的优先性

正是在这段时间里，毛泽东开始重新考虑重工业、轻工业和农业的相对优先性问题。他在重申重工业仍是“关键部门”的同时，又指出应当在投资分配中做“适当调整”来支持轻工业和农业发展。在《论十大关系》中，他对这个问题有过一段特别长的论述。那段论述很有意思，毛泽东想要以此证明他已经从各个角度提出了这个问题。[37]他似乎认为，这种排除重工业的投资再分配计划将会切实提高经济发展的速度。然而，他在现实中却提倡更大比例的消费品生产。但我们必须注意，毛泽东并没有让重工业围绕着农业需求来组织生产。在这个阶段，农业仍然主要是以传统的生产投入和结构改革为基础来保持不断的增长。

3. 消费和激励

在1955年和1956年的发展进程中，毛泽东强调了财政激励对于工人和农民在促进生产方面的重要意义。尽管他支持增加工人的工资（由于他们的劳动生产率提高了）[38]，但他并未谈到这种做法可能意味着工人和农民之间的收入差距将会拉大。毛泽东也警告说，不要实行高税率，不要向农民要得太多，也不能把农民挖得太
192 苦。他提出，只要有可能，农民的收入应逐年增加，价格政策只是实现这个目标的一个工具罢了。[39]

4. 1956年的“波动”

尽管毛泽东的经济讲话总是会有一些保守的论述，但是他对干部的要求却非常清楚明白：必须要大幅增加生产和投资。1954年的“高饶事件”和1955年的镇压反革命运动迫使领导干部去批判右派的观点，践行毛泽东的宏伟蓝图。因此，1956年上半年，经济得到了突飞猛进的发展。这个时候，工业所需的原材料、能源和电力普遍紧缺。农业方面，毛泽东提出的改革的各个阶段被弃之一旁。到1956年6月，全国大多数省份开始施行完全集体化。在这个过程中，农民的基本权利受到了侵犯。[40]为了在一两年内实现《1956—1967年科学技术发展远景规划》的目标，全国的农村劳动力被动员起来进行水利建设、施肥、铲土。然而，许多这样的努力是无效的，而且造成了农民健康的恶化。猪和耕畜也被农民宰杀，或是饿

死。人们不得不自己去拉犁和铁耙。农业也严重歉收，因为农民不得不按照不适宜的方式种植不适宜的作物。这种热潮一直持续到1956年6月，随着《人民日报》社论《要反对保守主义，也要反对急躁情绪》[41]的发表，这种热潮才根据毛泽东的指示而渐渐冷却下来。毛泽东认为这篇社论是对他的攻击。[42]而且几乎毫无疑问的是， 193
1956年他对经济的处置不当确实影响了他作为经济学家的地位。

一如以往，毛泽东的钟摆接着要摆向另一端了。中国开始在这一年追求更加自由的经济政策。中央的控制相对放松，工资也增加了。此外，中国还引进了畜牧业生产激励制度，农民也得到了更多的自留地，他们有机会在一些小型的自由市场中进行产品买卖。毛泽东希望所有这些改革的目的都能够实现。虽然人们对这次生产“大跃进”的批评刺痛了毛泽东，但他对中国经济未来的乐观主义态度却似乎从未动摇过。

然而，无论是社会主义改造高潮还是经济自由化政策都未能提供快速解决中国主要经济问题的方案。例如，尽管中国这两年的粮食生产增长较快，但是粮食消费仍然很难控制。1954—1955年，政府收购和供应已经开始严重失调。到了1956年下半年，由于农民的消费逐渐增加，政府不得不使用库存来补充采购赤字。尽管如此，1957年1月，毛泽东仍然信心十足地说道，两年后，“不是与民争粮，(而是怕国家不买)”[43]*。在他著名的讲话《关于正确处理人民内部矛盾的问题》中，他批评道，现在有“一股小台风”，他们反对合作化和当时的粮食配给制度。然而在毛泽东看来，这时的合作化问题“不大”。

*括号中的内容为译者添加。——译者注

随着“一五”时期逐渐接近尾声，中国的工业（尤其是重工业）发展取得了巨大的成功，但是农业生产却并未得到迅猛发展。虽然集体化没有减少产出，但它也没有按照毛泽东设想的高速率来逐渐增加产出。在相当大的程度上，中国人口的快速增加导致了当时的经济困难。这反映在以下几个方面：农村和城市人员的失业、食品和其他基本商品的低消费以及住房供应和福利服务中出现的严重问题。然而，毛泽东仍然认为中国的庞大人口是“本钱”[44]，并且在最后的分析中，相比于飞速发 194
展带来的问题，毛泽东似乎更担心的是发展缓慢、没有统筹以及市场导向的经济增长所带来的危险。1957年，右派分子占据了支配地位。毛泽东不得不对此做出激烈的反应。但此时毛泽东的经历和思想都已经日臻成熟，因而他忍不住要发动“大跃进”。

1958年“大跃进”

“大跃进”的发动仅仅用了六个月。1957年的夏季和秋季，政府发布了一系列重要指示，这些指示发起了以兴修农田水利为中心的群众运动。在“百花齐放”时期，为了结束当时对经济政策的多方面攻击，社会主义教育运动（“四清”运动）也被组织起来。这些指示宣布了中国工业的非集权化，并且在1957年年底1958年年初，高层领导干部的下放也进一步表明中国正在形成一种新的经济战略。在“大跃进”开始前夕，毛泽东并没有像处理1955年的合作化运动那样进行过多的干预，相反，他走访了全国各地，敦促地方干部要在行动上实现跃进。1958年春季的文件和讲话充分反映了毛泽东在中国社会主义运动的历史转折点上的经济思想。毛泽东对此的分析与1955年第一次“跃进”前夕相同：中国未来的建设必须要恢复信心，放弃右派的观点；群众的主动性也要达到一个新的“高潮”，释放他们的力量；中国的发
195 展只有通过一波又一波的运动才能实现。[45]毛泽东回忆起1956年的各个事件，他告诉那些反对这次“跃进”的人说：

> 水利、整风、反右派、六亿人口搞大运动，不是好大喜功吗？我们搞平均先进定额，不是急功近利吗？不鄙视旧制度，反动的生产关系，我们干什么？我们不迷信社会主义、共产主义干什么？[46]

然而，与此相比，毛泽东坚信这些目标必然能现实。例如，河南实现了1958年的目标：粮食产量3吨/公顷（1952—1957年六年的平均产量仅为0.9吨/公顷）。毛泽东认为，既然如此会引发类似的竞争，而这些竞争会导致“粗糙”的生产工作，而且群众也将“过分紧张”，那么这些指标就不应该公开发表。[47]然而我们又怎么解释下面的论述呢？

> 出乱子包含着好的因素，乱子不怕。[48]

这真的是毛泽东的意思吗？“多、快、好、省”口号的恢复，以及重新修订的农业“四十条”的公布[49]，都表明毛泽东已经击败了那些在1956年企图撤销这些主张的人。鉴于毛泽东的声望以及当时的政治背景，那些反对“大跃进”的领导干部（包括省级领导）被严厉整肃。而毛泽东关于高指标的谨慎言辞几乎被忽略了，他一定已经了解了这些。

在某种程度上，1958年“大跃进”的理论依据与1956年相同。其中的核心概念依然是毛泽东的社会经济改造思想，也就是说，事物是不均衡地周期发展的。毛泽东不承认苏联理论家那种平稳有序发展的观点，认为他们“没有接触到社会主义生产发展的波浪式前进”[50]。在 196
《工作方法六十条（草案）》中，他用最抽象的形式将之提炼出来：

> 不平衡是普遍的客观规律。从不平衡到平衡，又从平衡到不平衡，循环不已，永远如此。但是每一循环，都进到高的一级。[51]

到1958年，他又为这一理论添加了两个新的方面。在毛泽东看来，波动发展的机制是由于生产力的发展和社会生产关系、社会生产关系和文化意识形态“上层建筑”之间的动态失衡。毛泽东后来认为，这些平衡与不平衡应该“作为纲，来研究社会主义的经济问题”[52]。很多毛泽东的同事仍然相信，只有长期系统地发展生产力，才会为社会主义文化和高度集体化的经济制度创造合适的条件。另一方面，毛泽东想到，如果立即建立这样的制度，就需要对社会主义思想和价值观的集中教导相配合，那么经济发展的迅猛态势也会随之而来。[53]后来，在“人民公社”建立以后，毛泽东因而构想出了粮食生产的“无限”增长景况，并提出了中国的钢产量计划，那时“世界就会震动”[54]。毛泽东这种强调“上层建筑”的观点是非常重要的。在第一次社会主义化过程中，他就已经认为，对于解放经济力量来说，所有权和组织的改造都是必要的：

> 搞社会主义革命，过去不知道怎么革法，以为合作化了， 197
> 公私合营以后就解决了。[55]

1956年和1957年发生的事件表明，问题远没有得到解决。而且，即使是社会主义组织，也仍存在“人民内部各派的斗争”[56]。

这一波动理论的另一个新的方面体现在，毛泽东目前已经放弃了他的分阶段发展理论，转而支持“不断革命”论，并且通过“不断革命”，各个阶段将被融合在一起。将这种“不断革命”论应用到中国，有力地论证了毛泽东为什么会直接采取适合社会主义社会的经济制度。[57]

毛泽东的“大跃进”理论包含了其他两个有趣的观念。首先，他观察到，领导者和被领导者都被卷入了斗争的过程中：与大自然的斗争、与社会力量的斗争和思想斗争。正是出于这个斗争的思想，毛泽东才提出要通过军事途径来解决经济问题，当然，他后来也承认这种解决方法过于简单了。[58]其次，毛泽东的“大跃进”理论强调了无知的重要意义。苏联的理论家相信，在苏联经济中，组织和资源配置都应服从于已知的社会主义发展“法则”。然而，毛泽东却和他们的观点不同，他认为，党对这种法则的理解是片面的，只能通过不断的试验和实验来完善。正如他后来写道：

> 198 实践中间、斗争中间才认识了客观实际、计划、比例。……在实践过程中，找到了门路（大跃进）。[59]

无知的重要意义并不局限于社会和经济问题。毛泽东认为，即使在社会主义社会中，自然科学规律的发现及其生产应用也已经受到了“大学问家”和官僚的封阻。[60]这种想法使毛泽东试图通过以下方式来刺激经济：下放权力，鼓励废除经济组织治理的“非理性”，促进小规模、非官僚化的企业快速增长，发动大炼钢铁运动。

从这些评论中可以清楚地知道，毛泽东所展开的“大跃进”概念实际上与他1953年支持的经济策略是存在偏差的。我们可以将其归纳如下：在制度层面，“大跃进”促成了高度集体化的大型“人民公社”的建立，也使得经济财政规划趋于激进非集权化发展[61]。最极端的是，后者导致经济要受到中央的控制，并且只受毛泽东和其他领导人的直接领导。因此，这时的中国已经放弃了逐步迈向社会主义制度的策略和采用苏联技术的策略。

毛泽东也拒绝了苏联的资源分配策略。他预期，在工农业之间、不同产业类型之间以及产业大小规模之间，建立正确的、均衡发展的制度的方法可以在“大跃进”中寻得。通过快速增加产出，建立新制
199 度（如“人民公社”）和分散化的财政体系，中国的经济建设将较以

往实现更高的投资比例。这个更高的投资可以进行再投资，也可以刺激农业，确保所有资源的充分利用，同时还可以促进现代产业和小规模民营企业的高速增长。这就是毛泽东所说的“两条腿走路”政策。[62]

最后，毛泽东相信，他可以激发中国资源的巨大能量及其创造性。为了逐渐减少对外国人的依赖，毛泽东提出了“自力更生”的政策。在他的思想中，这项改变极为迅速。1956 年，他仍支持依靠苏联的政策。[63] 1957 年，他采取了更为谨慎的方法，指出仅仅需要“有选择地”学习苏联。[64]然而，到 1958 年，毛泽东开始想要走自己的道路。这既反映出毛泽东对中国前景的乐观态度，又反映出他对外面世界的担心。因为毛泽东不仅看到了中国与苏联的关系正在恶化，而且还指出了“西方可能四分五裂”[65]。尽管毛泽东将 1958 年视为中国自力更生的起点，但是在此期间，对外贸易实际上仍然处于高峰水平。确实，以钢材为例，1958 年的进口总量要高于 1949—1968 年的任何一年。

更具体地说，在钢铁和农业计划中，我们可以发现“大跃进”的实质。毛泽东执迷于在钢铁生产方面超越英国。1958 年 3 月，毛泽东认为，中国到 1962 年应该生产 2 000 万吨钢（1957 年时为 500 200
万吨）。[66]他后来承认，他一度赞成年产目标 1 万亿吨到 1.2 万亿吨。[67]农业生产也是这样，毛泽东相信，最多用八年的时间，也许在两到五年里，就可以实现农业“四十条”中为 1967 年设定的目标。[68]毛泽东号召立即加大集体投资。他还指出，为了引导农民将生产“热情”投入到社会主义建设中，自耕农应当受到适当的限制。[69]深耕、密植、更多地使用钢犁和化肥，加上水利工程的大幅度增加，这些都成为影响农业更快增长的主要因素。

“大跃进”运动的新高潮甚至比 1956 年更为突出。在全国各地都进行工业化的过程中，地方政府开始运用新权力来发掘出“隐藏的潜力”。先前的中央规划消失了，从上面的目标骤然进入了幻想领域。在农业方面，劳动力的动员正以前所未有的规模进行着，包括拥有多个集体的大型生产队的创立。然而，这反过来促进了集体的合并。但“人民公社”是直到 1958 年夏天才被提出来的。7 月份，政府开始宣布已经实现了生产“奇迹”。毛泽东几乎完全接受了这些说法，灾难性的后果也由此而产生。1958 年 9 月，毛泽东
201 说，粮食产量翻了一番，鉴于此，1959 年有可能再翻一番。[70] 对此，毛泽东开始思考（并非首次）中国怎样才能使用所有这些粮食。[71]他总结道，在满足所有的需求之后有些可以作为燃料，他甚至建议中国在 1959 年之后应该有计划地减少粮食生产。[72]因此，几个月来，毛泽东使中国人民相信，奇迹已经在农业生产中发生了。在“人民公社”中，粮食似乎可以无限供应，配给制度被废除了，粮食也是免费供应的，一切以需要为基础而不是按劳分配，新公社的食堂浪费了大量的食物。

在这种背景下，《人民日报》提出了土地利用的新制度：著名的“三三制”，即土地的三分之一种植农作物，三分之一种树种草，三分之一休耕。[73]1958 年，据报道，这项新举措的高收益将高于因减少粮食种植面积而损失的收成。《人民日报》将这一“革命性措施”归功于毛泽东。当然，改造是要适时地或“适当地”施行的，但在这种情况下，领导干部为了 1959 年的收成而立即减少粮食播种面积，就实在是不足为奇了。与此同时，“大炼钢铁运动”在 1958 年秋天也达到了高潮，这主要是从农业中转移了劳动力。也就是说，为了响应工业繁荣发展的号召，数百万的农民涌入城镇。然而，这却进一步加速了农业劳动力水平的下滑。因此，1958 年的收成并未全部收割。简而言之，这种经济状况已经混乱到前所未有的程度了。

直到 11 月底，毛泽东才开始表示出对这种经济状态的犹疑。他说，大家对“人民公社”这个组织和“炼钢运动”“有点紧张”[74]。
202 由于粮食产量验证的缺乏，他怀疑 1958 年的粮食总产量也许只有 3.5 亿吨，而不是声称的 3.75 亿吨。他还推测，在 1959 年粮食产量将上升 40%，总数达到 5.25 亿吨（1957 年为 1.85 亿吨）。但是人们怀疑毛泽东是否真的相信这些，因为他也说：

> 明年春天会不会有的地方吃不到三顿干饭？……现在粮食摸不到底，是否现在少吃些，以后多吃些。各地议一议。……[75]
>
> （毛泽东诚恳地评价了他设定的钢产量目标的不现实性——引者注）那时只担心需要不需要的问题……没有考虑到可能性

的问题。后来又考虑到可能性的问题。一是可能，一是需要，今年一千零七十万吨累得要死，因而对可能性发生问题，明年三千万吨，后年六千万吨，一九六二年一亿二千万吨，是虚假的可能性，不是现实的可能性。现在，要把空气压缩一下，把盘子放小——一千八百至二千万吨。[76]

由于毛泽东对“大跃进”的保留态度，他向中央委员会提出不应该立即发布关于现状的决议，这样就“避免了由于一九五八年大跃进而产生的某些不切合实际的想法”[77]。尽管毛泽东暗暗指出，中国有可能变成“脱缰之马”而出现“混乱思想”和“无政府状态”[78]，但目前尚没有有力的证据表明他完全认识到了当时情况的严重性。直到1959年春天，中国的经济危机爆发，毛泽东作为经济思想家、战略家的威望进一步受到质疑，并且自此就再没有恢复过来。

毛泽东对“大跃进”的即刻回应

“大跃进”期间发生的这些事件导致毛泽东去修改他的经济思想了吗？他显然暂时丧失了信心，但是并没有放弃他对经济发展的
基本看法。然而，他确实号召中国加紧修正一些具体的政策。他认 203
为，政府必须“向群众宣布，以利安定人心”[79]。毛泽东对“大跃进”的经济影响的回应可以说是分三个部分进行的。

1. 计划和增长

毛泽东很快意识到，1959年发展的速度必须降低。他说，这是完全符合经济变化的波动规律的，而且这也确实是那些理解这个规律的人所期待的。换句话说，毛泽东几乎公开承认，当他发动“大跃进”时，他已经预见到了放慢步伐的必要性：

有时马儿跑得快一点，有时马儿跑得慢一点，有时上马，有时下马，这种情况完全是可能的。因为，第一是我们没有经验，第二是我们的经济建设要以形势为转移。……经济建设的进行是波浪式的……就是说，有平衡、破裂。而破裂之后又恢复平衡。当然，波浪式的起伏也不能太大，不要一下子又反保

> 守。可是循着波浪式的规律发展前进则是必然的。如果承认了这点，那么今年冒进一点就不是了不得，明年搞少些也就没什么。[80]

毛泽东一面实行紧缩政策，一面再次强调修正现实目标的重要性，他告诉各级领导干部在各方面“根本不要管上级规定的那一套指示。不要管那些，只管现实可能性”[81]。虽然在一年前他还曾号召在几年之内实现几个长期目标，但现在他告诉人们要坚持更长远的观点：

> 什么叫多，什么叫快，要从实践中去看。现在我们提出十
> 204 五年建成具有现代工业、现代农业、现代科学文化的伟大的社
> 会主义国家。不行，就更多一点时间嘛！[82]

在毛泽东看来，如果没有其他的理由，这种更慢的节奏意味着应回到某种中央的整体规划中去，这样才能制订统一的目标。在整体规划过程中，针对中央与地方的权力关系问题，毛泽东隐晦地指出，需要“（适当的）积极性……正当的独立性”，“可以和应当统一的，必须统一，不可以和不应当统一的，不能强求统一。……正当的权利，省、市、地、县、区、乡都应当有，都应当争。这种从全国整体利益出发的争权，不是从本位利益出发的争权，不能叫做地方主义”[83]。然而，关于“人民公社”的规划，他提出了更多具体的建议。此时，在“人民公社”中，过度集中已经影响了奖励措施和生产。毛泽东对此的具体指示将在第三部分给出。

2. 部门之间的平衡

1958年的经验迫使毛泽东更深入地考虑经济快速增长与“按比例发展”之间的关系。我们已经讨论了，毛泽东首要支持的是快速增长，并认为这种快速增长能够制造出失衡的优越之处。然而，正确地“按比例发展”还要从生活水平角度出发，考虑各个部门之间发展平衡的问题，因为生活水平反过来会影响经济增长和生产结构。“大跃进”造成的结构失衡可能比毛泽东预期的更具破坏性。此外，投资和建设之间的不平衡不但会影响消费品的供应（包括基

本必需品，如粮食），还会导致这种不平衡比毛泽东执政以来的任何一年都更为突出。毛泽东承认自己在这方面无知：

> 关于国民经济有计划按比例发展的问题，我不甚了解，要研究。……客观法则要研究它，认识它，掌握它，熟练它。斯大林对这个问题讲了很多，但不照着去做，不按照比例，工大 205
> 农小，重大轻小，大大中小小。我们现在作翻案文章，从一九五六年开始创造工业（包括交通运输）、农业两方面的高涨、跃进，开始找到了有计划按比例发展法则的门路。[84]

毛泽东认为，“大跃进”的“主修课”之一就是中国的经济还没有“两条腿走路”。这意味着，毛泽东认为，与轻工业相比，中国仍然过分强调重工业，而与所有其他产业相比，中国也太过强调农业。为了保证“正确的比例”，毛泽东主张设定“国家比率”以达到经济领域的三个主要平衡：农业内部的平衡（农作物和动物养殖等）、产业各分支之间的平衡以及工农业之间的平衡。但他没有具体说明这些“国家比率”应该是多少。然而，现在毛泽东最感兴趣的是，他质疑这种部门优先性（重工业、轻工业和农业）的国家秩序是否有效，他说：

> 今后恐怕要倒过来。[85]

3. 消费和激励

1959 年春，毛泽东意识到 1958 年实施的政策使农民的生活水平降低到危险的程度，而且由于未能迅速采取补救措施，导致“×万人（得浮）肿病”[86]。在农民大刮“共产风”的时候，毛泽东描绘了一幅生动的“大恐慌”[87]景象。但他对“共产风”的出现却仅
仅称之为“很大的冒险主义错误”[88]。自留地、猪和家庭用品的共 206
产化，不同生产大队之间的耕畜再分配、劳动力调度，以及贫富生产队之间的收入均等，在毛泽东看来，所有这些都将促使农民去隐匿粮食、屠杀猪和家禽，并且放弃耕种或毁坏粮食作物。毛泽东说，在处理农民问题上，中国正要犯“斯大林错误”，这个错误将妨碍农业发展 30 年。公社的领导干部和农民之间的斗争显然已经涉及了暴

力。毛泽东要求惩罚那些对农民犯有严重罪行的干部，甚至处死他们，因为在他看来，农民“瞒产私分”是“完全有理由的”[89]。

关于公社制度的改革，毛泽东在 1959 年 3 月的“农业六十条”中做了概括。其中最重要的条款之一就是指出，生产大队（相当于以前的集体）应该取代公社作为所有制和会计统计的基本单位。此外，中国还要恢复私营农业部门（与合作社中的要求一样）。毛泽东提醒领导层不要指望农民会自觉加快过渡到共产主义：

> 去年秋前好像农民跑向工人之前，但秋后即瞒产私分，这就是农民的两面性，农民还是农民。[90]

尽管如此，毛泽东预言，经过四年，至多十年，中国将在农业中完全实现共产主义。毛泽东对农业生产形势的严峻状况发出了警告，但他仍然认为，随着 1969 年机械化计划的实现，“经过十年、八年的奋斗，粮食问题可能解决”[91]。我们可能会注意到，在 1977 年，即毛泽东做出某个预测后 16 年，农业机械化才刚刚开始，而粮食问题仍然没有得到解决。

被批判的毛泽东：1959—1962 年

由于 1959 年夏天彭德怀对“大跃进”的抨击[92]，尤其是他对
207 毛泽东本人的抨击，毛泽东的经济改革未能贯彻到底。乍看起来，彭德怀在 2 月份郑州会议上所做的经济形势分析似乎仅仅是毛泽东本人观点的重申，但这其中也包含了对毛泽东的批评。例如，彭德怀认为毛泽东的“三三制”土地原则和其他“口号”是犯了“左”倾错误，他还反驳了毛泽东最为珍视的准则：

> 在这些同志看来，只要提出政治挂帅，就可以代替一切……政治挂帅不可能代替经济法则，更不能代替经济工作中的具体措施。[93]

也许最为坦率的是，彭德怀认为毛泽东应该对中国经济的严重困难状况负个人责任。[94]

起初，毛泽东的反应很平淡。他承认“大跃进”“一部分失

败”[95]了，他对这场“大炼钢铁运动”的“大祸”[96]负个人责任。然而，毛泽东又批评谭震林的农业共产化速度太快了，还批评了那些做出计划的人。

> 我不是自己开脱自己，我又不是计委主任。去年八月以前，我同大多数常委同志主要精力放在革命上头去了，对建设这一条没有认真摸，也完全不懂，根本外行。[97]

毛泽东坚持认为，“大跃进”的过度行为已经被抑制了，他鼓励党员“在这样的紧急关头，不要动摇”。与 1956 年不同，此时他显然决定不要发起另一个运动来抵抗这个“大胆推进”。因此，毫不奇怪，他对彭德怀的反击迅速而猛烈。8 月中央委员会的决议将彭德怀描述为“反对国民经济的高速度发展……反对农业战线上的高额丰产运动，反对群众大办钢铁运动，反对‘人民公社’运动，反对经济建设中的群众运动，反对党对于社会主义建设事业的领导即‘政治挂帅’”[98]。即彭德怀反对毛泽东经济思想的所有主要方面。

彭德怀发起抨击后的几周之内，毛泽东的温和路线消失了，取 208
而代之的是，他谈话的内容很多都与春天时的讲话截然相反。他认为，主要问题是“右”，而不是“左”—— 这一转变具有深远的经济意涵。此前毛泽东曾强调需要增加激励，现在他开始嘲弄人们对生活标准的关注：

> ……又是蔬菜吧！又是猪肉吧！又是部分地区的粮食吧，又是肥皂吧，还有雨伞吧……[99]

毛泽东对在北京建造人民大会堂的 1.2 万名工人提出了表扬：

> 是不是要物质刺激呢？增加几块钱嘛……这些人不要……他们为着一个共同事业而奋斗。[100]

1959 年秋季，毛泽东发起了纠“左”运动。这次运动针对的是那些期望采取更温和的经济政策的人，他们主张更缓慢的经济增长、更平衡的经济发展和更多的财政激励。这次运动被刘建勋描述为“残酷斗争，无情打击”[101]，它延长了城镇和农村的“大跃进”

运动时间，其间暴露了 1958 年经济发展中最糟糕的一面，也引发了更严重的经济后果。

表 2 的数据总结了 1957—1962 年中国经济的变化情况。

表 2　　1957—1962 年经济指标

209

	谷物（单位：百万吨）	棉花（单位：百万吨）	钢铁（单位：百万吨）	工业生产指数
1957	185	1. 64	5. 35	100
1958	205	2. 00	11. 08	145
1959	170	1. 80	13. 35	177
1960	150	1. 02	18. 67	184
1961	160	0. 88	8. 00	108
1962	170	1. 03	8. 00	114

资料来源：Grain，Chao Kang，*Agricultural Production in Communist China*，*1949—1965*，Madison，University of Wisconsin Press，1970，p. 260. 棉花的数据见该书第 270 页。钢铁的数据见 *China*：*A Reassessment of the Economy*，A Compendium of Papers Submitted to the Joint Economic Committee，Congress of the United States，10 June，*1975*，Washington D. C.，U. S. Government Printing Office，1975（此后称之为 *JEC 1975*），p. 276。工业生产指数见 *JEC 1975*，p. 149。

表 2 重点要说明的是，一直到 1960 年，工业产量都在快速增长，后来由于农业生产的降低而被迫停止增长。1959 年的粮食产量下降了 17%，到 1960 年进一步下降约 12%，中国许多农村地区的农民已经出现营养不良（部分表现为浮肿）甚至饥饿的现象。在山东、河南、甘肃，饥荒最为严重。自 20 世纪 50 年代初以来，中国第一次不得不进口粮食。这一时期发布的文件将之归于“天灾”的影响，但秘密文件，包括毛泽东的讲话，承认经济政策的错误也是一个决定性因素。“共产风”又开始刮了起来。与水利、深耕密植有关的技术错误导致了农作物的歉收，从长远来看，更严重的是大面积的土壤盐碱化而不再适合种植作物。1959 年 3 月“农业六十条”号召的激励措施在“人民公社”中并没有实现。平均的收入分配、大量的粮食采购和各种形式的高压政治，所有这些都导致了农民减少生产。虽然详细的数据还没有统计，但新闻报道显示，耕畜和猪的数量迅速下降。

1961 年 1 月，由于农业产出的下降，中国大部分工业生产和几乎所有的建设活动都暂停了。这项政策是毛泽东在他对中央委员会的一次讲话中明确同意了的。[102] 1959 年毛泽东预测了部门优先次序的颠倒，并将之以官方形式发布出来，也就是要将农业放在首位，重工业处在其次。目前，最迫切的需求是通过适当的激励措施促进农业生产。1960 年 11 月中共中央发布了《关于农村人民公社当前政策问题的紧急指示信》（简称“十二条”），重复了“农业六十条” 210
中的主要措施。[103]但是，在这几年里，毛泽东的指示总是在“左”和“右”之间反复变化，并且经常很突然，这使得农村干部感到困惑和混乱。而到了 1961 年，他们根本不知道什么代表了正确的路线。这就需要一场集中的教育运动，使他们相信并施行“十二条”和“农业六十条”的条款（修订版本发布于 1961 年 3 月）[104]。由于取消了会计统计和所有制单位，拉大了人们收入的差距，一些领导干部开始表示反对。其他人也不敢分配自留地，在他们看来，这是在鼓励资本主义，是与毛泽东的愿望相悖的。广东省委第一书记陶铸斥责了干部不愿意向农民介绍租赁土地制度的行为，这里的农民指的是以私人所有的土地为基础的耕种者。陶铸批评这些干部“就是怕资本主义”而不怕浮肿病。[105]刘建勋进一步同意说：

> 我们都要吃资本主义国家进口的粮食了，我们为什么不能出借土地？[106]

1957—1962 年，毛泽东受到来自社会各层人士对他处理经济事务的攻击。一些人用毛泽东自己的比喻“上马”（比喻起效很大）来间接批评他。例如，刘建勋被指控，他将毛泽东在“大跃进”中的领导说成是“盲人骑瞎马”[107]。下面的引文被认为是陆禹写的：

> 一马当先，万马奔腾，是万马折腾。[108] 211

农民和他们在军队的亲属批评得更为直接：

> 现在农村农民吃的比过去的狗吃的还差。现在的狗都吃谷子了，现在的人却要挨饿工作，猪都饿得站不起来了。公社社员问：“毛主席是要我们饿死吗？”[109]

毛泽东对这样的攻击的反应是平淡的，他采取了保守的态度。他被党内的高层官员孤立起来。[110]1961 年 6 月，在中央委员会上，毛泽东确实做了自我批评，但现在还找不到关于这部分内容的可靠记录。[111]毛泽东对中国当时的困难提出了三点非常规的解释：（1）彭德怀造成整个国家在1959—1960年间刮起“共产风”。毛泽东认为：“庐山会议前，‘左’的情况还没有搞清楚，党内又从右边刮来一股风。彭德怀等人与国际修正主义分子、国内右派相呼应，打乱了我们纠‘左’步骤。”[112]（2）1960年苏联的修正主义已经将党的注意力转移到了经济事务上。[113]（3）毛泽东的政策并未被执行。毛泽东指出，他一直主张同时发展工业和农业（他自己的“两条腿”政策），已经讲了五年，但“没有实行”[114]。他进一步说，领导干部们已经忽略了他的指示：要对生产的基本水平进行“调查研究”。[115]对于中国的发展前景，毛泽东一反常态，表现出一种悲观的态度：

212 可是，中国的人口多，底子薄，经济落后，要使生产力很大地发展起来，要赶上和超过世界上最先进的资本主义国家，没有一百多年的时间，我看是不行的。[116]

在1961年和1962年间，由于较为自由的改革方案的实施，农业开始恢复发展。然而，一旦领导干部们相信了“农业六十条”的正确性，他们就会允许半私营的农业生产出现前所未有的增长。在一些地区，这导致了集体粮食生产的严重减少。[117]农民从公社中收回了耕畜和个人的劳动工具，开始从事家庭和个体农业生产。虽然后来这些人被毛泽东指责为“走资派”（如刘少奇），但应该强调的是，“农业六十条”中的条款必然会破坏集体生产。例如，自留地（即专门用来种植饲料的土地）和私下回收的山地占可用耕地面积的15%。此外，这类土地的收入可以免向政府缴纳承包费。现在我们还无法知道毛泽东是否将这种“包产到户”的生产模式看做短期的权宜之计。毛泽东1959年发表的多篇关于正确处理农民问题的讲话，显然表明他是同意采取这样的举措的。然而，显而易见的是，1962年夏天，毛泽东开始认为，“单干风”不但减少了“人民公社”中太多的集体活动，还削弱了中央的规划作用。[118]

213 目前的情况在某些方面类似于1955年7月的情况，当时毛泽东第一次领导中国走向集体化道路。现在，七年之后，他又将同样的问题放在首位：中国应该在哪条道路上发展农业呢？是社会主义还是资本主义？1962年9月，在北京召开的中央委员会议上，毛泽东表示，他赞成增加集体经济的举措，而对那些认为农业如果没有进行个体承包就会需要8到10年来恢复生产的看法表示反对。[119] 1955年，人们已提出类似的论述来反对加快集体化，但毛泽东显然对此并不认同。因此，他再次开始探索经济发展的合适制度。他设想这样的制度可以将中央控制、灵活性和地方自主性恰到好处地结合起来，可以促进生产快速发展，却不会对贫下中农的利益产生不良影响。

1962年之后的毛泽东经济思想

截至20世纪60年代中期，大多数经济部门已经恢复到了1958—1960年的水平。在这次经济恢复中，毛泽东的作用是间接的。作为退居“二线”的政治局常务委员，毛泽东没有参与到经济事务的日常处理中，他也没有出席重要的会议。在这些会议上，刘少奇、陈云和薄一波提出了20世纪60年代的整体经济策略。借此机会，毛泽东开始关注广泛的修正主义问题以及“资本主义”复辟的危险。并且，毛泽东特别把注意力转移到“社会主义教育运动”上来。通过这项运动，中国共产党试图消除权力滥用、腐败和过多的私人经济活动，这些行为都是由于1960年和1961年的“自由化运动”而直接生发出来的。

1964—1966年，中国的第三个五年计划形成。这个计划从未发 *214*
表，但关于计划应该是什么样子的问题，我们确实看到了毛泽东对于计划起草者的评论和建议。目前的材料仅能反映毛泽东晚年（1964年，毛泽东71岁）对经济问题的思考。很明显，这一时期的毛泽东的评论中没有任何关于“波”和“跃进”必然性的讨论。相反，毛泽东主张谨慎的、现实的、渐进的进步。他警告这些计划者们：

> 你不搞冒进，搞质量，搞品种、规格，他就怕了。数量慢慢上去，不要急。……设计要做比较，哪些花钱少，办事多，哪些花钱多，办事少。[120]

这不仅意味着他对早期增长模式的抛弃，也意味着中国进行苏联式计划经济模式试验的结束——苏联模式主张通过物质平衡来进行计划。毛泽东称这是经济计划中的“一场革命”，当然，它也确实当之无愧。毛泽东指出，苏联模式指导下的经济发展，它的起点是钢材和其他工业产品的固定指标；进而从此出发，演绎出其他的指标，比如煤炭指标、电力指标、交通指标、城市增长指标、工资指标和福利支出指标等。毛泽东批评了这种“计算器方法”，因为天灾可能会造成农业产量的降低，破坏计划的有效实行，而这种方法对此并不能提供任何的保障措施。他认为，正确的计划应该以粮食的可能产量为基础，每五年按照粮食丰产、平均状况和粮食歉收三种情势来估算。简而言之，就是工业计划应该随着农业计划而变化，这完全逆转了 20 世纪 50 年代中国僵化的工业导向的计划模式。[121]

毛泽东对于农业作用的理解并没有削弱他的信念，中国经济现代化的动力因素必然是工业。他提出，占据最重要地位的将是钢铁、机械、化工和石油。毛泽东的这种选择反映出 20 世纪 50 年代的发展失衡，也反映出他对于防御问题的考量。在工业问题上，毛泽东仍然是
215 雄心勃勃的。当他被中国规划的两大主要设计者问到中国是否应该超越国际工业标准和国防科技时，他回答说：

> 是的，我们要有……管他什么国，管他什么弹，原子弹、氢弹，都要超过。[122]

1964 年和 1965 年，中国开始通过引进设备来加速工业复兴。当目前的经济条件允许时，中国已经做好了进一步扩大进口的准备。毛泽东对于这种做法的态度似乎是批判性的：一方面，他兴奋地将苏联比做中国的新帝国主义供应商；另一方面，他坚持认为，任何形式的依赖都是“危险的”。同样，他似乎已经准备进一步取消工业方面的自力更生政策，但又坚信粮食进口应该尽快停止：

> 争取几年内做到不再进口粮食，节省下外汇来多买技术设备，技术资料。[123]

结果证明，这比他预期的要更加困难。因为在这段陈述之后的十年，粮食的进口量还和以前一样，但价格却实在是太高了。

结论

毛泽东参与处理中国经济事务的过程是漫长而复杂的。作为一个灵活善变的政治家，他彷徨于乌托邦式的空想和务实之间，彷徨于前进与后退之间，彷徨于执政与置身事外之间。[124]结果，后人很难从他的记录中概括出他的原则的核心，也很难描绘出他在经济决策中所起作用的历史轨迹。这些给学者们的研究造成了很大困难，但对于他的接班人而言，却是再适合不过，因为通过参考毛泽东的先例，他们几乎能够证明任何行动进程的合理性。尽管如此，我们仍认为，在毛泽东的经济工作中存在某些一以贯之的内容，而且我 216
们也能够确定他的经济政策中的那些优劣之处。

我们已经在最宽泛的意义上强调了毛泽东的经济发展观念：经济发展是不连续的，充满了斗争和无尽的对于未知的试验。在政策方面，这一观念促使毛泽东决定加速某些关键经济部门的发展，因为他相信这些部门会带动其余的经济部门共同发展。当然，这一观念也解释了毛泽东为什么会采用武力、胁迫这样的手段，为什么会对专家如此不信任，还有他为什么要对经济进行集中化管理。“大跃进”之后，毛泽东修改了他对波动式发展的看法，开始尝试把这种看法与适当地快速增长结合起来。毛泽东的这种做法反映出他并不满意于“一五”计划和第一次“跃进”中的“不平衡”发展战略，因为它们导致了许多严重的问题。也许，毛泽东把这些策略看做是错误的，他转而采用另一种平衡发展的政策，让中国的经济放缓增长。有意思的是，在毛泽东的晚年，尤其是在“文化大革命”开始之后，很少有证据表明毛泽东还在继续详细阐述他的波浪发展理论。

毛泽东经济思想的另一个主题是，他经验性地分析了生产发展、所有制组织形式与“上层建筑”——思想、价值观和行为模式之间的关系。直到 20 世纪 50 年代初期，毛泽东还认为，只有经过长期的经济发展和技术进步，中国才具备实现经济完全社会主义化的条件。1955 年，他颠覆了这个看法，转而认为只有加速社会主义化才能催发生产力的变革。1958 年，他补充说，关键是要将社会主义建设与政治教育运动结合起来，因为政治教育可以改变上层建筑。毛泽东在“文化大革命”期间发表的文章表明，直到他去世，对人们上层建筑的改造已经成为他的执念。在毛泽东的构想中，这样的改造将会促进经济的快速发展。

217 毛泽东的主要经济成就体现在投资比例的迅猛提升以及现代工业基础的发展上。相比于 1949 年以前，20 世纪 70 年代的投资率至少翻了两番，尽管由于“大跃进”的错误以及苏联撤出援助造成了经济萧条，但是工业的年均增长率仍然达到了 11%。这种增长速率体现在大多数的产业分支中，包括令人印象特别深刻的机械制造业和石油工业。然而，工业的发展并不是以毛泽东所预期的比率快速增长起来的。我们先不考虑毛泽东对“大跃进”的希望如何。通过比较毛泽东在 1955 年对 1967 年六个工业产品产出的估计与 1967 年的实际产出，我们就能看出其中的经济差额了（见表 3）。这些数据显示，除了化肥产量之外，毛泽东的目标远未实现。

218 **表 3　　以 1955 年为参照，毛泽东预计的 1967 年的产出与 1967 年的实际产出对比表**（若非特殊说明，单位为百万吨）

	1955 年	1967 年 预计情况	1967 年 实际情况	1967 年的产出占 毛泽东预测的百分比
粮食	175	(a) 300 (b) 437	230	(a) 77 (b) 53
棉花	1.5	(a) 6.0 (b) 4.5	1.9	(a) 32 (b) 42
钢铁	2.9	18～20	12.0	63
煤炭	98.3	280	190	68
水泥	4.5	16.8	14.2	85
化肥	0.4	7.5	8.1	108
石油	1.0	18	13.9	77
电力能源（10 亿度）	12.3	73	45	62
拖拉机（千辆）	无	183	43	24

资料来源：除了化肥以外的 1955 年的所有数据都来自《伟大的十年》，北京，人民出版社，1959。化肥的数据来自 R. M. Field，“Civilian industrial production in the People's Republic of China,” *JEC 1975*，pp. 146-174。1967 年的预期数据见廖鲁言在《关于 1956 年到 1967 年全国农业发展纲要的说明》中引用的数据，载《新华半月刊》，1956（4）。其中粮食和棉花（a）的数据来自毛泽东 1955 年 9 月的总结讲话，粮食和棉花（b）的数据主要是依据毛泽东的农业“四十条”。1967 年粮食和棉花的数据来源于 A. G. Ashbrook，“China: Economic Overview 1975,” in *JEC 1975*，pp. 20-51。1967 年的其他数据来自 R. M. Field，“Civilian industrial production in the People's Republic of China”。

此外，毛泽东坚信，钢铁行业是经济现代化最重要的指标，但这个行业的发展却并不稳定。当时，钢铁产量持续下滑，钢铁的进口量大幅提升。造成这种状况的根源恰恰可以直接追溯到毛泽东的政策上。1958 年，毛泽东放弃了工业方面的苏联模式，并以技术上不切实际的思想来推动工业进步。同样，尽管毛泽东下决心要提高钢铁产量，但是在很长一段时间内，他并没有考虑到煤矿和其他部门进行互补式发展的现实需要。

但在控制生育、人口流动和城市规模等方面，毛泽东却进行了不同寻常的成功革新。毛泽东并不想控制人口出生率。在 20 世纪 50 年代的大部分时间里，尤其是在 1958 年，毛泽东还在强调人口众多的优势。尽管在 1957 年处于保守状态的毛泽东承认人口众多的优势，但他也认为要意识到与人口相关的“困难”。然而，20 世纪 60 年代，毛泽东在更实际地了解了人口问题之后，特别是在 20 世纪 70 年代早期，他开始果断地支持计划生育政策。[125]这项政策被人们认为取得了巨大的成功。[126]20 世纪 50 年代，中国开始通过控制人口流动来遏制城市人口的肆意增长。这项运动得益于毛泽东的《关于正确处理人民内部矛盾的问题》这篇讲话。毛泽东认为要继续向这个政策施压。[127]20 世纪 60 年代，第三个五年计划草案号召 219
人们迁移到城市中去。毛泽东回答说，这“不是个办法”[128]。最终，中国在某些方面避免了过度城市化的负面影响，而这些负面影响在其他发展中国家是非常常见的。

未解决的问题

毛泽东有三个主要问题未能圆满解决：（1）非集权化问题；（2）经济发展、生活水平和收入分配之间的关系问题；（3）“自力更生”与现代产业的协调发展问题。

1. 非集权化问题

毛泽东有充分的理由希望经济分散化。他给地方规划者和生产个体留有自主空间。最初，他确信领导干部过于疏离群众，他们并不能真正去理解问题所在。他认为："真正的知识，出在工厂、合作社、商店、学校，越是上面，越没有东西。……北京这个地方不好，搞不到很多的知识。"[129]他也不信任官僚们的教育，在他看来，那些太过圆滑世故、不合时宜。他站在群众一边，称"文盲可以当总理"，"不识字的也可以讨论经济"[130]。除了这些保留意见，毛泽东第一个提出，在中国，要将大量的小规模经济纳入中央导向的计划体系实际上是不可能的。我们必须记住，毛泽东在此面临的是独特的问题。世界上没有哪个社会主义国家可以提供先例来供这个经济落后的国家参照。然而，如若毛泽东决定实现社会主义化，他就必须要找到一种解决方法，但这个方法势必会包含某种形式的非集
220 权化。问题是，毛泽东希望经济分散化，但他仍然试图通过意识形态渗透来实现集权化。然而，这种意识形态的渗透可能会造成行政控制的失效。这个政策的结果是令人失望的，特别是在农村地区。伴随着激进的"人民公社"非集权化，"四清"运动滋生了官员的腐败，人们开始对社会主义产生敌视态度，集体经济也普遍瓦解。[131]在1964年的某个悲观时刻，毛泽东被迫承认，中国三分之一的权力掌握在他的敌人手中，一个党委书记也能受贿几包香烟。毛泽东又补充道："嫁个女儿就更不必说了。"[132]可以预测的是，大量的生产分配资源将由个人或家庭掌握。我们并不认为社会主义化和社会控制共同造成了这些错误，因为其中也出现了许多有利的结果。但是，一旦这种方案被实施，私人利益和集体经济之间的紧张关系就是不可避免的，而这却是毛泽东不可能接受的。

2. 生活水平和收入分配

对毛泽东领导的中国经济发展的任何评价都希望说明，在过去的27年间，毛泽东到底使中国达到了什么样的生活水平，个人的收入分配状况又是什么样的。目前没有关于这些问题的准确报告，但我们对此概括如下。

（1）食品、服装和住房的人均消费略有增长。以较为重要的粮食（占所有热量供给的80%左右）为例，将20世纪70年代最初几年的人均产出同20世纪20年代相比，我们发现它们是几乎相同的。

当毛泽东推动制度、技术和意识形态方面的发展时，这样的结果可能并不是他所预期的。解决“粮食问题”（毛泽东经常提及）的方法还没有找到，社会公共消费（如卫生、教育、娱乐设施等）却大幅上升。

（2）20 世纪 50 年代，农村的生活水平相对稳定。然而在 20 世 221
纪 60 年代初期却大幅下滑，此后虽有小幅度增长却微乎其微，尤其是在那些相对落后的地区。

（3）截至 1956 年，城市的生活水平持续快速提升，直到毛泽东去世仍保持着平均水平不变，但是高薪工人的生活水平逐渐下滑。

（4）城乡之间的人口不均等，农村和城市部门的内部不均比通常所认为的还要严重，当然没有某些发展中国家那样严重。这些发展中国家中还存有土地和资本的私人占有。

（5）严格控制的制度确保所有人都能够实现最低限度的粮食供应，当然除了 1959—1962 年。

毛泽东对于收入增长和分配的态度是模棱两可的。20 世纪 50 年代，毛泽东发觉农村收入必须要提高，这样才能鼓励农民参与合作社建设。他也曾公开讲过，1956 年的工资改革（提高了平均工资水平，却拉大了贫富差距）显然是正确的。“大跃进”之后，他再度施行农业和工业的奖励机制。毛泽东显然不满意于现有的分级工资制，他越来越确信，提高个人收入将会产生不良的政治影响。在对斯大林的《社会主义经济问题》的评论中，他甚至进一步分析道，稳步提升工资是衡量社会主义优越性的重要手段之一。直到 20 世纪 60 年代，他才开始了解到提高收入所造成的腐败影响。20 世纪 70 年代批判林彪、邓小平的运动便是这一看法的再次回响。[133]

毫无疑问，毛泽东的看法很少有人支持，而且中国在 1974—1975 年，工业劳动一直处于动荡的局势，这是严格控制生活水平的结果。也许毛泽东会很赞赏一场废除八级工业工资制度的运动。此
外，毛泽东对工资制度的态度必须被视为他一生反对官僚主义的一 222
部分。因此，毛泽东一方面希望中国发展大规模的现代经济，另一方面，他又不能接受其中所包含的激励机制和组织制度建设。

3. 对外贸易和技术

经济现代化政策与毛泽东的政治民族主义倾向发生冲突的其他领域就是对外贸易。在第一个五年计划期间，他的政策是：(1) 依赖苏联；(2) 将苏联模式视为过渡性政策，在此之后中国基本上是“独立的”。当与苏联的关系崩溃后，毛泽东形成了他的“自力更生”概念——一位评论者形容其为毛泽东的“基本”经济思想。[134] 即便如此，在 20 世纪 60 年代中期，工业技术进口量依然逐年增长。截至 20 世纪 70 年代中期，工业技术已经开始大量引进。虽然这方面的证据是间接的，但仍可发现，毛泽东似乎一直对此持有某种矛盾情绪。1975—1976 年的抵制外国技术的运动似乎也反映了他对此的感受。

毛泽东关于对外贸易的谨慎政策是有益的，它使中国避免了难以控制的国外债务，也鼓励那些规划者避免过度依赖私营产业。另一方面，廉价的外国技术对于中国的经济增长来说是一个潜在的关键要素。当然，想要一下子就实现“超英赶美”仅仅是幻想罢了。毛泽东成长在中国，这个国家将排外情绪视为一种根深蒂固的情感力量。并且，在第二次、第三次工业革命的经验教训被总结出来之前，毛泽东就已经形成了他的看法。因此，他很难彻底了解外国技术进步将给中国经济带来什么样的契机。又或者，他尚未知晓利用这些外国技术的意涵何在。只要他的接班人不受这些约束，那么中国经济的未来状况将会大大改善。

爱国者毛泽东[1] 223

魏斐德（Frederic Wakeman，Jr.）

毛泽东生命中的首次政治觉醒便是拯救他的国家。他 13 岁时离开了韶山小学，开始在家帮助父亲务农。从那时起，毛泽东便逐渐清醒地意识到了中国所面临的危险局势。时隔 20 年后，当他和美国记者埃德加·斯诺追忆往事时，谈到了 1906 年所发生的事情。他说：

> 在这个时期，我也开始有了一定的政治觉悟，特别是在读了一本关于瓜分中国的小册子以后。我现在还记得这本小册子的开头一句："呜呼，中国其将亡矣！"（这本书谈到了日本占领朝鲜、台湾的经过，谈到了越南、缅甸等地的宗主权的丧失。——引者注）我读了以后，对国家的前途感到沮丧，开始意识到，国家兴亡，匹夫有责。[2]

在这次瓜分中国的浪潮开始之前，清帝国疆域辽阔。它的国土范围占据了大部分亚洲大陆，北到鄂霍次克海，西至巴尔喀什湖。满洲里、蒙古、新疆、西藏都由大清皇帝直接统治，朝鲜王国、越南王国和尼泊尔王国都承认它们是清帝国的藩属。到了 1800 年，清王朝统治下的人口和领土已经超出了中国历史上的任何朝代。

然而，到了 20 世纪初，中国已沦落为东方的弱国。自 1840 年鸦片战争以来，要么和西方列强，要么和日本，中国几乎每 10 年就
要打一次大战，只有一次例外。而每次战争都是以中国的失败而告 224
终。清帝国的首都曾两次被联军占领，20 多个通商口岸被迫向外国开放，外国人在中国享有治外法权和经济特权。一个省大小的领土被割让给了俄国，宝岛台湾被日本占领。清政府沿着海岸线划分出五个租界，分属于英、法、德、日、俄五国。此时，即使年轻的毛

泽东尚处于韶山，他也看出了西方列强和日本帝国主义者的明显意图，他们正残酷地插进中国的心脏地带，他们妄图迫使富有反抗外族入侵传统的湖南人民屈服，以便进驻省城长沙。

当然，毛泽东这一代人并不是最早看到中国所面临的险境的一代。毛泽东复兴中华的爱国思想来源于中国早期的两种民族传统观念：一种观念来自儒家的知识精英，他们提倡个体忠诚、爱国；另一种则在民间广泛存在，主要包括替天行道的英雄主义精神和集体反抗外族入侵的文化传统。[3]

对于当时的精英知识分子来说，首要的任务是保卫文化传统，而国家或种族问题则位居其次。虽然儒家的忠诚之士有时似乎与民族主义相对立，但他们就儒家文化而言却也是爱国的。在满族取得统治地位后，一部分汉族的士大夫便一直倡导这种传统观念，即任何群体，无论是何种族，都应该信奉儒家观念，儒家观念是普世的。17 世纪，湖南的哲学家王夫之认为，蛮夷有他们自己的文化，他们并不适合承载华夏文明。同时他也强调“物以类聚”的重要性。尽管王夫之生前他的作品并未广泛地流传开来，但在后世，他对族群主义的社会学理解却深深影响了一批激进知识分子和民族主义者，如毛泽东等人。在清朝的高层知识分子中，文人的爱国主义已经缺失了其价值的特殊意涵，而变得更为抽象，仅仅局限于精英知识分子对儒家历史遗产的恪守与维护中。正因为如此，清朝的皇
225 帝与汉族官僚们才得以分享这份儒家的历史遗产。到了 19 世纪早期，在更大规模的民族反抗运动中，纯粹的民族爱国主义逐渐显现了出来。

在中国，民众中流传着许多富有传奇色彩的反侵略的群众运动故事。至少在 14 世纪，中国的民间就出现了白莲教组织，这一组织试图推翻元朝蒙古人的统治。当时，这种宗派运动就已经带有了强烈的反抗外族入侵的色彩。[4]到了 17 世纪 40 年代，满族入主中原成为新的统治者。在这个过程中，涌现出无数的农民反抗运动，这些农民大多在土匪和私商等社会边缘人物的领导下与清朝统治做斗争。当时，满族统治者强令汉人遵从他们的部落习俗——剃发留辫，这引起了人们的强烈不满。为此，汉族的农民组成了民间武装

攻击他们中间的满族“鞑子”。[5]然而，即使在清朝平定了中国南方之后，类似的武装暴动仍然接连不断，他们要求驱除蛮夷，恢复汉治。特别是19世纪以后，福建和广东诸省的三合会还在不断组织爆发反清复明的活动。

由于这些秘密社团仇视中国的统治阶层，所以这些效忠于清王朝的汉族文人是不可能去维护这种民间反外族入侵的传统的。事实上，这些秘密社团的存在反而让上层社会的文人们确信，满族皇帝才是他们在文化传统上的盟友，而三合会这些“无赖”们是他们共同的敌人。如此一来，文人所提倡的忠君爱国思想、秘密社团所主张的反抗外来侵略传统，这两者之间鲜明对立。并且，只有在新的外部敌对势力出现时二者才会和解。因此，西方势力在中国的不断壮大将会为两种形式的爱国主义的暂时融合提供一个契机。

1840—1842年的鸦片战争促成了清王朝的精英知识分子和农民 226
的短暂联合。此时，知识精英决心要保卫王权，义愤填膺的农民要驱除外敌，他们虽然立场不同却有着共同的目的。林则徐是战时的最高领导人。一方面，他试图用新式武器来装备传统军队抵抗外敌，另一方面，他也鼓励民间武装对英国侵略者展开攻击。[6]然而到了鸦片战争末期，尽管清王朝已经向英军屈膝投降，但是仍然有许多中国人坚信，只要有正确的领导，爱国士绅和积极的农民武装就会焕发出巨大的力量，将欧洲的侵略者赶出中国。[7]

在太平天国运动期间，精英知识分子和农民之间这种暂时的联合开始瓦解。太平天国运动是一个非常复杂的社会现象，它有着独特的原始共产主义传统。后来的革命者如毛泽东等人，他们以此为傲，并带有强烈的自我认同。当太平军在广西起事时，起义军由于受到华南地区秘密社团的影响，本身便带有强烈的反清情绪。然而，太平天国运动也吸取了一部分外国思想，因为这次运动的主要领导人洪秀全就曾受到基督教的影响。因此，太平天国运动反抗外国侵略的思想并不是针对近年来对中国频频入侵的西方势力，而是要反抗清政府。此时，清政府仍然同汉族的官吏们联合在一起，对抗欧洲的侵略者。但太平天国却选在此刻反抗清政府的统治，这无疑会引起一部分知识分子的质疑。他们认为，起义军是在用异端邪说来挑战儒家的精英统治传统。因此，林则徐支持民间武装抵抗他们共同的敌人，而具有同样的治国之才的曾国藩却号召本着新的儒家英雄主义精神来镇压太平天国起义。那些曾狂热拥戴林则徐做法的知识分子们，现在又对曾国藩的看法表示了强烈的认同。

毛泽东是这种儒家英雄主义的年轻信徒。作为一名学生，他似
227 乎更乐于支持曾国藩这样的儒家典范，这位击败太平天国运动的清朝官员，而不是太平天国起义本身。[8]毛泽东对曾国藩的这种政治认同与他的家乡在湖南密不可分。当时，以曾国藩为代表，湖南涌现出一大批意志坚定的能臣志士。他们竭力维护清政府的统治，在打击太平天国运动的同时，利用新式武器来装备当时的清朝军队（林则徐在当时倡导军事现代化），这大大增强了中国抵抗外部入侵的实力。曾国藩与林则徐相同，他也非常看重中国人民民族意识的觉醒和儒家道德观念的复苏。这一时期，湖南因为积极反抗外国入侵并极力尊崇儒家传统文化而负有盛名。当地的学者引以自傲，他们的作品以官方的名义出版。例如，曾国藩在 1864—1866 年主持出版了王夫之的文集《船山遗书》。他的这种做法唤醒了当时清朝上层知识分子中蕴藏已久的传统爱国主义精神（这种精神与复辟明朝相关联）。此后几十年间，湖南民众的桀骜不驯以及对王夫之论著的钟爱便不断增长起来。到了 1919 年五四运动时期，省城长沙成立了船山学社，毛泽东曾多次参加这个学社的活动。

尽管曾国藩和李鸿章成立团练的初衷是为了镇压太平天国运动，但这些武装力量后来却组成了抵抗外国侵略者的主要防线。因此，在清王朝内部叛乱被平息后，这些装备精良的军队（尤其是李鸿章的淮军）被部分保留了下来，用以抵抗西方的侵略。此时西方的侵略势力不断增强，已经对中国造成了严重的威胁。为了保卫中国传统文化遗产，民众反抗外来侵略的热情与精英知识分子的爱国主义思想再一次联合起来。并且，当太平天国被最终镇压以后，精英知识分子与汉族文化的民众拥趸者更加深刻地意识到，他们必须联合起来，以便反抗西方的武装入侵和文化渗透。

与此同时，外国势力对中国的入侵变本加厉了。1895 年，尽管在俄国、法国和德国的利益制约下，日本放弃了《马关条约》中的

一些条款，但中国人仍然深深地震撼于中日战争中中国军队的惨败程度。正是这次战争的失利唤醒了当时大部分年轻的文人志士，尤 228
其是那些坚信根本性的政治体制变革势在必行的文人。自 1895 年始，全国各地的青年知识分子纷纷组织改良派的学会和研究会，他们试图进一步救亡图强。这次政治运动的领袖是广东的一位学者——康有为。他和他的学生梁启超向光绪帝（1875—1908 年在位）上书谏言。此时光绪皇帝作为当时清王朝的统治者，他刚刚从他的姨妈（慈禧太后）手中全面接掌权力。康有为和梁启超希望发放刊物向知识阶层宣传，强调变法之事迫在眉睫、势在必行。他们希望能够说服光绪帝下诏改组政府，从而废除闲职、改革考试制度、创立新式学堂、全面进行军队的现代化建设，并允许当时的文人学士发起集会发表政论。

湖南是改革派的据守重地。这是因为湖南的巡抚、泉台和学政都热衷于进行教育改革和行政改革。更为重要的是，当时湖南的年轻文人，如唐才常和谭嗣同等，他们积极参与建立了当地的社团网络，并以此来领导教育体制改革，推动经济改革发展，鼓励士绅发动民众，唤起他们对于改革的支持。谭嗣同尤其热心于联系农民阶层，为此，他加入了各种宗教团体，并参与了某些秘密的准军事社团（secret society-style martial arts groups）。[9]因此，在湖南，知识分子恪守的儒家传统同农民的反侵略热情便逐渐融合起来。

清政府对接受改革的请愿反应迟缓，对鼓励地方组织来领导政治运动的态度也表现得尤为迟疑谨慎。但当时的中国面临着险恶的国际局势，变法运动因而存留了下来。康有为开始在北京进一步发展推动他的组织。如果说 1894—1895 年间的中国已经无力拒绝日本的无理要求，那么到了 1897—1898 年的时候，中国就显得更为衰弱 229
了。此时，西方列强向清政府发出了一系列的外交通牒，它们通过各种不合理条约在中国掀起了瓜分狂潮。德国在山东取得了特权，俄国在辽东、英国在山东和香港新界、法国在华南沿海分别攫取了各自的最大利益。这种情形无疑会促使更多的中国人民觉醒，他们已经意识到自己的国家正在被帝国主义列强“瓜分”。

现在，作为清王朝的统治者，光绪帝害怕失去自己的皇权。因此，他对康有为的变法上书表现出了浓厚的兴趣，并且在1898年6月发动了“百日维新”。光绪帝根据康有为以及其他一些革新派人士的建议，颁发了一系列诏书，下令对旧有的官僚制度、军队体制和教育体系进行根本性的改组。但是这些诏令并没有被彻底贯彻执行。1898年秋天，慈禧太后从光绪帝的手中重新夺回了权力，下令铲除改革派势力，并处死了六名首要的变法者（其中包括湖南籍的谭嗣同），至此“百日维新”便戛然而止了。然而，这场运动的两个最重要的领导人——康有为和梁启超——却设法逃往了海外。他们在以后的岁月里，流亡各地，成为改良派爱国精神的象征。

事实上，12年后，对于16岁的毛泽东来说，康有为和梁启超依然是这样的爱国主义精神领袖。那时毛泽东已经在湘乡县的东山高等小学堂读书。

> 当时我正在读表兄送给我的两本书，讲的是康有为的变法运动。一本是《新民丛报》，是梁启超编的。两本书我读了又读，直至可以背出来。我崇拜康有为和梁启超……我认为皇帝像大多数官吏一样都是诚实、善良和聪明的人。他们不过需要康有为帮助他们变法罢了。[10]

一年之后，也就是1911年，毛泽东来到省城长沙，进入湘乡驻省中学读书。在那里，毛泽东开始了解到，同盟会挑起了反清起
230 义，它的领袖是著名的革命家孙中山。起初，毛泽东将这些革命活动和康有为的改良运动混为一谈，这可能是由于二者都是为了挽救中国的命运：

> 这个时候，我也听说了孙中山这个人和同盟会的纲领。当时全国处于第一次革命的前夜。我激动之下写了一篇文章贴在学堂的墙上。这是我第一次发表政见，思想还有些糊涂。我还没有放弃我对康有为、梁启超的钦佩。我并不清楚他们之间的差别。所以我在文章里提出，把孙中山从日本请回来当新政府的总统，康有为当国务总理，梁启超当外交部长！[11]

从上文可以看出，毛泽东对于未能区分孙中山和康有为而感到很懊恼。这当然是可以理解的。因为当毛泽东在学校的墙上贴文章

时，孙中山和康有为之间已然横亘了一条鸿沟。这种分歧意味着，1898年以来中国内部存在的两种爱国主义传统之间的联合已经破裂。

1899—1900年，在义和团运动期间，爱国的改良主义者和反抗外来入侵的普通民众之间的分歧愈加明显了。这是一场广泛的反帝国主义运动，义和团运动在华北的城乡中建立了组织。这些组织以团为单位，结构相对松散，由派系和各团的首领领导。由于拥有共同的信仰，他们团结在一起并坚信，只要他们不断地同西方列强做斗争，神灵就会保佑他们刀枪不入。义和团这种反抗外国侵略的精神似乎得到了慈禧的青睐。此时的慈禧正渴望得到民间力量的支持，但华南沿海随即再次爆发了反清运动。慈禧太后试图拉拢义和团，利用义和团的武装力量与帝国主义进行斗争。然而，许多清朝的官员已经意识到，这种做法最坏的后果也就是义和团运动变成和白莲教一样的秘密社团而已，但最好的情况却可能是，这些不幸的农民受到拥有狂热信仰的领袖的蛊惑，武装起来反抗外国侵略。毕竟，这些狂热分子既然可以杀害基督徒，他们也一样可以推翻清政府。尤其是在各省，改良派人士开始意识到，由于这种极为简单粗暴的民众反入侵运动，他们那些民族独立自强的方案将陷入危局。当然，所有的中国人都会赞同，恢复中国在世界中的应有地位是十 231
分重要的。但此时在各省的改良派人士看来，对国家发展至关重要的那些自强手段（如建设铁路、电报和新式学堂等），对于义和团来说，却似乎成为某种西化的警示符。

1901年，义和团运动失败后，慈禧太后受到鼓动，开始进行第二次改良运动，这次改良运动相对而言更为有效、更为彻底。此时，精英知识分子的爱国主义思想与普通民众的本土主义（nativism）文化之间的分歧变得更加显著了。一方面，中央政府在当地投资兴办了新式学校、商会，建设了民族工业、新式军队和国有铁路；另一方面，湖南的知识阶层也被卷进了这场政治经济活动之中。1905年，清政府废除了科举制度，这一举措最终割断了知识阶层与政府的关系，知识分子能够不再为了获得社会地位而依附于清政府。这种教育制度的改革当然也可能会导致财富和西方式的教育成为精英阶层的决定因素。因此，当时的知识分子极大地改变了他们的文化观，他们让自己的后代接受新式教育，并希望将自己的儿子（甚至是女儿）送往海外接受高等教育。由于去海外留学的教育花销远远高于传统学堂，故而人们想要进入新式精英行列的难度也大大提高了起来。[12]50 年前，像毛泽东这样的男孩（他的父亲毕竟是一位兼职的粮商，拥有 2 000～3 000 美元的流动资金），家里可能会为他聘请一位老师，希望他能通过科举考试成为一名童生或秀才。但如今，这些花销却只勉强能够供给毛泽东离开家里，到附近的乡间西式学校去读书。

20 世纪初，在日本的中国留学生组织了各种团体，他们心中最为渴望的便是回归祖国，同国内人民一起革命。也许正是由于学生与农民身份的巨大不同，他们才会这么快地关注一个人——孙中山。孙中山有着广泛的民众支持者，他们来自东南亚、美国和欧洲等地的华人小资产阶级团体，他们为孙中山提供了大量的资金捐
232 助。孙中山曾在夏威夷接受过美国的教会教育和西方的医学训练，他与遍布全球的秘密社团（如三合会和青洪帮等）有着密切的联系。按照推测来看，这些秘密社团主要包括那些从旧金山或新加坡等地迁回中国南方的居民。

然而，并不是所有的流亡海外的华人都会认同这些秘密社团是真正的农民革命，也有部分人对此嗤之以鼻。孙中山的竞争对手梁启超认为这些秘密社团是由“赌徒和骗子”一类的“无赖”组成的乌合之众，他们这种狂热的反清热情是“民族主义”，它与“国家主义”对立，因为只有那些有责任意识的爱国者才会强调统一的“国家主义”，比如他本人。[13]然而，在中国的政治革命中，梁启超这种知识精英主导的“民族主义”并没有得到学生的广泛支持。但与此不同，孙中山却至少能够保证这种反清的“民族主义”可能会在秘密社团本土主义者和年轻的共和革命者之间形成联结的纽带。因此，当 1905 年同盟会在东京成立时，孙中山的政治主张便得到了广泛认同（至少是在开始时）。后来，孙中山领导了一系列武装起义，均以失败而告终。尽管如此，这些武装起义却促使他的思想得到了传播。而在长沙上学的毛泽东便是此时得知了他的名字。同盟

会在学生眼中已然成果显著，但在改良人士眼中却不值一提。

1901 年后，改良派积极回应了清政府的改革主张。他们迫切地要求建设现代学校、银行、地方铁路、工业企业等。然而，这些方案的实施需要大量资金。当时的中央政府已经陷入了严重的“赤字”危机。清政府为了支付战争赔款，已经向外国银行借了大笔债务，并把许多财政收入来源抵押给了外国。事实上，当时唯一能够为改良派方案筹款的途径就是增加农民的税收，即增加盐税和农产品进入市场流通的税收。在民众看来，这样繁重的税收负担显然是与改良派的现代化改革方案分不开的。[14]

正是在这样的情况下，1910 年，长沙爆发了抢米风潮。后来， *233*
毛泽东向斯诺解释道：

> 在我读书的那个小学堂外边，我们学生看到许多豆商从长沙回来。我们问他们为什么都离开长沙。他们告诉我们城里闹了大乱子。那年发生了严重的饥荒，长沙有成千上万的人饿饭。饥民派了一个代表团到抚台衙门请求救济。但抚台傲慢地回答他们说：“为什么你们没有饭吃？城里有的是。我就总是吃得饱饱的。”抚台的答复一传到人们的耳朵里，大家都非常愤怒，他们举行了群众大会，并且组织了一次游行示威。他们攻打清朝衙门，砍断了作为官府标志的旗杆，赶走了抚台。（这以后，许多人被斩首示众。——引者注）……我觉得造反的人也是些像我自己家里人那样的老百姓，对于他们受到冤屈，我深感不平。[15]

那时，在湘乡的毛泽东尚不知晓，长沙暴动期间，保守派（他们一直反对改良派的举措）曾帮助指导了当时的饥民。他们帮助饥民占领某些外国人租借的高楼，因为这里要么存放着外国人的货物，要么就是和改良派有关。换句话说，随着饥民毁坏官办学堂、外国使节驻地以及那些和外国人有联系的商铺、外国风格的旅馆、外国蒸汽轮船等，这场运动已经从最初的抢米风潮演变成了反对改良派各项举措的有力证明。其中人们在这场运动中最重要的目标便是新式学堂，因为它们是西化的标志，同时也是改良派耗费巨资才得以建成的。在这场暴动中，共有五所新式学堂被烧毁。

毛泽东可能并不知道长沙西式学堂被焚毁这件事。但他此时肯定已经意识到，底层民众对外国人的那种经济上的仇恨和抵御侵略之间的模糊联系。这种反入侵的情绪经常指向的是“洋奴”。事实上，毛泽东在湘乡读书时，他的一位老师就曾被如此指责过。毛泽东曾告诉斯诺说：

> 另外一件事值得一提，教员中有一个日本留学生，他戴着假辫子。很容易看出他的辫子是假的。大家都笑他，叫他“假洋鬼子”。……许多学生因为假辫子而不喜欢那个“假洋鬼子”，可是我喜欢听他谈日本的事情。[16]

234

17 世纪，清朝统治者强迫汉人留辫子。到了毛泽东出生的年代，人们逐渐习惯了这种习俗，并且大多数人已经将其作为自己与生俱来的生活传统。对于毛泽东和他的同学来说，不留辫子就意味着不是中国人，那就要成为外族人。而对于这位受过西方文化影响的学校教师来说，情况却恰恰相反，旧习俗和满族的辫子仅仅象征着文化的落后和民族的耻辱。尽管现在他不得不戴上假辫子以避免被清政府逮捕，但是在日本时，作为他自己文化觉醒和民族自尊的标志，他必然会剪去自己的辫子。然而，回到湘乡后，剪掉辫子，就意味着奴隶般地模仿外国习俗，他这样的行为必然会受到人们的轻视嘲笑。具有讽刺意味的是，他的这条假辫子反而成了他丢失中国男子气概的象征了。

在当时的中国，这种误解并不是独特的现象。鲁迅作为毛泽东最为欣赏的一位现代作家，曾在 1911 年辛亥革命期间发表过一篇名为《阿 Q 正传》的著名小说。这篇小说的主人公阿 Q 是一个目不识丁的短工，他是一个无赖，几乎每个人都会轻视他。但是，在村子里，他却感到他要比“假洋鬼子”好，这个假洋鬼子和毛泽东学校里的那位教师有相似之处：

> ……他的对头又到了。这也是阿 Q 最厌恶的一个人，就是钱老爷的大儿子。他先前跑上城里去进洋学堂，不知怎么又跑到东洋去了，半年之后他回到家里来，腿也直了，辫子也不见了，……阿 Q 尤其“深恶而痛绝之”的，是他的一条假辫子。

> 辫子而至于假，就是没有了做人的资格……[17]

鲁迅小说中最有讽刺意味的是，当革命运动在当地取得胜利后，阿Q发现“假洋鬼子”是革命党人的领导者时，十分懊恼，他 235 也想要加入革命党。因此，阿Q和其他村民也令人惊异地剪去了辫子。这显然意味着与清朝统治的根本对抗。

在辛亥革命前夕，毛泽东也面临了剪辫子问题。他在长沙的中学里注意到：

> 在我的学堂里，同学们越来越激动。为了发泄排满情绪，他们反对留辫子。我的一个朋友和我剪去了我们的辫子，但是，其他一些相约剪辫子的人，后来却不守信用。于是我的朋友和我就出其不意强剪他们的辫子，总共有十几个人成了我们剪刀下的牺牲品。就这样，在一个很短的时间里，我从讥笑假洋鬼子的假辫子发展到主张全部取消辫子了。政治思想是怎样能够改变一个人的观点呵！[18]

大量关于剪辫子运动的象征意义的争论暗示着在辛亥革命早期，政治领域的精英知识分子和普通民众的文化传统之间再次联络在一起。因此，对于那些受到西方影响的知识分子与普通民众而言，反清运动不仅仅为两者的联合架起了一座桥梁，还提供了一个过渡的时间。然而这种状况很快就消失了。因为他们共同的敌人清政府被推翻了，而城市中的改革派和乡村中的农民阶层也失去了他们共有的爱国初衷。例如在湖南，甚至在清政府覆灭之前，这一联合的裂痕就已经出现了。当时长沙的改革派领导人是湖南省谘议局议长谭延闿（前清翰林出身，儒家学者）。部分同盟会的成员认为，应该将赋税很重的农民或是那些秘密社团组织起来进行社会革命。对此谭延闿很快就感到不安了。在秘密社团组织的帮助下，另一位激进的领导人焦达峰掌握了革命的领导权。当时谭延闿感到很惊慌，他对一些官员们说道：

> 革命不同于土匪作乱，只有得到同名门望族和军官们的合 236 作和支持才有可能成功。[19]

因此，当焦达峰以革命同盟者的名义接管湖南政府时，谭延闿转而向军队求援。毛泽东站在一个旁观者的角度观察到：

> 新都督（焦达峰——引者注）和副都督（陈作新——引者注）在职不久。他们不是坏人，而且有点革命的愿望。他们很穷，代表被压迫者的利益。地主和商人都对他们不满。过了没有几天，我去拜访一个朋友的时候，看见他们已经尸陈街头了。原来代表湖南地主和军阀的谭延闿组织了一次叛乱，推翻了他们。[20]

因此，1911 年 10 月辛亥革命爆发后，许多同盟会的革命者就被上层人士取代。而且，在不到五年的时间里，改革派就被军阀排挤出了权力中心。1916 年后，军阀统治了大半个中国。显然，人们已经明白，辛亥革命仅仅摧毁了旧的政体，它并没有重建一个新的民族—国家。而革命者在扫除了旧的儒家君主专制之后，他们确实为未来的变革提供了某种可能性。在这个意义上，辛亥革命开启了一个时代，在这个时代中政治得以继续发展，社会进行不断变革。

对于毛泽东来说，伴随着革命而来的是他加入了武汉军阀唐生智的革命军。他留在军队中的时间并不长。当他离开之后，开始踌躇选择以什么来作为他的事业。后来，毛泽东决定在湖南省立第一师范学校读书，一读便是五年。在这段时间内，他开始接近当地的城市知识分子（由谭延闿这样的人来领导）。在湖南一师，毛泽东不久便成为显赫的学生领袖：他是学友会的总务，高年级时曾经在陈独秀主办的先进杂志《新青年》上发表了一篇文章。有一段时间，毛泽东甚至计划留学海外。毛泽东在帮助组织旅法勤工俭学活
237 动的过程中，他自己的乡村情结正在减弱。对于他来说，离开长沙似乎理所当然。此时，他恰好与几个正准备前往欧洲留学的湖南学生一道前往北京。最终毛泽东还是决定留在国内。这也许是因为他发现法语和英语太难学了。后来，他告诉斯诺说："我觉得我对自己的国家还了解得不够，我把时间花在中国会更有益处。"[21]不管出于什么原因，这一决定使得他同家乡保持了更密切的联系。毛泽东在北京大学图书馆短暂地工作了三个月之后，便回到了湖南。

1919 年五四运动爆发时，毛泽东正在长沙的一所小学里教书。五四运动最初只是一场北京学生的抗议行为。当时，日本在西方列强的支持下，对中国提出了无理要求，而中国的军阀们却对此做出

允诺。随着五四运动在整个中国传播开来，学生、商人、工人们都联合起来，号召民族团结，反抗帝国主义。毛泽东也受到了这次运动的影响。他在长沙成功地组织了抵制日货的行动，并且在1919年7月的《湘江评论》上发表了一篇文章，号召“贫苦大众团结起来”：

湘江評論

《湘江评论》。

> 原来中华民族，几万万人，从几千年来，都是干着奴隶的生活……于今却不同了，种种方面都要解放了。思想的解放，政治的解放，经济的解放，男女的解放，教育的解放，都要从九重冤狱，求见青天。我们中华民族原有伟大的能力！压迫愈深，反动愈大，蓄之既久，其发必速，我敢说一怪话，他日中华民族的改革，将较任何民族为彻底，中华民族的社会，将较任何民族为光明。中华民族的大联合，将较任何地域任何民族而先告成功。诸君！诸君！我们总要努力！我们总要拼命向前！我们黄金的世界，光荣灿烂的世界，就在面前![22]

正如斯图尔特·施拉姆所指出的，这篇文章表明毛泽东此时还 238
没有成为一个马克思主义者，他还只是一个民族主义者。[23]然而，人们也能够察觉到毛泽东在文中首次体现出来的那种激动之情。毛泽东相信，中国将自强，中国的这个变革一定会发生，因为中国这个国家已经受到了太多的压迫。毛泽东此时开始意识到，“压迫”将创造出某种对抗性力量。人们将通过斗争而得到解放，他们的意志将团结在一起，去建立一个中国历史上新的黄金时代。

为了恢复国家实力，取得民族独立，这种对于群众运动的新信仰已经成为广泛爱国行动的一部分，并受到了马克思主义理论的影响。毛泽东最初接触马克思主义，主要是通过阅读李大钊的著作。《布尔什维主义的胜利》一文是李大钊为了庆祝俄国十月革命而写的。1919年在长沙，毛泽东将这篇文章作为宣传共产主义的教材。李大钊的革命观是世界性的，他认为中国的解放斗争应被视为世界历史的一部分。他宣传城市应该与乡村重新团结在一起，而通过城市青年和乡村大众的民族团结，中国将会发生改变，这听起来显然有些理想化。

> ……应该投身到山林里村落里去……文化的空气才能与山林村落里的树影炊烟联成一气，那些静沉沉的老村落才能变成活泼泼的新村落。新村落的大联合，就是我们的“少年中国”。[24]

然而，三年之后，李大钊开始接受中国的现实，他认为确实有必要进行社会斗争，将中国的“无产阶级国家”与社会主义的世界革命联系起来。为了号召人们支持农民运动这一民间传统，李大钊宣传，三合会和太平天国运动是阶级斗争的历史，它们应该与马克思主义的全球斗争直接联系起来。自然而然，尽管辛亥革命是“在孙中山的领导下”进行的，但是中国国民革命的“潮流”却“进入了世界革命的正确道路，必将改写人类历史新的篇章”[25]。

李大钊的民族革命理论给毛泽东留下了深刻印象。其中，最直
239 接的影响可能在于，毛泽东开始认同统一战线的理论：此时尚无经验的中国共产党和孙中山领导的三民主义国民党之间应该联合起来，形成统一战线，共同抵抗外国侵略。[26]最初，许多共产党人反对与国民党的合作。因为国民党是以“资产阶级”为基础的政党，它将会吞没掉弱小的“无产阶级”共产党。然而除了这种忧虑以外，中国共产党内的部分党员仍坚持最初的国民革命运动，坚持爱国联盟，他们甚至接受了资产阶级。诚然，资产阶级中也包含那些支持国民党的商人，他们也许能够领导这场反帝反军阀的斗争。毛泽东是赞成统一战线的，他在1923年7月写道：

> 中国现在的政治问题恰恰就是国民革命问题。军阀与外国帝国主义狼狈为奸，动员国民的力量来打倒他们是中国人民的历史使命。这个革命是国民全体的责任……但是，由于历史的必然和目前的发展趋势，商人在国民革命中应担负的工作较之其他国民所担负的工作，尤为迫切和重要。[27]

因此，统一战线理论帮助毛泽东在全国范围内稳定了地位，他成为湖南省驱逐张敬尧运动的领袖。此时，要反对军阀就必须得到

民众的支持。因此，通过统一战线，毛泽东再次处于改良派精英知识分子和普通民众之间。在这期间，毛泽东已经获得了宝贵的组织经验。此时，他已经逐渐将民族解放运动等同于社会革命。

在统一战线内，毛泽东的作用越来越模糊不清了。他在1926年2月《中国农民》杂志上发表了一篇文章，文中对此做了很好的阐述。 240
这里毛泽东明确指出，中国过去一切革命斗争的成效甚少，其基本原因就在于不能团结真正的朋友，来攻击真正的敌人。在中国，这便意味着革命者并没有意识到“大资产阶级”（如乡村的大地主，城市中的大商人、银行家和实业家）是他们的阶级敌人，而部分犹豫不决的“中产阶级”、“小资产阶级”（自耕农）、“半无产阶级”（半自耕农）、“无产阶级”（雇农）是他们的阶级同盟。因此，毛泽东挑出了部分改良派精英（大部分是地主）作为革命的阶级敌人。与此同时，他还号召要与“我们的真正的朋友”进行民族团结。毛泽东相信，“我们的真正的朋友”占据了中国人口的99%。[28]

北伐军迅速掀起了革命的高潮，席卷整个中国，它给予地方军阀和帝国主义者以猛烈的打击。几个月后，正如毛泽东在著名的《湖南农民运动考察报告》中指出的：

> 很短的时间内，将有几万万农民从中国中部、南方和北部各省起来，其势如暴风骤雨，迅猛异常，无论什么大的力量都将压抑不住。他们将冲决一切束缚他们的罗网，朝着解放的路上迅跑。一切帝国主义、军阀、贪官污吏、土豪劣绅，都将被他们葬入坟墓。[29]

对于谭延闿和像他这样的“资产阶级”乡绅来说，这场风暴最初是要宣扬这些开明乡绅的旧有文化观念，他们在鸦片战争中组织民兵力量，他们的精英主义平民论（elitist populism）强调了思想领导的重要性，他们试图激发人们的反抗热情，来抵制外部敌人（如帝国主义者、军阀、腐败官员）和内部叛徒（土豪劣绅）的入侵。谭延闿本人认同孙中山的政治方针，他改善民生，并通过这一 241
政治原则来指导经济建设。换言之，中国已经观察到西方工业化社会中那种激烈的阶级斗争。为了缓和这种社会矛盾，国民党的经济改革良方便是进行国家社会主义。

1925年，孙中山去世后，国民党的领导人继续强调孙中山在国民革命中的领袖地位，贯彻他的政治主张。胡汉民认为，帝国主义发展的原动力是个人的利益诉求，马克思主义仅仅是用阶级利益替代了个人利益，而民族团结要求我们先将这种特殊性放置一边，阶级斗争只会削弱反抗帝国主义的力量。[30]1926年10月，毛泽东来到上海，担任中国共产党中央农民委员会书记。12月，他回到湖南，进行农民运动调查。毛泽东很快就发现，那些最活跃有力的农会组织都是由穷苦农民自己掌控的，他们同地主政权进行了斗争：

> 农民既已有了广大的组织，便开始行动起来……农民的主要攻击目标是土豪劣绅，不法地主，旁及各种宗法的思想和制度，城里的贪官污吏，乡村的恶劣习惯。……地主的体面威风，扫地以尽。……乃是广大的农民群众起来完成他们的历史使命，乃是乡村的民主势力起来打翻乡村的封建势力。……打翻这个封建势力，乃是国民革命的真正目标。[31]

毛泽东将国民革命的最终目标确定为反帝、反封建、反军阀后，他就已经构造了他自己的历史冲突发展模式。后来，毛泽东总
242 结道，阶级斗争是一切事物的关键。在群众路线、无产阶级意识的觉醒、军事动员和国民革命中，这一原则必须贯彻始终。尽管毛泽东八年前便提出了“大联合”，但正是在阶级斗争中，毛泽东才得以发现通往最终“大联合”的方法。他在湖南进行考察的时候发现，农民运动不仅仅是“扎克雷起义”。社会斗争本身就会创造政治参与的形式。农民们受到鼓舞，他们为了发泄心中对地主的愤怒，会自觉行动起来，走到斗争的最前列，并成立农会组织，“他们举起他们那粗黑的手，加在绅士们头上了”[32]。此时，农会组织暂时取代了地主的乡村政权，在审判土豪劣绅的特别法庭上，农民发泄了他们心中的愤慨。当然，这种状况只是暂时性的，此时“无赖”们统治了整个乡村。

毛泽东在1927年说，国民革命终究是一场社会变革，这场变革部分地反映了他所见证的那些历史进程。但对于统一战线中保守派（如胡汉民）的新三民主义，这场革命也意味着某种政治反应。在

更深的层面上来说，毛泽东在《湖南农民运动考察报告》中已表明了他自己的决心，他要放弃谭延闿的精英主义平民论，转而投入到中国农民的农村起义中去。因此，他要成为阿Q式的贫苦农民，成为这些“无赖”：他们穿着破鞋，拿着破伞，披着蓝色褂子，偶尔也会赌牌……但现在他们已经敢于昂起头来。[33]

以上这些话，出自毛泽东《湖南农民运动考察报告》。后来，毛泽东对埃德加·斯诺谈论他在湘乡的学生时代时说：“我平常总是穿一身破旧的衫裤，许多阔学生因此看不起我。”[34]尽管毛泽东本人回忆他“穿着寒酸”，但我们应当注意到，毛泽东那时还是一个学生，他至少是中国知识分子精英中的一员。他的农村出身、他的学生身份都可能削弱他对贫苦大众那种无意识的认同。但是，当毛泽东支持下层民众，并想要进一步接近他们时，他显然是要经历一个有意识的转变过程的。1942年，毛泽东发表了《在延安文艺座谈会上的讲话》。在这篇文章中，他清楚地表明，他已经解决了精英知识分子和民众文化传统中的矛盾，他要通过社会价值转换使革命者与剥削阶级划清界限，从而将精英知识分子排除在外。李大钊鼓励他的学生到群众中去，毛泽东现在也告诉他的那些知识分子追随者们，要成为群众中的一员。 243

> 我是个学生出身的人，在学校养成了一种学生习惯，在一大群肩不能挑手不能提的学生面前做一点劳动的事，比如自己挑行李吧，也觉得不像样子。那时，我觉得世界上干净的人只有知识分子，工人农民总是比较脏的。知识分子的衣服，别人的我可以穿，以为是干净的；工人农民的衣服，我就不愿意穿，以为是脏的。革命了，同工人农民和革命军的战士在一起了，我逐渐熟悉他们，他们也逐渐熟悉了我。这时，只是在这时，我才根本地改变了资产阶级学校所教给我的那种资产阶级的和小资产阶级的感情。这时，拿未曾改造的知识分子和工人农民比较，就觉得知识分子不干净了，最干净的还是工人农民，尽管他们的手是黑的，脚上有牛屎，还是比资产阶级和小资产阶级知识分子都干净。这就叫做感情起了变化，由一个阶级变到另一个阶级。[35]

通过与群众达成一致，毛泽东不仅接受了底层民众的社会习俗，还彻底抛弃了自己身上的资产阶级文化思想。当毛泽东决心熟悉底层民众的文化观念得到他们的支持时，阶级斗争和爱国主义便在他身上得到了完美的展现。

16 岁时，毛泽东发现“假洋鬼子”实际上是政治上的爱国者。从那时起，毛泽东就已经是城市资产阶级的一员了。然而，到了 1927 年，他开始认识到，上层阶级是中国民族解放斗争的敌人，成为资产阶级就是成为剥削阶级和帝国主义的帮凶。据说，毛泽东在
244 上海遇到了一个老同学，他刚从国外留学回来。毛泽东当时穿着一身中式破衣服，他看了一眼他朋友穿的西服，建议他把衣服换成当地的。朋友问：“为什么？”毛泽东的回应是，把老同学带到上海市的一家公园门口，指给他看门口挂着的招牌：“华人与狗不准入内。”[36]在毛泽东眼中，资产阶级已经在社会层面、文化层面背叛了中国。因此，毛泽东的革命理想便转变成一种新形式的民族革命。

随后，毛泽东在阶级问题与民族问题之间建立了密切关系。毛泽东是一名共产党员，他不能忽视国际上阶级斗争的重要性。他也是一名爱国者，他必须把国际上的阶级斗争同中华民族的重新统一强大联系起来。1937 年，他对艾格尼丝·史沫特莱说：

> 共产党人绝不将眼光局限于一个阶级的一时利益，而是极为热忱地关注中华民族的命运，而且是永远以民族命运为怀……中国共产党人是国际主义者，他们支持世界共产主义运动。但同时他们又是保卫祖国的爱国者……爱国主义和国际主义决不矛盾，因为中国只有获得了独立和自由，才可能参加共产主义运动。[37]

毛泽东和他的同志们打败了国民党，最终赢得了内战的胜利。从那时起，毛泽东便设法将社会革命本身纳入民族解放的旗帜之下了。因此，新中国成立前夕，大多数中国人都会和毛泽东一样自信地认为：“我们有一个共同的感觉，这就是我们的工作将写在人类的历史上，它将表明：占人类总数四分之一的中国人从此站立起来了。”[38]

245 毛泽东对于民族复兴的贡献来自他的阶级斗争观念。毕竟，他的爱国主义也是一种形式的平等主义。毛泽东通过激励共产党员与人民

群众团结在一处，将精英主义平民论转变为一种独特的信仰，从而促使知识分子转变他们的阶级立场。这种平等主义改变了人们的阶级情感，并最终促成了“无产阶级国家”。1965 年，“文化大革命”爆发前，安德烈・马尔罗（André Malraux）访问中国并向毛主席致敬。毛泽东在人民大会堂接见了他。毛泽东对他谈道，为了改造中国的传统习俗，使人们形成日常劳作的革命传统，中国人民进行了不懈的斗争。在毛泽东看来，新中国将是一个精英干部与广大群众密切结合的社会。

在倾听毛泽东讲话时，马尔罗联想起了中国历史上的皇帝，还有更多的东西。自列宁以来，再没有人能够如此深刻地撼动整个世界了。主宰世界力量的欧洲时代似乎已经成为过去，而中国的新纪元即将开始。想到这些世界的征服者们，马尔罗告诉毛泽东，他相信，未来的中国将成为世界的强国。毛泽东缓慢地回答说，他还不能肯定：

> 我不知道未来是什么样。但我知道如果我们的方法正确，我们不背叛共产主义，中国就一定会焕然一新。但是在这斗争中，我们是孤独的。我将孤独于大众。慢慢来吧。[39]

从那时起，毛泽东就去世了。现在，人民群众必须等待，必须在没有毛泽东领导的情况下继续斗争。

246 政治家毛泽东

约翰·基廷斯（John Gittings）

在毛泽东去世10年前，对于那时大多数研究中国外交政策的西方专家们来说，选择这个标题将是难以置信的。因为在中国的领导层内，人们普遍承认的政治家只有周恩来，而关于毛泽东对中国外交事务的兴趣与相关活动记录已经由于冷战而模糊不清了。毛泽东通常被视为一个对世界几乎一无所知的人，他对世界理解得太少，他将他的国家推进了与苏联的灾难性决裂中去。

10年后，在我们哀悼这位领导世界的政治家时，从美国的福特总统到菲律宾总统马科斯，他们不假思索地赋予毛泽东以“政治家”的称号。在过去的几年里，他们中的大多数人都拜访过毛泽东。或是由于被毛泽东丰富的外交经验而震撼，或是出于外交审慎，他们在谈及毛泽东时都认为他格外了解国际事务。现在，大多数人已经发现，毛泽东的反苏热情非常符合他们的喜好。甚至很多人声称，他们已经与毛泽东本人建立了特殊的关系，当然这种关系的对象如果不是毛泽东本人的话，那至少也是周恩来。然而，在周恩来去世前，毛泽东更多地被认为是中国外交政策的执行者而不是发起人。

在西方，这类态度上的转变并不新鲜，并且以中国为对象进行的学术研究也愈加常见。由于在判断一个世界领袖的“政治家风格”时，我们尚且缺乏任何定义明确的标准，因而如果人们仅仅以政策是否与西方外交利益一致来作为衡量标准，这也许并不奇怪。但我们可以肯定的是，如果毛泽东在他去世前选择将中国外交政策向苏联倾斜，那么人们将会对他进行更为批判性的审视。

247 当然，用一个原则性的方法对毛泽东的成就和失误做出永久性的判断是另外的问题。这些成就和失误来自毛泽东对中国外部事务的影响。因为我们可以根据三种非常不同的标准来做判断——尽管前两个可能在目前的条件下存在重复之处：

（1）衡量毛泽东对“世界和平”的贡献，或他对维护某种国际稳定性以保持现有秩序的贡献。

（2）衡量毛泽东对中国社会主义的建立和巩固的贡献，包括其中界限分明的利益划分和建立保护国家免受外部干扰的社会和政治体制。

（3）衡量毛泽东对社会主义建设的贡献和他对推动无产阶级革命的贡献。当然，社会主义建设包括国内与国外两个方面。

第一个和第二个标准已经为西方的“政治家”们普遍地应用了，而且我们发现在毛泽东的垂暮之年，运用这两个标准来对他进行评价最为有利。但“一个国家内的社会主义”与无产阶级国际主义存在着矛盾，而正是这种矛盾才导致了实际利益与毛泽东的政治才能这一重要问题的出现。并且我在这篇文章里集中论述的也恰恰是这个问题。

在剥削世界的国家中，那些有政治觉悟的人已经较早地了解到，除非人们能够摆脱这些剥削者，否则未来将取决于这些剥削者。“大象打架，草地遭殃”是一个古语，我们似乎有同样的理由将其归于坦桑尼亚总统尼雷尔和柬埔寨西哈努克亲王。几十年前，在1923年毛泽东曾更尖锐地指出：“洋大人打了一个屁都是好的‘香气’。”[1]1940年，他比较温和地论述道：“帝国主义侵略中国，反对中国独立，反对中国发展资本主义的历史，就是中国的近代史。”[2]

在20世纪的前几十年里，对于中国数百万的年轻人来说，这类的陈述是司空见惯的。当时许多年轻人由于排外斗争而参与政治，
这导致了1911年革命的爆发；到了1919年，在五四运动中，这些 248
年轻人帮助开启了社会和文化革命的新阶段。在20世纪20年代，他们在联合抵制和罢工中又帮助创建了中国无产阶级武装。不论中国人民的斗争有多艰难，在任何特定的时间下，帝国主义国家之间的联盟转变都会大大影响它们侵略中国的性质和程度。这是常识。随着西方的掌控逐渐减弱，日本取代了老牌帝国主义国家，这种侵

略的特性便表现得尤为明显。毛泽东在 1938 年认为："中国已紧密地与世界连成一体，中日战争是世界战争的一部分，中国抗日战争的胜利不能离开世界而孤立起来。"[3]

从理论上讲，在事业的早期，毛泽东在中国共产党内就已经敏锐地意识到帝国主义和中国革命之间的关系，他把这归纳为中国是"一个半殖民地半封建国家"。这里引人注目的并不是这种说法本身，而是毛泽东利用这样的界定指出了中国前进的道路，并表现出革命乐观主义精神。作为一个"半封建社会"，中国的弱点已经将民族暴露给帝国主义国家。但中国地理上的广袤，加上外国列强的竞争，这便意味着单独的一个帝国主义国家并不能吞并中国，因此中国只能是"半殖民地"。斯大林和孙中山两人虽然所采取的角度不同，但他们都认为中国的这种状态比彻底沦为殖民地更可怕。与此相反，毛泽东认为中国的半殖民地国家状态为中国人民战胜半殖民者提供了一个重要机遇，同时，这也会促使中国人民中的革命者继续坚持斗争，反抗帝国主义的统治。一方面，帝国主义在争夺中国时会产生内部矛盾；另一方面，在中国内的各个敌对团体中帝国主义者需要代理人。这样，革命者不仅可以利用这些矛盾，还可以利用后者。帝国主义者无法在中国建立统治。笼统地讲，这与 1928—1930 年毛泽东所认为的中国局势相一致，虽然此时毛泽东正退往井冈山。当时各方军阀的背后都有帝国主义者的支持，而井冈
249 山便是这些军阀们进行领土争夺时的"无人区"，因而在井冈山中国革命的"红色政权"不仅可以生存，而且还会蓬勃发展。[4]

> 如问中国革命高潮是否快要到来，只有详细地去察看引起革命高潮的各种矛盾是否真正向前发展了，才能作决定。既然国际上帝国主义相互之间、帝国主义和殖民地之间、帝国主义和它们本国的无产阶级之间的矛盾是发展了，帝国主义争夺中国的需要就更迫切了。帝国主义争夺中国一迫切，帝国主义和整个中国的矛盾，帝国主义者相互间的矛盾，就同时在中国境内发展起来，因此就造成中国各派反动统治者之间的一天天扩大、一天天激烈的混战，中国各派反动统治者之间的矛盾，就日益发展起来。[5]

毛泽东的分析存在两个特征。直到 20 世纪 70 年代以及尼克松

访问北京，这两个特征才会透露出毛泽东的世界观。但它们却并不为中国共产党领导层中的绝大多数人所认可。当然，这些人也没有遵从斯大林的共产国际路线；并且，这两个特征在未来也许会遭到反对。第一个特征是，毛泽东赋予了中国对外关系绝对重要性，(所以他认为）这代表了中国所面临的主要矛盾，并且根据他的半殖民地理论，这种情况将导致阶级斗争在中国的最终形成。毛泽东的同事陈伯达后来写道，毛泽东此时“看出了帝国主义和中国民族的矛盾这个因素（这正是半殖民地中国的特点）如何促成了或影响了其他矛盾的发展”[6]。第二个特征来自毛泽东早期的观点。毛泽东认为，目前最重要的事实是那些对中国造成威胁的外国强权者们，他们内部分裂了，我们应当研究、分析和利用帝国主义之间的矛盾 250
(1928 年 10 月，他提到西方列强之间“矛盾”)。1927 年，国共统一战线破裂以后，毛泽东的观点直接与共产国际路线发生冲突。毛泽东认为，虽然帝国主义各国对华政策之间并没有本质区别，但革命的主要目标必须是“内部敌人”，包括民族资产阶级（这些人已经在南京与“封建制度”联合在一起)。1929 年，中国共产党受到了共产国际的训斥，因为中国共产党认为，在美国的远东政策与英国和日本的在华利益之间存在着某种冲突。[7]

长征后，随着日本进一步入侵中国，对于中国共产党和斯大林而言，毛泽东的方法显然更为有利。中日战争大大弱化了西方列强与中国之间的矛盾，而中国对民族资产阶级的敌对态度也变得日益和缓。这与欧洲共产国际所支持的民众统一战线主义（Popular Frontism）有相似之处。很少有人对此会持不同政见，毛泽东在 1937 年写道：“由一般帝国主义和中国的矛盾，变为特别突出特别尖锐的日本帝国主义和中国的矛盾。”[8] 当时，某些党内领导人（特别是共产国际的代表王明）希望更进一步与蒋介石资产阶级国民政府联手抗日。但毛泽东成为中国共产党外交事务的有效发言人，那时他已经建立了他的权威形象，他对此撰写了大量的评论（这些评论很少收录到他的选集里）和演讲稿。对于埃德加·斯诺等外国访问者来说，这促使他们开始了向延安的朝圣之旅。在 20 世纪 40 年代早期，由于共产党的边区根据地遭到封锁，这些访问者的旅程便被迫停止了。但1944—1947年这些访问又恢复了起来。这时，不仅是记者，还包括美国驻华使节也来到延安，他们观察延安根据地的情况，往往会惊叹于毛泽东那令人印象深刻的对国际事务的理解。埃德加·斯诺写道，他是“一名学习世界事件和政
251 治分析的学生”，他每晚要处理大量电报，这些电报“或来自山西前线，或来自中国各地，或来自国外”[9]。而尼姆·威尔斯注意到，毛泽东在与客人谈话时，总是很威严。毛泽东“在他的声明中总是深谋远虑，像一位王者”[10]。

在中国和世界的这10年战争里，对于如何在不断变化的国际舞台上进行发展，使之与中华民族和中国革命的利益紧密相连，毛泽东基本上抓住了问题的要害。人们已经极度怀疑英国和法国试图促进“远东慕尼黑”，但很快这就已经与中国的局势无关了，因为世界此时受到苏联和美国两个国家左右。显然，毛泽东没有把它们视为“超级大国”，他在二者之间划分出明显的区别，即帝国主义美国和社会主义苏联。在20世纪30年代末以及40年代中期，我们可能会看到毛泽东后来采取的态度的发展变化：（1）将整个国际舞台视做“超级大国”活动的根据；（2）主要是依据于它们的对华行为来判断每个国际巨头的功绩。此外，尽管毛泽东尽力使他的发言与苏联的政策相一致，但在精神上，它们往往存在分歧，这一点苏联自己也意识到了。

毛泽东对决定他态度的基本原则已经做了陈述，他没有提及无产阶级国际主义，事实上，这体现在1939年9月的苏德签订《互不侵犯协定》时他的第一反应中。与苏联不同，他没有感到必须把道德的光环加诸这项条约中，他只是相当坦率地将其解释为与虎谋皮以求自保，他认为中国也应该这样做：

> 在外交方面，凡助我者友之，凡助敌者敌之……例如过去德意助敌，汪精卫等主张走德意路线，这是完全错误的汉奸理
> 252 论，而如果今后德意放弃其助敌政策，那我们就不妨与之接近，用以减少敌人的力量。又如英国如果他助敌张目，我们就决不能依赖他，而且必须时常警戒他对于我们的诱胁，以免堕入漩涡，危害抗战。至于苏联，应该增强我们对他的友谊，形

> 成中苏两大民族的联合阵线，以便取得更多的援助，巩固抗战的阵地。对美国的态度也大体是如此。[11]

两周后，也许是限于党内亲共产国际者的压力，毛泽东对于将美国和苏联一起划归为中国的援助来源做出了道歉。但他继续认为，不论欧洲有可能发生什么样的事情（毛泽东现在观察的是苏联路线，这与选择哪个帝国主义国家无关），中国只要考虑到“敌人的敌人就是我们的朋友”[12]。

毛泽东的极端现实感也让他预测到某种可能性。或许有一天，如果盟国看起来可能击败德国，并且下一步攻打苏联的话，那么为了苏联的利益，中国可能在战争中选择站在德国的一边，而苏联与德国的统一战线将伴随着这场“有利于社会主义国家的战争”[13]而来。在与埃德加·斯诺的谈话中，毛泽东也曾思索过，苏联与日本和解的前景可能会导致签订互不侵犯条约。他称这为“列宁主义的可能性”（即是合理的，就像订立《布列斯特条约》，为了保卫苏联而采取的必要的策略），尽管他补充道（也许只是表面现象），只要这样的条约“不干涉苏联对中国的支持”。但一般来说，毛泽东谨慎地降低了苏联大规模援助中国的可能性，并且做出了相当正确的判断，即中国的战争局势日渐加剧了莫斯科的忧虑。[14]

然而，在 20 世纪三四十年代，毛泽东是否根本上“忠于”苏 253
联，或是要证明他的“独立”，对于这个问题的讨论已经偏离了本文的主题。但毛泽东的一生都承认，是十月革命鼓舞他投身到 20 世纪的共产主义革命中去。他也承认，苏联作为社会主义的唯一堡垒，它在其他革命取得成功前就已经存在了近 30 年，它已然背负了太过沉重的责任。1939 年他在斯大林 60 岁诞辰时写道：“这真是幸事，现在世界上有了一个苏联，有了一个共产党，又有了一个斯大林，这世界的事情就好办了。”[15]但毛泽东显然也承认这样的事实——错误将由“伟大领袖”做出。当不同的革命力量在各自为生存而战时，它们面对着不同的矛盾，人们不必也无法将这些利益统一起来。这可能是毛泽东的同事中那些立场坚定的人所难以接受的。毛泽东也不认为，首个革命成功了，这种模式就应该成为后续革命的样本，它也不应该被看做更富有经验的表现形式。这便是 1942—

1943 年延安整风运动的主要任务，也是毛泽东对 1943 年 5 月共产国际解散的回应。

> 中国共产党经过三次革命运动，这些革命运动是连续不断的，是非常复杂的，甚至比俄国革命还更复杂。在这些革命运动中，中国共产党已经有了自己的身经百炼的优秀干部。自一九三五年共产国际第七次世界大会以来，共产国际即没有干涉过中国共产党的内部问题，而中国共产党在整个抗日民族解放战争中的工作，是做得很好的。[16]

抗日战争结束后，中国的内战即将开始，苏联和中国共产党之间的利益分歧问题已经占据首位。斯大林试图劝阻中国共产党不要
254 发动与国民党的战争，这已经是众所周知的事了。他“就是阻止中国革命，说不能打内战，要与蒋介石合作，否则中华民族就要灭亡”[17]。那时，美国垄断了原子弹，并且经济愈加强大，而苏联的利益则倚赖于世界权力的持久平衡。这样，中国内战可能会招致美国的干预，并且除非苏联也介入其中，否则中国这个苏联东部的一个重要缓冲带将受到威胁（周恩来后来回忆道，斯大林“生怕发生第三次世界大战”[18]）。

人们也许并不知道，对于那些焦虑于此的同事们，毛泽东是如何向他们证明苏联行为的合理性的。毛泽东一方面主张中国共产党的权利，另一方面也认为苏联有权追求与其利益一致的自己的道路。毛泽东在 1946 年 4 月的党内备忘录中（这是一份重要的文档，即使现在也只能看到经编辑后的版本）认为，首先，第三次世界大战的危险确实存在，而且苏联完全有权利与其潜在的敌人达成“这种妥协，是说在若干问题上，包括在某些重大问题上”。但是，毛泽东继续写道：

> 这种妥协，并不要求资本主义世界各国人民随之实行国内的妥协。各国人民仍将按照不同情况进行不同斗争。[19]

其次，毛泽东并不满足于将不同的革命力量分散开来，与帝国主义开展斗争。在 20 世纪 60 年代，路线分析再次变得重要起来。实际上，毛泽东将中国革命（也包括其他殖民半殖民斗争）的关键

定位在战场上。1946 年 8 月，毛泽东接受安娜·路易斯·斯特朗的采访，他用他著名的“纸老虎”理论解释道，真正的行动发生在两 255 个大国之间。他在阐述他的论点时，用一长串的茶杯来指代它们（包括中国）之间巨大的中间地带。毛泽东总结道：“在这样的情况下，这些国家的广大人民将束手就擒？当然不是。他们会站起来反抗。”[20]这一阐述在 20 世纪 60 年代成为著名的“中间地带理论”。这一论述还意味着，在这一系列的茶杯中，中国即便不是最重要的国家，那也是最重要的国家之一。中国共产党的官方宣言指出，国际舞台上“政治中的主要矛盾……不是在资本主义世界与社会主义苏联之间，也不是在苏美之间”。相反，它包含了资本主义世界的内部矛盾，值得注意的是，它也包括“中美矛盾”[21]。

具有讽刺意味的是，1946—1947 年，毛泽东选择与美国合作，而不是对苏联外交。当然，这可能是为了防止内战，而且此时美国驻华大使马歇尔将军为此付出了巨大的努力。同样的现实感使毛泽东放弃了苏联的援助。他更有力地说服美国支持中国共产党，或者至少使美国在中国共产党和国民党之间保持中立，因为 1944 年 7 月，他首次在延安发现了来自美国陆军观察组（“迪克西使团”）的记者和成员。在埃德加·斯诺访谈中，以及 20 世纪 30 年代后期，在其他外国人对毛泽东的采访中，毛泽东希望外国能够援助中国整体。他甚至向斯诺描绘了一幅中国拥有真正的“人民政府”时的温暖图景：这个政府有一天会寻求外债并批准外国在华的商业利益。[22]当然，毛泽东此时可能并不坦诚。1944—1945 年，毛泽东再次邀请美国介入，这次中国共产党声称它独自代表“民主”中国。尽管“民主”的说辞是罗斯福对战后世界的愿景，它可能起到了某种作用，但毛泽东首先用事实打动了美国：在中国，美国是现在唯一重要的外国势力。正如他与年轻的美国驻华使节约翰·谢伟思在 256 第一次会面时所说的：

> 美国已经干涉了有它的军队和物资运入的每一个国家。这种干涉不一定是有意的，也不一定是直接的。但是只要有美国的影响存在，干涉仍然是客观存在的。[23]

对于易受影响的美国人来说，毛泽东的方法巧妙地融合了动人的坦诚和稍许的奉承（在20世纪70年代早期，毛泽东和其他中国领导人采用相同的方法对待那些涌向北京的外国领导人，起到了良好的效果）。没有理由否认，在同一个采访中，他告诉谢伟思“你们到这儿来的主要意义……是对国民党施加政治影响”。然而在第二次会面时，他相当直率地谈到了新的统一战线（后来被称为新殖民主义），并试图以此来引起美国的兴趣：

> 美国为了它的重工业和这一类产品，需要出口市场，它同时还需要为投资寻找出路。中国必须建立轻工业以满足本国市场的需要，并提高本国人民的生活水平。中国最终可以向远东其他国家提供这类产品……美国不但是援助中国经济发展的最合宜的国家，而且也是完全有能力合作的唯一国家。[24]

毛泽东与华盛顿的早期调侃已经被研究中国的西方学者埋没或淡化了20年。长期以来，我们认为毛泽东敌视美国，这是无法和解的。但这种解释与上述调侃显然并不一致，我们只能在大量的推测中慢慢挖掘。后来当尼克松前往北京时，他发现中国在外交方面的方针竟然十分灵活。1945年1月，当毛泽东和周恩来提出立即访问
257 华盛顿会见罗斯福总统时，却出现了一个简短却不令人满意的局面。尽管在公开的记录中记载了这个提议，但它却被忽视了很多年。这个提议引起了美国官方内部在对待中国政策问题上的不一致意见，在讨论最终结束时，他们理所当然地选择赞成（尽管有所保留）蒋介石领导的中国政治经济现状。我们也许能在这个事件中解读出其他重要意义来。毕竟毛泽东提出访问美国的时间，恰好是他到苏联与斯大林签订《中苏友好同盟互助条约》的五年前。[25]

1949年12月到1950年2月，毛泽东表现得与以往一样耐心，他准备留在莫斯科近两个月。此时国际上的冷战局势已经发生变化，而毛泽东也战胜了蒋介石。毛泽东要确保中苏结成联盟，为社会主义中国对抗美国帝国主义的敌视提供重要保障。我们很难衡量毛泽东与斯大林之间到底在多大程度上受这个条约的约束。虽然他们拥有共同的意识形态，但也许在促使中国共产党和苏联联系更为紧密的因素中，当时的国际环境占有了很大的比重。毛泽东面对现实承认，斯大林拥有大部分社会主义建设的资源。毛泽东此时已经

准备妥协，尤其是当他不得不如此做的时候：

> 一九五〇年，我和斯大林在莫斯科吵了两个月，对于互助同盟条约，中长路，合股公司，国境问题，我们的态度：一条是你提出，我不同意者要争，一条是你一定要坚持，我接受。这是因为顾全社会主义利益。[26]

自 1949 年到毛泽东去世，他在中国外交事务领导中所起到的作用并不连续，但却至关重要。在整个 20 世纪 50 年代，除了一些以他的名义发布的正式问候和信息外，他再没有进行过公共讲话。直到 20 世纪 60 年代，他才接见了几个外国友人。但仅仅是在“文化大革命”开始后，在激情的余晖（这激情恰是他在对国际事务的最初革命中所显现的）中，他再次成为一名表演者，一位在外国朝圣 258
者眼中引人注目的人，直到他的能力无以为继，他最后的访谈才开始变得痛苦和窘迫起来。

显然，毛泽东对中国的外交并非一直感兴趣，他也没有让自己去关注这些细节，他只是在他所认为的关键时刻才回去干涉中国的对外事务。在处理国内事务时，毛泽东只是确保中国的发展能够进行下去，当面临困难的决定时，他要么知难而上，要么抓住时机做出决定。在 1949 后的外交记录中，有三大转折点尤为突出：中国加入朝鲜战争，中苏论战，20 世纪 70 年代早期向西方开放。每种情况都是毛泽东在主导航向。1949 年后，毛泽东的演讲和著作对于我们来说已经家喻户晓，在“文化大革命”以来的各种“非官方”收集中，无不显示出他那相同的外交作风以及他对外部世界的选择性关注。在重大危机时刻，他总是会挑出问题的主要特征，首先考虑两大强国的行为。毛泽东在革命期间便一直将精力投注在这两个国家中。在他看来，世界的其余国家的行动在很大程度上都取决于这两大国家的决定。对于毛泽东来说，根据华盛顿和莫斯科的反应来继续规划他的事业是合情合理的，因为这两个国家主导了整个国际环境，并且与中国的发展息息相关。

1950 年 2 月，通过《中苏友好同盟互助条约》，毛泽东为新中国成功地赢取了喘息之机，自此中国首次处于和平状态 12 年。6 月份，毛泽东说，它将“使我们能够放手地和较快地进行国内的建设工作”[27]。但是在这个月结束之前，朝鲜战争已经开始，这迫使毛泽东在几周内做出决定：中国应该干预和阻止美国政权打垮朝鲜并越过鸭绿江的行径。[28]这显然遭到了他的一些同事的反对。虽然中国的重建继续着，但朝鲜战争给中国和两个大国之间的关系带来了灾难性的影响，它导致了中国与美国联系的彻底断裂，增加了中国对
259 苏联的依赖程度。在20世纪五六十年代的其余时间里，中国外交的大部分努力便集中在调整这个外交失衡的问题上。

到了1955—1956年，毛泽东强烈反对中国共产党由于依赖苏联的援助而不加区分地复制苏联模式。1956年12月他说道：“我们提学习苏联经验的口号，从来没有提过学习他们落后的经验。”[29]而且在前一年，已经有人批评他提出的加快农业生产合作社运动的主张，对此他回击道，在许多方面中国的经验要比苏联更为丰富。这一点在革命期间毛泽东就已经公开谈论过了。

> 我是二十多年根据地经验，三次革命战争的演习，经验极其丰富。胜利前，各个方面均有经验，左右好几次，很快组成国家，完成革命任务。（苏是新起家，十月革命，无军，无政，党员少）。……不要老比苏联。[30]

毛泽东想必已经知道，在各种中国被排除在外的国际峰会中，苏联的领导人与西方政客们交谈时，已经提出要拉大自己与北京的距离（1955年9月，赫鲁晓夫对康拉德·阿登纳总理说：“帮助我们对付红色中国！”[31]）。此时，中国正在寻求跳出隔离困境的方法，但不是很成功。因为这时的美国正准备与莫斯科协商和解，同时在1955—1957年拒绝了与中国大使的会谈。显然，美国并不愿意与中国商讨同北京建交的问题。1958年，直到中国可以拿更好的牌到谈判桌前，否则中美对话便不可能实现。但中国渴望改善自己的经济地位，它希望西方尊重中国的主权，承认两国平等的外交关系，这些共同构成了毛泽东发动“大跃进”运动的主要原因。毛泽东说：
260 “过去人家看不起我们，主要是因为我们粮、钢，机械少，现在搞出了东西给大家看看。”[32]在“大跃进”前夕，中国决定发展核武器能力，应该也是出于同样的动机。

1958—1962年是中国与两个大国关系的另一个转折点。毛泽东

以其惯有的对国际形势的锐利分析与两个大国进行了谈判。在对美国的战略方面，毛泽东再次说服国内那些胆怯者，告诫他们不要被联盟和军舰吓倒，因为此时美国试图从海上包围中国。毛泽东指出，这些船只并不能登陆，而军事联盟只不过是掩盖了“所谓西方团结”中的那些深刻裂痕：

> 团结也是有的，杜勒斯正在努力。但是要求“团结”在美国的控制之下，在原子弹下面要求他的大小伙伙〈伴〉们向美国靠拢，交纳贡物，磕响头称臣，这就是美国人的所谓团结。这种形势，势必走向团结的反面：四分五裂。同志们，看今日之域中，竟是谁家之天下。[33]

正如他过去所做的一样，毛泽东建议党内同志坐视帝国主义强国之间的矛盾，让这些强权的僚属们去自己解决问题。从 1956 年苏伊士战争到 1958 年中东危机，毛泽东只看到了“不和”，包括在中国门口的台海危机（引起了苏联的警觉），再一次证明了美国甚至与蒋介石以及更多的西方盟国都是不和的。他从来没有想到“金门、马祖打这样几炮”将引发这样一场风暴。“这就是因为人们怕战争，怕美国到处闯祸。”[34]

在 20 世纪 50 年代后期，毛泽东不仅再次提出了他 10 年前形成的“纸老虎”概念，还同时重新界定了与之相应的国际政治观点。“纸老虎”这个概念在中国被隔离的时期曾团结了整个党。毛泽东主张，苏联此时已经不再像以前那样与美国对立了。虽然这种对立已经长达数年之久，期间伴随着对它们之间广阔地区的人民和国家（包括中国）的清扫和占领。1958 年，他再次提出“中间地带”理论，但这一次在“社会主义阵营”的安全区域中包含中国。 261

> ……我总是觉得，它是霸占中间地带为主。至于我们这些地方，除非是社会主义阵营出了大乱子，确有把握。……所谓真正反共，就是拿军队来打我们，打苏联。我说，没有那么蠢的人。它只有几个兵调来调去。[35]

具有讽刺意味的是，到了 20 世纪 50 年代末，中国和毛泽东被西方普遍认为是绝对的敌对势力和好战分子，而毛泽东对待帝国主义的态度却很轻松，几乎不屑一顾。尽管如此，正如毛泽东在解释

“纸老虎”观点时所说的，短期内人们仍然应该注意帝国主义那挑拨离间的能力。也许美国的事务就像《红楼梦》中大家庭里遇到的问题一样，所谓“大有大的难处”，杜勒斯及其继任者的王朝也必将与中国小说中的贾府一样。[36]

虽然西方帝国主义的衰落和资本主义的崩溃仅仅是一个时间问题（这里毛泽东采取了严格的决定论观点），但社会主义国家却无法如此确定社会主义的成功和共产主义的实现，即使这些国家已经开始“社会主义过渡”。一方面，毛泽东可以对美国的威胁表示蔑视（“美帝国主义可惜只有一个，再有十个也不在话下”[37]），但另一方面，随着“苏联修正主义”的逐渐加深，毛泽东似乎感到中国很难避免这一问题，为此，毛泽东变得越来越悲观。早在1956年11月，他就评论道：“斯大林这把刀子，俄国人丢了。……列宁这把刀子现在是不是也被苏联一些领导人丢掉一些呢?”[38]在“大跃进”时期，毛泽东对最新的苏联《政治经济学教科书》做过系统的研究。在“大跃进”的余波中，他在书上的笔记被党内干部纷纷传阅，其中清楚地阐明了他所主张的当务之急，也表明了他那惯有的不确定性。[39] 1962年，他说：“在社会主义建设上，我们还有很大的盲目性。社会主义经济，对于我们来说，还有许多未被认识的必然王国。”[40]但是他的笔记上推导出的结论却拉大了二者的差距，虽然这一结论从来没有明确出现在中国的官方反苏论证中。毛泽东认为，在当前的苏联领导中很难看到任何可以挽救的未来。我们必须承认的是，在毛泽东最后的分析中，他指出赫鲁晓夫的修正主义深深地植根于斯大林所培养的土壤之中，在这两者领导下的国家所遭遇的事情并不是某种暂时的偏差，而将在很长一段时间内造成社会主义制度的根本扭曲。

262

毛泽东曾对社会主义过渡问题做出过分析，他为了建设中国社会也做出了不懈的努力，我们显然可以看出，他的政治敏锐性要远远高于苏联领导人（包括列宁）。平心而论，毛泽东确实拥有着优势，他可以吸取苏联失败的经验教训。现在，全世界的马克思主义者都理解了，社会主义并不是仅仅依靠建立重工业、实行生产资料公有制就可以实现的。在很大程度上，这种认识要归功于毛泽东以及中国从“大跃进”（不论这场运动在执行中有多少缺陷）开始实行的道路。未来的革命无疑会从先前的革命中吸取教训。中国经验因此而产生。但是，造成中苏领导层内严重意识形态分歧的这种原则性基础却无法解释毛泽东对苏联表现出来的异常怨恨。有人怀 263
疑，人们在回忆革命时期的苏联行为时可能会出现几个层面的曲解。这一时期毛泽东开始寻找中国政策的历史参照点，他准备在没有美苏两大强国的支持下应对内战。因此，在20世纪60年代，他也准备将中国孤立起来，直到这两大强国中至少一个被迫让步。到了1962年1月，他认为苏联的领导权已经被“修正主义篡夺了”；在1964年6月，他宣布：“现在的苏联是资产阶级专政，是大资产阶级专政，德国法西斯式的专政。”这时的苏联已经被认为是中国的主要敌人，他说，（我们）敢跟帝国主义斗争，也打败了帝国主义，我们就不能打胜赫鲁晓夫？

在中苏论战的暂停期间，以及后来形成普遍战线以援助越南抵抗美国侵略的时候，毛泽东都拒绝了当时国际上那些中立共产党的提议，其中包括罗马尼亚和日本的共产党。毛泽东这种做法似乎违背了大部分党内同志的意愿，而毛泽东则指责他们是“你们这些软弱的人”[41]。只有在“文化大革命”开始之后，毛泽东对苏联的领导权的评价才转变为：(1) 社会—帝国主义；(2) 较之于美国，是中国一个更大的威胁。尽管关于毛泽东为什么会如此看待苏联仍缺乏适当的分析，但毛泽东的这种评价却已经成为中国公开发表的官方政策（据说，在“文化大革命”期间，毛泽东的知识分子密友陈伯达曾致力于解释苏联社会帝国主义的社会基础，但他在1971年被撤销了权力，目前没有任何迹象表明他的这项解释已经完成）。

到了20世纪60年代末期，在越南，美国被迫寻求与中国达成外交和解。毛泽东先前战略的基本假设最终得到了期望的结果。从
20世纪50年代末开始，中国拒绝在任何枝节问题上与美国妥协， 264
直到双方就基本原则达成一致并且付诸实际。尼克松访问北京的“票价”是废除贸易禁运，并且默许中国加入联合国。至少在口头上，美国人也不得不如此承认，尼克松签署了《上海公报》。

不管毛泽东是否还活着，在尼克松上台后，美国开始放开它的对华政策。有鉴于此，中国可能会做出一些回应。但同样也有可能的是，中国与苏联的关系不会如此彻底地决裂，也因此中美和解的过程将会变得更加漫长、更加模棱两可。中国采取行动的速度、毛泽东邀请尼克松本人的决定（对他的国务卿不满意），还有尼克松抵达时受到的热切欢迎，这些都表明，新中国对西方的开放是由毛泽东指导甚至是发起的。毫无疑问，这样做部分是为了缓解国内的批评，因为这个政策可以归之于“毛主席的革命外交路线”，但同时它也带有毛泽东的个人印记。就好像尼克松正准备对中国进行回访以回应 1945 年毛泽东本人没有达成的访问。20 世纪 40 年代，毛泽东主张，中国应与其他帝国主义国家进行战略和解以对抗日本的侵略。此时的中国共产党内的怀疑论者重新提及了毛泽东的这项主张。[42]

1972 年 2 月 21 日，毛泽东在中南海会见美国总统尼克松。

对于中华民族来说，这是一场伟大的胜利。但在尼克松抵达北京不到两个月后，美国就开始野蛮地轰炸河内、海防。这里，我们关注的是毛泽东晚年所产生的悖论。毛泽东这位世界上最伟大的革命领袖之一，现在却领导他的人民去追求国际关系。中国提供了各种合理化的解释，但唯一可能使人信服的前提是，苏联“社会帝国主义”不仅对中国，同时对于智利的人民而言，都造成了思想上的威胁。智利对于北京增加对皮诺切特军政府的援助表示惊讶。然而在经过多年的孤立之后，中国想要广泛地建立外交关系，这是合情合理的。但这项任务一直困扰着中国，因此，当北京在寻求发展与

阿曼苏丹国建立关系时，甚至请求了英国的帮助（但被拒绝了）。[43] 265
在北京看来，有些人意图听从苏联的意图行事。那么对于中国来说，对这些人发出警告也将是合情合理的。然而这一政策在施行时却超过了限度。有人认为，中国必须较为现实地和其他国家的领导人建交。在大多数情况下，官方的访问者乐于见到与中国建交的国家范围逐渐扩大。但这也同样适用于这些与中国建交的政治家吗？比如，尼克松的第二次访华（不再是总统）；比如，1975 年 1 月，毛泽东显然更喜欢在全国人民代表大会上接见弗朗茨-约瑟夫·施特劳斯（Herr Franz-Josef Strauss）的来访。

无论提供什么样的解释，1963—1964 年的“九评”公开信奠定了社会主义外交政策的指导原则，并在其中提出了外交的优先顺序。然而在毛泽东生命的最后五年间，中国外交政策的整体状况明显是与之背道而驰的。赫鲁晓夫曾批评过与此相同的趋势，他认为这是将国家利益置于无产阶级国际主义之上。

> 现在有两种对待民族民主革命运动的态度。第一种是与西方国家维持良好的关系，几乎不支持民族革命运动。第二种态度是支持把革命运动作为普遍的原则，有可能与西方国家保持联系，但处于次要地位……当我们可能要与西方国家保持联系时，我们决不能让这种联系占上风。[44]

在林彪垮台及其临死之前（在决定邀请尼克松不久就发生了），
我们只能从中国的官方论述中得到某些暗示，显然毛泽东并不赞成 266
这种观点。当然，这也与“文化大革命”期间毛泽东试图重新界定中国外交政策的零星努力背道而驰。即使他的这些努力大多集中在工作方式问题（如中国驻外使节是否要举办派对等）上。我们这里需要考虑的问题是，为什么毛泽东不是对所有这些问题都这样敏感呢？恰好相反，他全力投注到新的外交路线上来，他亲自接见最有争议的访问者，包括尼克松第二次访华，此时离他去世只有几个月之久。

结论

作为一个中国政治家，毛泽东捍卫了中国的革命和国家的利益。他能够掌握中国周边国家的矛盾，并指出这种国际矛盾的本质所在。他能够抓住时机，果断行动或是改变政策。到了 20 世纪 70 年代初期，中国终于结束了 130 年的羞辱和依赖。正是毛泽东这种卓越的能力，再加上他有力地反对了苏联的控制，使得国际上保守政权的领导人们印象深刻，包括英国的希思和泰国的巴莫亲王，他们在毛泽东的最后岁月中拜访了他，将他视做一个“政治家”。

但毛泽东是一个世界性的政治家吗？他有没有兴趣要成为这个政治家呢？这两个问题的答案都是否定的。虽然毛泽东盼望着有一天中国将被真正视为一个大国，但在他的演讲和著作中，却没有一处明确表达了他的意图。毛泽东认为，他对中国所起的作用也许可以从世界的视角来看待。他会偶尔谈及中国成为“世界革命中心”，但这仅仅是在修辞意义上，他并没有采取相应的行动。在毛泽东的整个生涯中，虽然他在言谈行文中详细地论述了外交问题，但从未显示出他能够轻易地在普遍与特殊之间游走的才能（比如从全球理论到个人问题），而这恰恰是某些在国际舞台上起到积极作用的人的标志。1946 年，毛泽东首次提出“中间地带”，这时他几乎是在两个大国的阴影下将整个世界都涵盖了进去。与周恩来不同，毛泽
267 东对国家间的内部政治和阶级斗争并不感兴趣。当他讨论这些问题时，他通常会利用中国的经验来阐释他的思想。例如，在 20 世纪 60 年代早期，毛泽东在接受来自第三世界国家的非官方访问者的采访时所做的那样。因此，关于反帝统一战线的形成问题，还有 20 世纪 60 年代非洲出现的新殖民主义问题，我们也许可以参考毛泽东在 20 世纪二三十年代与蒋介石结成的统一战线问题来讨论。显然，毛泽东那时为之所做的详细推理论证与目前的形势不谋而合。毛泽东已经深深地意识到，中国经验的特殊性已经被忽视了。他并没有对第三世界国家受到的新殖民控制表现出任何反应。当然，第三世界国家也没有机会再去复制中国的“半殖民地”情况了。

> 统一战线的问题，是反帝不反帝的问题。反帝的都要团结起来。在资产阶级民主革命的范畴来讲，就是看他反帝不反帝。至于建立真正的社会主义国家（不是名义上的），建立无产阶级领导的全民所有制、集体所有制的经济，那就是另外一件事了，这不仅是触动帝国主义的利益，而且要触动资产阶级的利益。[45]

中国主张广泛的反帝统一战线（现在包括苏联）纯然是基于“谁反对帝国主义和谁不反对”的标准，这延缓了建设社会主义到第二阶段的问题，它甚至也不是对中国经验的准确描述。简而言之，中国经验便是一个典型的社会主义国家应该在共产党的领导下发展起来，即便是在反帝统一战线期间。今天，在第三世界国家中，次级帝国主义体系出现了，这显示了第三世界国家为了捍卫自身的利益，不得不进行“反帝国主义”抗争。但中国显然并没有努力克服这些问题（伊朗便是一个明显的例子，中国与伊朗发展了良好的关系，但日本也如此）。那么，如何将阶级斗争和反帝斗争结合起来呢？中国面对这一非常现实而困难的问题一直采取回避的态度。毛泽东对此表示，阶级斗争和反帝斗争是截然不同的事情。

1976 年，人们发现很难回忆起 10 年前中国的样子。那时，中 268
国受到了严厉的指责，因为它声称自己是“世界革命”的领导者。这种指控在字面上来说是真实的。在《苏联〈政治经济学教科书〉阅读笔记》中，毛泽东曾声称，1960 年马克思的指令已经转移到了中国东部，他的讨论中还夹杂着某些列宁的观点：

> 从过去的革命历史来看，革命的中心是由西方向东方转移。18 世纪末革命中心在法国，当时法国成了世界政治生活的中心。19 世纪中叶革命中心转到了德国，无产阶级走上了政治舞台，产生了马克思主义。20 世纪初叶革命中心转到了俄国，产生了列宁主义……二十世纪中叶，世界革命的中心又转到了中国，当然以后革命的中心还会转移。[46]

首次声称“毛泽东的道路”的普遍有效性是在 1945 年。20 年后，这一说法在林彪的著名文章《人民战争胜利万岁》中达到了顶峰。但我们尚不完全清楚的是，中国，或者说毛泽东，是否曾暗示过要在世界革命进程中起领导作用。在“文化大革命”的高潮，毛泽东曾经这样说：“我们中国不仅是世界革命的政治中心，而且在军事上、技术上也要成为世界革命的中心……”[47]但在 1965 年他对巴勒斯坦解放组织的代表团所做的评论中，却似乎更接近于一般的中国政策：

> 有些外国人在中国上学，学军事。我劝他们回去，不要学太长。几个月就行了，课堂上尽讲，没有什么用处。回去参加打仗，最有用。有些道理只要讲点就行了，不讲也可以。大多数时间可在本国，或者根本不出国，就可以去那里。[48]

因此，毛泽东的道路主要是将责任放在那些实际上进行革命战
269 斗的人上，但他们拥有最小的外部援助。在 20 世纪 70 年代，当中国建立了一种更积极的国家间外交策略时，有些人可能认为这是对革命利益的明显出卖。与此同时，打个比方说，毛泽东的道路强加了一项专利到革命进程中来，这可能会减少毛泽东以及中国对其他可能存在的道路的兴趣。毕竟，中国可以选择的道路有很多，比如智利的阿连德、玻利维亚的格瓦拉。但他们显然都被忽视了，更不用说团结起来。

虽然毛泽东从未使用“一国社会主义”这样的说法，但他已经首先考虑到要在一个国家内建设社会主义。从历史的角度来看，毛泽东将这种看法视为世界革命的核心，它继承了马克思的思想。因此，我们有理由假设，毛泽东本人接受了中国海外支持者的广泛要求，并且承认，捍卫中国社会主义国家是尤为重要的。如上所示，1946 年，毛泽东本人发现了斯大林的合理地位，并向党内的同志们说明了苏联向帝国主义“妥协”的必要性。1971—1972 年，尼克松访问期间，同样的理由在中国共产党党员内部流传。人们也许会怀疑，在 20 世纪 60 年代早期，当毛泽东重新定义“中间地带”这一概念时，他把中国放在了 20 世纪 40 年代苏联占据的位置上。此后，中国就成为那些广大中间区域的“茶杯”之一，从而将社会主义阵营的领袖（苏联）从其主要敌人（美国）中分离出来。现在，由于苏联修正主义的缺席，中国的地位已经处在“世界革命中心”。因而在逻辑上，中国应该将社会主义和帝国主义的国际矛盾放置在同

一极上（而莫斯科自己移动到另一极）。通过这种全球视野，中国在世界其他国家中的地位首先要依据于这种两极状况，而不是它在中间区域内的关系。当然，这种全球视野也有助于促使中国对中间区域的若干组成部分达成相对一致的看法。毕竟，这些“茶杯”虽然大小不同，但它们都有相同的工作要做。

毛泽东对国际事务的全球路径必须根据他的战争观来考虑，战争观本身就可以视为一个全球进程。在这个进程中，细节很容易被 270
淹没。所有与毛泽东同时代的中国民族主义者，都体现了某种共同点：正是第一次世界大战，使这些人的意识得到了发展，使帝国主义对中国的控制逐渐减弱。当第二次世界大战临近时，毛泽东与苏联和共产国际不同，他积极地面对这一前景。“这场战争将是历史上最后一场战争。自此世界将永久和平将再无战争。这就是说，所有国家将在这场战争中实现世界社会主义，胜利当然是属于革命一边的。”[49]

毛泽东太过乐观了。到 1949 年，他可以合理地得出结论：第二次帝国主义之间的战争至少向中国社会主义打开了一扇门。在毛泽东看来，下一个十年间，核战争甚至会促进社会主义事业。他说：“……把帝国主义扫光，然后再来建设，从此就不会有世界大战了。”[50]直到毛泽东去世，这种认为世界大战“越早越好”的观点在中国的官方政策中时有暗示，而且我可以预测在未来 30 年间也是如此。[51]

毛泽东和他的同事们都有一定程度的现实主义。在西方，这局限于一批弱小而无力的抗议者身上，他们认为核战争的可能性越来越大，他们表示抗议核武器。然而毛泽东那宽广视角或多或少地抑制了这些有益的详细分析。我们势必会产生疑问，假使承认核战争是“不可避免的”，人们如何设法确保它会“延后”，而不是“提早”呢？又或者，正如毛泽东在前面的构想中所提到的，“文化大革命”后，“革命”可能会在全球范围内首先爆发“战争”？[52]关于中国的炸弹问题，毛泽东的意见也前后不一，带有某种沙文主义意 271
味。1965 年 1 月，他告诉埃德加·斯诺，“中国并不想要那么多的炸弹”；然而在同月的一次内部讨论中，他将视角放得更高了，他说："是的，我们要有……管他什么国，管他什么弹，原子弹、氢弹，都要超过。"[53]

毛泽东的去世给他的继任者留下了一种世界观，这个世界观是在全球意义上而言的，它包含了战争和革命的广泛问题。对于这些问题，大多数政府更愿意回避或是拖延。但这同时也是一个极为区域性的视角，它植根于中国自身的经验。对于中国以外的国家，这些经验并不那么容易掌握，至于它们的使命和斗争，这与中国的关联也太过有限。毛泽东通过一系列大胆而果断的决定引导中国取得了现在的国际地位，赢得了世界的尊重。但对于中国而言，这种做法也有负面影响，尤其是中苏关系上，随着冷战的开始，中国的对外政策必然会受到限制。现在，毛泽东激烈地反对苏联，中国的对外政策缺乏必要的灵活性，人们对新帝国主义与发展中的政治问题的理解也尚待深入。我们尊敬毛泽东这样的人，他在困难重重的情况下，给中国带来了民族独立和国际平等，但他的诸多政治才能仍然有待于更深入地研究。

作为中国人的毛泽东 272

王赓武（Wang Gungwu）

天若有情天亦老，

人间正道是沧桑。[1]

毛泽东的诗词以及他对于传统形式的恪守，是他最具有中国味道的地方。尽管他的崇拜者们赋予他的诗词以马克思列宁主义意涵，但文前所引以及大量类似风韵的诗歌，都会使中国的文学家们想起曾经的诗人。当然，这些诗却也有着另外的重要意义，它提醒着我们，我们距离那个时代仍然是那么近。那时，每一个中国人都会试着用同样的诗词、意象和题材，来抒发他们作为一个中国人的深切感情。它也在提醒历史学家，毛泽东的诗词所反映的是中国巨变的开场，而它所记录的却是毛泽东的一生。显然，毛泽东土生土长于中国。在一定程度上，他的一生都在重新界定中国性，以至于在他死后，人们很难说清到底什么才算是中国的。

对于绝大多数毛泽东的传记作者来说，追寻他的中国根基几乎成为责任所在。人们设想，这其中一定包含着中国文化的历史遗产，也包含着那些影响 20 世纪以前的中国的各种盘根错节的因素，它们交织在一起形成了一种比西方更为优越的丰富矿藏，这精神矿藏深埋于地下，尚有待于文化历史学家和考古学家们去挖掘，去发现这些宝贵财富及其重要意义。在不断挖掘筛选中，我们了解了毛
泽东生命进程中的各个断层。273
他从一名封建学生到半殖民地的小资产阶级民族主义者，再到社会主义哲学家，直到成为共产主义新的思想家。

对毛泽东的思想和行为的详细考察已经开始，并将长期进行下去。为什么会如此呢？因为不可能有人真正忽视毛泽东是中国人。

要撰写毛泽东是中国人这样的文章，就好像在论述他的整个一生。但毛泽东是一位马克思列宁主义者，这一点真的那么重要吗？一些中国人认为，毛泽东运用一种外来的意识形态，摧毁了中国伟大的传统价值观，还有那些最为优秀的文化成就，这是一种叛逆行为；只有那些无知的外国人，才会把毛泽东称为中国人。也有一些外国人称赞毛泽东，认为他不仅仅是一个中国人，还是伟大的国际主义革命领袖。但更多的人被毛泽东身上明显的中国特性所吸引，却并不是出于无知。对于后者来说，真正的困难仅仅是，如何来定义中国人的含义，以及判定毛泽东是一个怎样的中国人。

尽管毛泽东喜爱传统诗词，但他却抛弃了文化精英支配的那部分中国传统。毛泽东公开承认，他在政治上更为重视普通民众的价值观和愿望。这些普通民众大多贫穷，他们没有文化，受剥削和压迫。在毛泽东看来，这些人才是中国潜在的革命者。作为一位马克思列宁主义者，他相信自己必须站在群众一边。因为普通群众过去是、现在是，将来也显然是中国人，这种中国身份与马克思列宁主义者之间并不存在矛盾。毛泽东眼中的中国民众，他们所具有的自觉意志仅仅是要求革命。因此，与所有中国人保持一致就意味着，为了革命他的思想和行动没有什么好遮掩的。

为了进一步阐述，我们将对 20 世纪中国的其他一些杰出人物做简要的评论。比如，孙中山（1866—1925），他的大多政治理念都含有外国因素的印记。为了让这些政治理念能够为国人理解，他的一生都在力争使它们更加中国化。在他事业生涯的每一阶段里，他一直努力去融合他政治纲领中的各个不同部分，似乎这样，他早期
274 思想中的那种异国特性就会淡化或者模糊。拿蒋介石（1887—1975）来说，他以一种不同的方式为开端，他是唯一能真正理解国民党遗产中传统因素的人。因此，他信奉了卫理公会教（Methodism），借以改变他在西方友人面前那种反启蒙主义者的形象。但这种做法，对中国人自身来说，却不由地让人感到莫名其妙和毫无意义，甚至几乎是毫不相干的。在知识分子中，胡适（1891—1962）是一个致力于现代化的人，他要求所有想要创造现代中国的中国人也要像他这样。但他的现代化主张却被大多数中国人认为是一种学究式的空

谈，甚至是极为肤浅的。他自己也始终是一个带着稍许文雅气又老于世故的文人罢了。即使是中国共产党的第一位领导人陈独秀（1879—1942），也未能克服他的那种矛盾心理，这与受过美国教育的胡适有相似之处。陈独秀由改良主义走向科学与民主，然后走向马克思列宁主义，继而甚至成为“托派”，这些思想的跳跃无疑显露出他的勇气，但却主要是由理智决定的。除了赞成现代性以外，陈独秀在实践中也是一位开明的文人学士。至于鲁迅（1881—1936），他是毛泽东所钦佩的唯一一个文人，他成功地综合了外国的强烈怀疑主义精神与中国人特有的敏感性，但终其一生，他这种独一无二的成就也未能被大多数中国人理解。在他死后，他需要某个像毛泽东这样的人来认可他的“造反”精神，只有这样中国民众才能够接受他。

我认为，毛泽东的成就与上述这些中国杰出人物并不相同。在中国的历史上，我们很难找到一个精确的类比来解释毛泽东现象。也许，我们能够指出下列几点：他比太平天国的洪秀全（1814—1864）更接近群众，比义和团的领袖们更开明，比康有为（1858—1927）甚至严复（1854—1921）更加平民化，他不像袁世凯（1859—1916）和李鸿章（1823—1901）那样成为帝国的官僚，为权力所腐化，他也不像冯玉祥（1882—1948）和南方军阀那样残忍和虚伪。但是，他也有着这些人共有的某种特点，正是这一点使他从同时代的另外一些伟大人物中脱颖而出。他从不为他的中国身份或中国文明的衰落而杞人忧天。他极易因自己是一个中国人而感到无比骄傲，这几乎同丘吉尔因自己是英国人而骄傲的做法如出一
辙。他从不对此感到苦恼和自我怀疑，这恰恰是他的同代人无力做 275
到的。正是由于他摆脱了大多数知识分子的文化敏感性，才真正相信，在中国人民中间传播马克思列宁主义是一件再自然不过的事情。

这种信念和忠诚可以在他最早期的文章中找到，例如，1917 年他 23 岁时发表的《体育之研究》[2]。文中并没有卓越洞见的闪光之处，也没有超于同时代年轻人的启蒙思想，有的仅仅是理智上对受压迫者的挚诚，并用雄辩之词沉稳地诉说了体育锻炼的乐趣。但作为一个中国人，他做的某些事情却是具有独创性的：他强调文人应

具有乡野之夫和文盲那样的强健体魄。就像他在结论中所推荐的“六种运动”，他不无骄傲地谈到了他的自学才能。这种才能在他日后的岁月里时时展现，使他有理由去骄傲于他自学到的东西：农民土地所有制、军事战略、世界事务，或者马克思列宁主义。

当毛泽东在湖南建立自己的社会主义青年团时，他已经26岁了。这使他有资格在下一年成为中国共产党的创始人之一。六年间，毛泽东阅读著作、撰写文章并辛勤地为国共两党工作。当时，所有的中国共产党党员都被要求加入国民党。这些年是毛泽东个性的整体形成期。我们可以做一个简单的比较，他在1917年或1919年所撰写的文章与1926年他对中国阶级所作的最早分析相比，二者之间存在着巨大的反差。[3]但这种变化最引人注目的特点就在于，它似乎是一个极为缓慢渐进的过程。毛泽东似乎曾仔细考虑过，要成为一名革命者到底有多么困难。

当然，他并不是孤军奋战。当时，他的周围有许多年轻的国民
276 党员和共产党员。不同之处在于，他在两党的上层人物中属于极少数几个从未出过国的人之一。他不懂外语，只能阅读翻译过来的马克思和列宁的著作，以及共产国际的决议和指示。而且他的大部分工作都直接与宣传工作相关，他必须去研究、组织某些农民团体并对这些农民进行宣传和演讲。因此，从各方面来说，他仅仅在理论这方面存有缺憾。他的理论知识受到了限制，但他却能毫不困难地一点点吸取那些可见的或是与（他试图唤醒并培养的）中国人民相关的理论知识。一旦他把这些理论知识完全转化为中国特色的，这些理论知识就会嵌入他的思想体系之中。1926年年初他发表的《中国社会各阶级的分析》一文，最能说明这一点。他信心十足地写道：

> 中国各阶级对于民族革命的态度，与西洋资本主义国家各阶级对于社会革命的态度，几乎完全一样。看来好似奇怪，其实并不奇怪。因为现代的革命本是一个其目的与手段均相同，即同以打倒资本帝国主义为目的，同被压迫民族和被压迫阶级联合作战为手段。这是现代革命异乎历史上一切革命之最大的特点。[4]

但是，当他列表总结中国的各个阶级时，又表明它们是对立的（见表4）。[5]

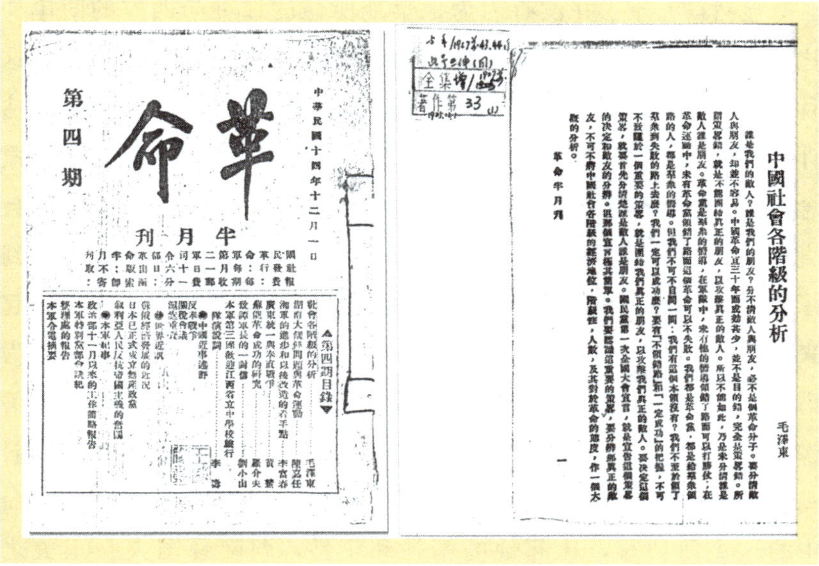
第四期

革命

中華民國十四年十二月一日

半月刊

國民革命軍第二軍司令部革命半月刊
社發行：每月一日十六日出版：不取
報費：每期收郵費一分：函索即寄：

第四期目錄

社會各階級的分析……毛澤東
湖南大保鄉問題與革命運動……陳克任
湘軍的進步和以後改造的着手點……李富春
廣東統一與奉直戰爭……賓 蘇
蘇俄革命成功的研究……羅介夫
致譚軍長的一封信……劉小山
本軍第三團歡迎江西省立中學校餞行陸演說詞……李 濤
中國近事述評
反奉戰爭
關稅會議
滬案重查
世界近訊
蘇俄經濟發展的近況
日本已正式成立無產政黨
敘利亞人民反抗帝國主義的奮鬥
本軍紀事
政治部十一月以來的工作簡略報告
本軍特別黨部命訣耙
整理處的報告
本軍命電摘要

中國社會各階級的分析

毛澤東

誰是我們的敵人？誰是我們的朋友？分不清敵人與朋友，必不是個革命分子。要分清敵人與朋友，卻並不容易。中國革命亘三十年而成効甚少，並不是目的錯，完全是策略錯。所謂策略錯，就是不能團結真正的朋友，以攻擊真正的敵人。所以不能如此，乃是未分清誰是敵人誰是朋友。革命黨是羣衆的嚮導，在軍隊中，未有他的嚮導領錯了路而可以打勝仗，在革命運動中，未有革命黨領錯了路而這個革命可以不失敗。我們都是革命黨，都是給羣衆領路的人，都是羣衆的嚮導。但我們不可不自問一問：我們有這個本領沒有？我們不至於領了羣衆到失敗的路上去麼？我們一定可以成功麼？要有「不領錯路」和「一定成功」的把握，不可不致[illegible]於一個重要的策略，就是團結我們真正的朋友，以攻擊我們真正的敵人。要決定這個策略，就要首先分清楚誰是敵人誰是朋友。國民黨第一次全國大會宣言，就是宣告這個策略的決定和敵友的分辨。但那個宣言極其簡單。我們要認識這重要的策略，要分辨那真正的敵友，不可不將中國社會各階級的經濟地位，階級性，人數，及其對於革命的態度，作一個大概的分析。

革命半月刊 一

毛泽东在《革命》（半月刊）发表的重要文章《中国社会各阶级的分析》。

表 4　中国社会的各阶级

阶级	人数
大资产阶级	1 000 000
中产阶级	4 000 000
小资产阶级	
1. 富裕部分（右翼）	15 000 000
2. 自足部分	75 000 000
3. 不足部分	60 000 000
半无产阶级	
1. 半自耕农	50 000 000
2. 半贫农	60 000 000
3. 贫农	60 000 000
4. 手工业工人	24 000 000
5. 店员	5 000 000
6. 小贩	1 000 000
（小计）	200 000 000
无产阶级	
1. 工业无产阶级	2 000 000
2. 都市苦力	3 000 000
3. 农业无产阶级	20 000 000
4. 游民无产阶级	20 000 000
总计	400 000 000

显然，毛泽东并没有因为他早期所做的那种与西方的简单类比，而放弃某些非西方的分类范畴。虽然他后来意识到了自己的这种阶级分类是多么的离奇，并且不再坚持他对每个阶级的规模估计，但整篇文章却表明了，此时他已经准备把马克思列宁主义的概念与他的直接经验结合起来。当他发现约有两亿四千五百万人将会直接投入革命，另有约一亿五千万人将会拥护革命时，他肯定受到了极大的鼓舞。因为现在他能够号召“三万万九千五百万人团结起
277 来呀”！与之相对，仍有五百万人可能会成为敌人，但他们不足为虑。显然，马克思列宁主义理论为他提供了解决革命力量问题的关键。从那时起，他终于能够在现实中看到这些理论的中国式运用，马克思列宁主义也不再是异国之物。我想指出的是，在毛泽东生命中的这个阶段里，比起他的精神和个性，湖南爱国人士王夫之（1619—1692）的文章、《孙子兵法》的谋略或是《水浒传》中的英雄故事，它们的影响并不会小，甚至还要更大些。因为在毛泽东看来，这些思想更为进步，也更为实用。

上面我们谈到，毛泽东所采取的分析方式具有某些马克思列宁主义特征，但这丝毫没有削弱他的中国属性。我们不得不再次提出这个问题：在 20 世纪 20 年代，中国人究竟应该是什么样子的？为
278 了便于比较，我将举个罕见的例子。例如，一位受过美国教育的工程师，他赞同杰斐逊式的民主，并忠诚地为孙中山的广东政府服务，这能说明他比毛泽东更不具备中国性吗？20 年代的回答必然是否定的。因为本来就不存在一种评判中国人的绝对标准。而且，20 年代的中国人也许比中国历史上的其他任何时期更具有评判的相对性。对于中国人而言，这段时期也是可以进行广泛选择的 10 年：民族主义、社会主义、无政府主义、自由主义、共产主义、法西斯主义，甚至连改头换面了的儒家学说也不是没人考虑选择。当时的中国不存在任何正统，有的只是为了用某种新正统来成功取代旧正统而进行的多方面探索。每一个关心中国、认同中国的人都可以宣称自己是中国人。只有那些明确表示反对中国，或者背叛了他们的祖国到国外生活的人，才没有资格称为中国人。当然这些人这样做大部分是因为他们自愿取消他们中国人的资格，但毕竟这样的人只是

极少数。这是一个具有最大限度自由的 10 年，中国已然接近了无政府主义。这一时期谁也没有权利来决定谁是或者谁不是中国人。因此，成为一名中国人几乎是一件再容易不过的事了。当时的中国人民正在为寻求他们的新身份而斗争。

正如整个中国历史所表明的，这种状况令中国人民感到不安。它可以被界定为“乱”或失序，人们希望它只是暂时的，希望随着乱世而来的将是“治”世（秩序），“乱”仅仅是走向新正统的一个阶段。然而，在“乱”的时期，除了坚决维持国家失序状态，几乎一切事情都是可能的，因为这显然已经成为某种非中国化！接下来的 10 年表明，人们已经开始怀疑这些西化的自由主义者和无政府主义者，因为他们偏好这种失序时期的自由。由于信仰不同，他们首先受到了攻击。

因此，20 世纪 20 年代，毛泽东成为一位马克思列宁主义者并不会减损他的中国人形象，这一点不足为怪。当时的每个中国人都在某种程度上发生了改变。关于中国人应该是什么样子的，这一有趣的问题仅是到了 20 世纪 30 年代才变得越发重要起来。在 1927 年的北伐战争中，国民党战胜了北洋军阀以及他们的左翼同盟，在部分地区重建了正常的秩序。国民党要求获得确认谁才能具有对外代表中国的特权，以及决定怎样才能成为中国人。不久，南京政府便 279
将“党”与“国”结合起来，并且要求每一个中国人都要乐于接受这种发展状况。因此，“党国”政府有理由控制出版业和新闻媒体，禁止某些国人去喜“乱”恶“治”。它试图明确界定要成为中国人的价值所在。故而国民党政府倡导的所谓的“新生活运动”看上去更像是儒学复兴，此时国民党恰好在“围剿”华中和华南地区的共产党根据地。这种做法顺应了国民党右派的要求，因为他们一直谴责中国共产党是国外传来的异物，他们并不爱国，他们在毁灭伟大中国的传统价值。当然，如果国民党成功统一中国的话，那无疑将会出现一种新正统，一种接续儒教中国的正统，它可能比当时毛泽东和中国共产党的主张更具有中国传统的连续性。诚然，它仅仅是“新”在那带有强烈民族主义色彩的政治修辞和标语上。

我认为，在 1927—1936 年期间，毛泽东的中国特性涉及了这样一个问题：他接受莫斯科的指令，他运用马克思主义术语去反对中国的文化遗产，他并不服从于中国的正统。1927 年 4 月上海的大屠杀之后，中国共产党遭受了毁灭性打击，毛泽东基本上处于四处逃窜的流亡状态，南京政府把他和他的同志们描绘成为“土匪”。与此同时，这些幸存的中国共产党领袖们，他们比以前更加依附于由斯大林在苏联创造的马克思主义新正统，甚至于中共六大都不得不在莫斯科举行，因为此时在国内中国共产党已没有安全的处所了。在随后的 10 年里，毛泽东承受着巨大的压力，他需要做出选择，是成为南京的“中国人”，还是成为莫斯科的“国际主义者”。所幸的是，这段时间内南京和莫斯科的正统性都受到了广泛的挑战，而且毛泽东同此二者也保持着足够的距离，这样他就可以按照他自己的方式，从马克思列宁主义和农村中国中不断汲取力量。

从许多方面来看，这个时期是毛泽东最惨淡和最无建树的时期。他唯一的安慰也许是他关于农民问题的预见得到了证实。1927 年年初在他的家乡湖南，毛泽东就已经开始详细研究农民问题了，
280 那时中国共产党正面临着一场大灾难。[6]令他感到满意的是，农民们向地主、“土豪劣绅”发起了攻击。这些革命行动证实了当时的中国土壤中已经播下了革命的种子。他在报告里说，湖南省有 7 000 个左右的农会，拥有 1 367 727 名成员，预计还有 1 000 万名群众追随着。不管这些数字真实与否，他确信贫农和中农占了农村人口的百分之八十至九十，其中还有约百分之二十的人属于“赤贫”，他把革命的全部希望放在这些数字上。这也许是他对南京和莫斯科所能采取的最大的防护措施。毛泽东依赖这种数字上的安全，因为这结合了中国历来重视大小规模的传统，即按大多数人的利益而行动的进步思想。从井冈山根据地的生活到保卫江西苏维埃共和国(1931—1934)，这些年里毛泽东一直都在关注并研究着农民社会，他个人编写了几篇报告，考察了他和他的同志们所设计的新乡村组织的每一个特点。[7]

因此，毛泽东把自己和农民放在一边，他仍然确定他是一名中国人，即使是最保守的儒家学者也不能苛责他。因为在儒家学说中，农民是首要的生产者，他们在中国传统的评价是很高的。国民

党对中国共产党投靠外国敌对势力所做的攻击，也因为毛泽东的立场而变得软弱无力。而且毛泽东在现实实践中，也只是根据绝大多数农民的愿望，来鼓励他们成为无产阶级。在中共中央委员会中，毛泽东同那些亲斯大林的人的相处并不轻松自在，特别是在这些人搬到瑞金以后，他的思想受到了控制，他的一些政策也不得不接受他们的审查。幸运的是，这一时期发生的一些事件对中国共产党造成了不小的压力，这帮助他摆脱了窘境，此时他才得以不受布尔什维克少壮派以及共产国际顾问的刁难。这一时期的中国十分混乱。一方面，日本帝国主义并未因南京政府的反共而表示宽容。它继续践踏中国的主权，并制造了1931年的“九一八”事变，这些给毛泽 281
东和中国共产党提供了一个机会，使他们能够以堂堂正正的中国人身份来宣称他们的爱国主义主张。另一方面，苏联担忧日本有占领西伯利亚的野心，这种忧虑最终导致斯大林和共产国际同意在中国建立一个广泛的统一战线，以便团结所有的中国人来抵抗日本侵略。以上诸多事情促使中国共产党变成一个爱国党派，而毛泽东也以一名爱国者的身份出现在人们面前。当然，除了要成为一名中国人，当时还有什么比这更重要呢?

另一件事情也帮助了毛泽东：中国共产党放弃江西苏区之后被迫进行长征。在途中的遵义会议（1935年1月）上，毛泽东扭转了他当时在党内的劣势，从而使他能够在恰当的时间和地点带领着军队残部到达延安。当然，他后来的统一战线号召产生了重大的影响。当时，绝大多数人对中国共产党特别是对毛泽东的爱国立场表示怀疑。但当毛泽东和中国共产党到达了抗日的北部前线，并表示坚决同日本侵略者作战时，这些质疑便烟消云散了。因为许多人已经选择相信毛泽东所享有的那种中国形象，自此中国共产党才摆脱了它以前那种舶来品的形象。

对于毛泽东来说，那些遭受挫折的岁月显然已经过去。人们只要对比一下他在1929—1934年间所写的著作，他在江西苏区所做的关于农村和土地问题的报告、法律草案、章程和决议，以及他在1936—1937年间那种充满生气的分析文章、谋划战略和对敌责骂，就会看到他思想上的新变化。造成这种反差的一个最明显的原因就是，1935 年后毛泽东成为中国共产党真正的领袖。他的权威现在日益增长起来，他开始谈论民族问题和国际问题，他能够有更多的时间来设计新的政策和策略以适应新的形势，他也能够在马克思列宁主义研究领域里小试身手，尽管此时他还是小心谨慎的。

但这种新权威的产生恐怕还有另外一个更为深层的原因。这其中部分在于他自己的英雄史观，另一部分则是他早期的经历给他留下了强烈的感情色彩，他认为自己注定要成为一个历史人物。这些在他的传统诗词中比他的文章揭示得更清楚，而他后来所作的诗词又比这个时期的诗词更为坦率。早在 1929 年福建省西部，当时恰逢“军阀重开战”，他如此描述自己的成功：

282 收拾金瓯一片，
分田分地真忙。[8]

他用完美无缺的“金瓯”这一意象来比喻疆土，而以某些现实的语言表示中国历史上农民运动的“分田分地”的口号。这首词中的好些地方都描写到红旗迎风招展映红了战场，这样的图景不免使人回想起中国历史上农民起义时所佩戴的领巾[9]。而且他的数百万群众也是“天兵”，所以当他的 20 万部队进入江西建立根据地时，他们不但得到了群众的拥护，也得到了上天的庇护：

国际悲歌歌一曲，
狂飙为我从天落。[10]

毛泽东的同志们对来自斯大林的指示言听计从，而词中的感情却会使中国共产党内那些受过良好训练的“国际主义者”感到不快。但这一切在延安都发生了改变。1936 年，中国的抗日战争变成了国际战争的一个独立部分，现在中国需要的是承认其特殊地位的合法性，中国希望世界上的社会主义者不要再干涉中国的公开意见。为了这个新的任务，毛泽东已经做好了充分的心理准备，他已经从国际主义的限制中摆脱出来，并准备完全为自己的祖国而战。

从这时起，毛泽东把马克思列宁主义理论同中国的实际结合起来加以运用，这种信念不可动摇；而他的中国性，无论是在中国人还是在外国人眼里也再没有受到质疑。因此 1937 年，出于他自己特殊的爱好，毛泽东开始认真地研究马克思主义哲学。他在给党的干部讲课时，曾起草了两部著作——《实践论》与《矛盾论》。次年，他又给出了他的讲课提纲《辩证法唯物论》[11]。他作为一位哲学家和马克思主义者的资格，我想已经有人做了详细考察，而且我也不想涉及这样的问题，即隐藏在他哲学和被修正了的马克思主义后面的，究竟有着怎样的中国根源。我在这里特别关注的问题是，毛泽东为什么在43岁这样的年纪绽开了他的理论之花？大量的解释都可能与本文的论题有关，但只有一个是要特别注意的：毛泽东是中国人。1938年，当他说“我这个讲义也是不好的，因为我自己还在开始研究辩证法”[12]时，毛泽东觉得他需要证明自己能够解释马克思列宁主义，并且还要比那些受过莫斯科正统训练的同事们做得更好，因为他们往往会把问题搞得深奥难懂。他想要证明，任何人都能够学习理论，而去过莫斯科学习并没有什么优势，事实上，这些在中国国内也能做到。重要的是结合革命实践来学习。当时的中国共产党内有许多人得到了斯大林的认可，他们习惯于向苏联理论家求教，并通过援引苏联教科书来证明他们的权威。为了向他们发出挑战，毛泽东开始潜心研究马克思主义理论。毛泽东是一位重要的民族人物，他爱国并且关心农村的社会公正问题，因而受到人们的敬仰。对于毛泽东来说，这是一个最佳的时期。此时他得以表明中国不但能够理解马克思列宁主义，而且还可以把它运用到中国的具体情境之中。因此1937年，毛泽东利用了这个极好的时机，去寻求马克思列宁主义民族运动中行动上和思想上的领导权。 283

通过建立抗日统一战线，毛泽东得以再次提出什么是中国人的问题。这与民族领导权密切相关。我在前文已经谈到过，在“治”的时候，中国倾向于正统观念，而那些统治者们则希望尽快去尝试并规定这种正统性。1928年以来，南京政府就一直试图确立这样一种正统性。如果南京政府真的完全建立起这种正统并为国人所接受的话，那么接受外国支持的中国共产党势必会成为异端，甚至毛泽东也不会再被认为是一个“中国人”。然而，1937年的统一战线却推延了这场关于正统性的争论，并且为毛泽东和中国共产党第二次成为完全的“中国人”提供了契机，在中国出现形形色色的“中国 284

人”的情况再次变成了可能。那些得到修正的儒家学说的民族主义者，只要他们同意团结起来反对日本这个共同的敌人，他们就和西化的自由主义者、马克思列宁主义者、各色各样的社会主义农工民主党甚至是托派分子一道，成为中国人的一部分。事实上，各种派别斗争很快就会归结为国民党与共产党之间的斗争，此时国共两党都在做军事准备，他们希望在日本被西方联盟击败后，做最后的军事交锋。但是毛泽东和蒋介石，也许是少数几个把握了这场战争竞赛实质的人。在这场强有力的战争中，毛泽东的中国特质肯定不逊于蒋介石。他们两人都受到中国传统的支配，成王败寇。毛泽东显然理解什么才是利害攸关的，这从他当时写下的著名诗词中就可以看到：

> 江山如此多娇，
> 引无数英雄竞折腰。
> 惜秦皇汉武，
> 略输文采；
> 唐宗宋祖，
> 稍逊风骚。
> 一代天骄，

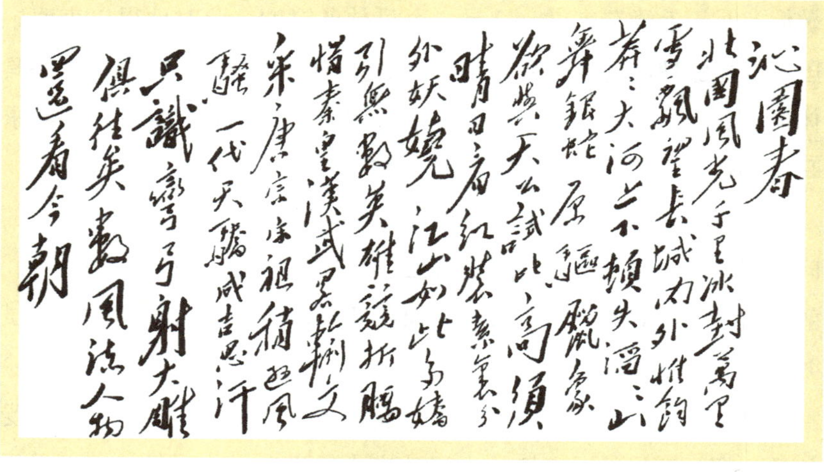

1936年1月底，毛泽东为准备东征离开瓦窑堡到黄河边察看地形。2月上旬，在清涧县袁家沟遇上一场大雪。他心潮澎湃，吟就一首气势豪迈的千古篇章《沁园春·雪》：“北国风光，千里冰封，万里雪飘。”“江山如此多娇，引无数英雄竞折腰。……俱往矣，数风流人物，还看今朝。”

成吉思汗，
只识弯弓射大雕。
俱往矣，
数风流人物，
还看今朝。[13]

这恰好使我了解到，1949 年，这位风流人物几乎完全战胜了蒋介石，并且在“新民主主义”理论的指导下，建立起了一种新的正统。这个新正统的建立正是秩序恢复后中国民众盼望已久的。因而无论它以怎样的形式开始，都会被定义为“中国特性”，而且如果这种正统在中国持续下去，那么它将取代儒学中国。在 20 世纪三四十年代，这一抉择早已被人们系统地归纳过了。现在，中国共产党 285
已经完全掌权，它能够宣布台湾的国民党才代表了叛国的异端，必须将其予以消灭。通过吸收绝大多数非共产主义的传统主义者、民族主义者、自由主义者、社会民主主义者，刚建立的中华人民共和国已经巩固了它的群众基础，这些人与新秩序已经联系起来。人们也许会产生疑问，怎样才是新的正统呢？怎样才是马克思列宁主义呢？这种正统性如何会是中国的？而毛泽东的贡献又是什么呢？

然而，首先我想申明，中国的观念和传统对毛泽东的行为和决策上的影响是十分广泛的，它对中华人民共和国政府的政策的影响也极为深远。这就导致我们要指出在什么场合什么事件上它所产生的影响的做法变得毫无意义。当然，新正统中也有些是过去留下来的遗物，无论这些是否被人们记载或是有意识地施行。总之，这些讨论太过于多样而细微，我们很难在这样一篇短文里把它们细细分辨出来。然而，重要的一点是，在 1949 年以后，毛泽东力图摆脱他自己身上那种明显的传统价值观念，但正是这种观念却在抗日战争以及随后的内战里一再帮助他成为“统一战线”的领袖。毛泽东觉得自己有责任去动员中国人民，使他们逐渐意识到他们是世界的一部分，使他们习惯于处在一个可以用马克思列宁主义来解释的世界之中。现在他所号召的友好关系，不仅包括中国同苏联的关系，也包括中国民众同一切反帝国家内的工人、农民和爱国者之间的关系。因此，毛泽东此时已经从一个民族主义者向社会主义者转变。

从表面上来看，1949 年毛泽东正在做的事情背离了他的中国性。他宣称中国向苏联一边倒，并与苏联建立了一种尽可能密切的关系。当然，这种做法可能仅仅是出于战略上的调整。但毛泽东又进一步强调，要促进国际的联合，把中国革命与苏联联结起来。对于自己在大多数中国人心目中所留下的形象，毛泽东怀有足够的自信。他确信，他这样做并不会引起人们对他的爱国主义产生严重的
286 怀疑。当时，绝大多数中国人也许会解释说毛泽东的这种决定是出于策略上的需要，但过了若干年，他们将会吃惊地看到，毛泽东和他的同志们是打算多么严肃认真地向苏联学习。确实，毛泽东对此态度谨慎，他有很好的理由。毕竟，苏联是唯一的社会主义榜样，而斯大林又是唯一的领袖，并且毛泽东承认斯大林的确优于他自己。中国此时需要援助来挽救崩溃了的经济，抵御帝国主义可能发起的攻击；并且，由于中国不能依赖资本主义国家的设备和高度专业化的技术，它此时也需要苏联的援助来实现工业化。毛泽东本身的中国性使他确信，他这样做不会丧失国家的主权。中国的辽阔疆土及其壮丽成就将使人们确信中国并不会被当做东欧的“卫星国”，或者会处于蒙古那样的境遇。最后，毛泽东希冀通过苏联来使中国变得更为强大，作为一位马克思列宁主义者，他还有一个好的理由，那就是巩固社会主义阵营和推进世界革命的发展。

在毛泽东看来，斯大林的离世使中国经受了极大的考验。在斯大林去世以及 1956 年赫鲁晓夫做出秘密报告（斯大林去神化）之间，毛泽东认为自己将继承斯大林的衣钵，成为最成功的世界社会主义领袖。而当时的党内同志们也认为，在革命经历以及世界声望上，苏联没有人可以与毛泽东相匹敌。但是，赫鲁晓夫在准备苏共二十大的报告时，却没有征询毛泽东的意见。中国共产党内的一些同志似乎也不愿盲目地追随赫鲁晓夫。毛泽东对此思虑良多，他公开发表声明中国必须向苏联学习，但在私下里，他却开始警告党内同志不能照搬苏联模式。[14]他开始怀疑中国向苏联学习是否走得太远，反而忽视了中国在方法经验上那些优于苏联的地方，特别是在农业和轻工业这样的部门里。但最为重要的是，毛泽东认为赫鲁晓
287 夫并不信守社会主义阵营的友好平等条约；并且，苏联历来坚持其

领导地位，不论其领导人是否具备这样的资格。

作为社会主义者，毛泽东是否会因为赫鲁晓夫的失败特别是波匈事件而对社会主义不抱幻想呢？或者，毛泽东作为中国人，他是否认为在社会主义的天空上只能有一个太阳，而他便是这个太阳呢？这是一个仍有待于探讨的问题。但毋庸置疑，毛泽东开始挑战苏联道路，他回归到中国本土的资源中。由于中苏两国之间的国界线较长，很容易引发争端，又由于两国各自不同的历史文化传统，两国之间的关系存在着极大的障碍，因此，对于毛泽东来说，中苏分裂是不可避免的，这一点已经十分明了。然而相比之下，还比较模糊的是，对于中苏两国关系的最后破裂及其冲突的激烈程度，我们是否只能将之归咎于毛泽东的中国人品性呢？我认为，这种解释严重贬低了毛泽东对马克思列宁主义的信奉程度，并将导致人们产生过于简单化的看法：正是这种外部关系才激发了毛泽东身上的中国性。同时，这也会导致另一个相反的简单观点，即认为是内部问题使毛泽东成为一个更自觉的马克思列宁主义者。

在中国这个问题上，毛泽东一开始就意识到他的中国性是理所当然的，并且无须证明。然而，真正艰巨的任务是如何让中国人民去逐渐理解新中国的建立之基——马克思列宁主义。至于毛泽东对自己承担的新国际主义责任有着怎样的自我意识，最好的证明可以从他战时撰写的文章中找到，这些文章收集在1950—1953年出版的《毛泽东选集》前三卷里。其中最好的例子是他在《中国革命和中国共产党》[15]这篇文章里所作的论述。这篇文章最初发表于1939年，文中一些部分透露着“中华帝国主义”的味道。在新版本中，毛泽东非常谨慎地将这些都删去了，省略掉了初版文中提到的附属国家以及这些国家的名单（朝鲜、安南、琉球、缅甸、布丹、尼泊尔）。另一个例子是他在“这种农民的阶级斗争”之后又增加了对“农民起义和农民战争”的描述。[16]

然而，仅仅改变说法或者在旧文本中增加一些革命口号，显然 288
是不够的。毛泽东必须要进入到千万中国人的心中，特别是数百万知识分子的心中，因为他们把毛泽东看做一位伟大的民族领袖，但他们又不愿意放弃中国的传统遗产。毛泽东发现知识分子要更难受到影响。一个极好的例子可以反映出他当时的这种困境，在最初发表的《中国革命和中国共产党》一文中，他谨慎地插入了一个过渡句，以便有助于他的读者们了解，中国历史在世界历史中究竟占据了怎样的分量。下面是他补充的句子：

> 中国封建社会内的商品经济的发展，已经孕育着资本主义的萌芽，如果没有外国资本主义的影响，中国也将缓慢地发展到资本主义社会。[17]

这句话是故意插进来增加他文章的权威性的，也就是为了证明将马克思列宁主义的社会概念和历史概念运用到中国是合乎情理的。这种说法有力地支持了毛泽东在1939年重申的一个历史唯物主义的基本原则。当时毛泽东说：

> 中华民族的发展（这里说的主要地是汉族的发展），和世界上别的许多民族同样，曾经经过了若干万年的无阶级的原始公社的生活。而从原始公社崩溃，社会生活转入阶级生活那个时代开始，经过奴隶社会、封建社会，直到现在，已有了大约四千年之久。[18]

因此，毛泽东设想中国自身也将会发展到资本主义社会，这并不奇怪。

然而，真正令人奇怪的事情在于，人们不但欣然接受了新插入的这句话，而且将之视为可以反映毛泽东关于中国历史重要阶段的最新认识。在接下来的六年中，数千名作家学者梳理了各种文学和历史资料，想要研究出毛泽东的这番话究竟意味何在，大量的时间和精力都花费在争论中国何时出现资本主义“萌芽”这一问题上，
289 它是在明代早期或晚期？或者是在清朝？甚至是更早的宋代或唐代？当然，这些狂热探究的结果并不是我们这里所关注的。但问题在于，这场极为困难又牵扯到中国至少上千年历史的讨论，是不是毛泽东想要展开的呢？还是他自己也有了误解？毛泽东乐于用马克思列宁主义路线重新阐释中国历史，但他又十分谨慎，他对资本主义“萌芽”能够在中国历史上扎下根来这个问题含糊其辞。毛泽东的所有言论当然不存在夸耀沙文主义的嫌疑。因为如果我们把他在

1949年前对这篇文章所做的修改、省略和补充都细致地研究一下，就可以看出这些句子是实事求是的，并且这些文本改变是为了让中国社会和历史更为适合马克思列宁主义的解释框架，当时其他的文本变化也是这样的。毛泽东在文中一改中国民众长期习惯了的民族卑微感。这或许透露出他的某种价值判断，他认为中国人和欧洲人一样是优秀和进步的。这当然会引发沙文主义骄傲感，也将导致某些毛泽东确实不会反对但也未必会接受的解释。

同样，以上的论述揭示了毛泽东所处位置背后的那种矛盾情绪。当时，毛泽东处在苏式政党和他领导的千百万中国人民之间。中国共产党是他领导的，而这些人民把他视为国家的领袖。正如我前面讨论过的，毛泽东本人认为，成为一名优秀的中国的马克思列宁主义者并不困难。通过理论与实践的交互作用，他已经在他的漫长革命生涯中慢慢成长起来。我认为，毛泽东已经可以随意地去谈论和写作，他已经不再是下意识地去成为一个中国人或一个马克思列宁主义者。但是，在20世纪50年代，对于大多数人来说，情况当然并非如此。他们仍然主要是靠课本、讲座、学习会等来学习马克思列宁主义，他们还需要努力实践。因此，对于毛泽东来说，大多数的青年人可以分为两个部分，一部分是普通的中国人，一部分是胜利的担当者，显然前者更容易回应毛泽东。

因此，“成为中国的治理者”是当时大多数中国人期待毛泽东去做的事情。这对于毛泽东来说具有极大的诱惑力。当然，如果毛 *290*
泽东不是一名马克思列宁主义者，我们就不难理解他没有这样做的原因了。而且毛泽东并不是一位完全自主的执法官，他领导着一个组织严密的政党，并且中国需要苏联的援助，他不能触怒斯大林。但是，我们从他对早期著作、讲话、文章的修改中，包括他的所有行为，都可以看出毛泽东立志要成为一名马克思列宁主义者。并且，他对中国的传统观念进行了猛烈的攻击，好像他对自己的身份完全自信。在他的一些文章和讲话里，特别是在党内的讨论中，他会一再提出某些评论，这些评论都明显地打击了资产阶级，吸引工农群众。他故意重新阐释一些惯常用语，曲解它们，甚至颠倒原意。当然，他特别乐于引用儒家用语，来嘲讽儒家学者们的伪善。

例如，他很注重攻击保守主义和迷信，严厉地批评了“天不变，道亦不变”的思想[19]，也嘲笑了那些因孟子谈及古代中国人吃狗肉的问题而不愿再吃狗肉的人[20]。在另外的层面上，他建议汉语的拉丁化，并嘲弄了那种认为“汉字是世界上万国最好的文字”的观念。[21]但他并未对儒学进行最尖刻的嘲讽。最终，他愈是发现旧知识分子反对他激进改革的号召，他对儒学的批评也就变得愈加坦率。

对于毛泽东来说，儒学似乎给他提出了一个特别棘手的问题。因为对儒学的抨击似乎意味着反对中国大部分的历史和价值。自五四运动以来，中国的西化自由主义者、基督教徒、马克思列宁主义者和其他类型的激进派和革命者，一直攻击儒教是中国一切过时落
291 后事物的象征。但最初，毛泽东对此的看法却可能是相当慎重的，特别是在统一战线时期。毛泽东曾毫不犹豫地引用过儒家的说法，并带着些许的赞赏之情，比如著名的“学而不厌，诲人不倦”。他还极力提倡，中国共产党的干部应当按功绩来选拔，这也恰好回应了儒家学说，即明君应按功绩选拔官吏。[22]毛泽东至多也仅仅是较为温和地批评了孔子，比如他评论孔子的学生不会动手干活时，称孔子至少是没有把自己摆在农民和菜农之上：

> 他的学生向他请教如何耕田，他就说：“不知道，我不如农民。”又问如何种菜，他又说：“不知道，我不如种菜的。”[23]

20世纪50年代，毛泽东开始降低孔子的名望，但是直到50年代末期的“百花齐放”和“反右运动”之后，他才开始真正猛烈的攻击。例如，他在嘲笑“君子群而不党”的传统观念时，曾援引孔子诛少正卯的事例来说明孔子自己也是在搞宗派政治。[24]但是，此时毛泽东已经敏感地意识到，儒家价值观已经渗透到了成语典故之中，这让他感到非常不满并改变了他对孔子的看法，他批评“己所不欲，勿施于人”[25]。最终，20世纪60年代，在意识形态和价值观念方面，中国开始孤立于西方和苏联，中国的知识分子开始再次求
292 助于中国自己的伦理和精神资源，毛泽东对此感到十分不耐烦和苦闷，他说道：

> 孔夫子讲“仁者人也”，“仁者爱人”，爱什么人？所有的人？

没那回事。爱剥削者？也不完全，只是剥削者的一部分。[26]

因此，人们很容易理解，“文化大革命”中毛泽东的那些狂热的追随者们为什么会热衷于出版一些歪曲丑化孔子及儒家学说的言论，特别是在1973—1975年的“批孔”运动中。这些年轻的激进者们纷纷效仿毛泽东的方式滥用历史，但他们的模仿只会使人想起一句古话：“画虎不成反类犬。”

毛泽东除了惯于打破旧习，他还对中国传统的权力感到担忧，因为它曾凌驾于中国人的想象力之上。他意识到这是一个多么复杂的问题，而且在中国迅速而深刻的变革中，它将成为并可能成为一个多么巨大的障碍。显然，在20世纪50年代，他做了关于“资本主义的萌芽”的评论，通过当时人们对此做出的强烈而错位的反应，他已经产生警觉。当时，毛泽东号召人们要批判地学习传统遗产，并用马克思列宁主义观点来解释它，虽然人们对此做出了很好的响应，但是毛泽东仍然敏锐地感到，这种将中国传统技巧运用到以政治为目的的历史分析中的做法，可能会导致对他自身及其治国策略的反对。毛泽东对传统技巧的运用已经十分娴熟，他精于历史的政治分析，特别是善于利用历史上关于进步变革的例子来帮助他说明当前的政策。当然这种技巧并非中国历史所特有的。毛泽东非常钦佩马克思和恩格斯，因为他们既能运用历史来进行学理研究，又可以通过历史来撰写论战性文章。而且在毛泽东看来，马克思恩格斯这样运用历史有助于形成新的革命秩序。毛泽东认为如果中国仅仅是在科学和辩证唯物主义的框架内学习利用历史，而不是按照传统习惯去通过历史阐释伦理道德和个人品质，甚至是批判君主和官宦，那么这样的历史将会再次有助于中国自身的变革。[27] 293

但是中国的知识分子嗜好以传统的方式运用历史分析法。最典型的例子就是吴晗对海瑞的研究。“海瑞罢官”在整个16世纪的历史中十分著名，吴晗的这个研究主要是用来影射1959年毛泽东对彭德怀的处理方案。[28]另外一个明显的例子涉及王朝更替的动因，即我们应如何来判断皇权、谋反以及农民起义问题。中国人对“君君臣臣”的痴迷是任何马克思、恩格斯和列宁的药方都难以治愈的，当然这些人对中国的历史也不感兴趣。所有按照马克思历史阶段来划分中国社会的尝试都导致了更多的争论和分歧。因为这种划分的困难极易导致荒谬的结论，并且这种划分必将破坏中国人对马克思主义历史观本身的信念。

因此，毛泽东能够理解中国文化中有一部分是他作为一个马克思主义者也无法根除的。虽然大多数中国人都运用历史分析法，然而这并不意味着他们渴望历史。历史分析法确实使读者想到了某些参照点，这些参照点形成了中国过去政治行为和社会责任的准则。因此，中国社会中存在着一些不能立即消除的病症或某种顽固特征。在这方面，毛泽东身上的马克思列宁主义者因素就会和他身上的传统中国因素产生冲突，并最终演变成为毛泽东身上的冒进作风，这与他中国人的特点殊为相异。

实际上，正是因此毛泽东才发动“大跃进”。那时他已经抛弃了他那与生俱来的谨慎作风，并坚持要走得比他的绝大多数同事所料想的还要快一些，而这已经远远超过了那些可用的人员机构所能达到的程度。他嘲讽他的同志是“小脚女人”[29]，但这个运动之所以会失败，恰恰就是因为当时的准备还不够充分，一些指标不能完
294 成，还有缺乏明确的目标。再加上中国三年农业歉收，这些综合的结果就是大规模的经济崩溃。这势必会大大拖延中国的发展进程。在毛泽东的漫长事业生涯中，这是他经受的第一个真正意义上的个人失败，对他个人和整个中国都造成了创伤。在毛泽东的眼中，他与中国已经绑在了一起，因此他确信他所想要做的便是中国人民要做的。并且，如果不是党和政府的那些官员拖后腿的话，他也有能力实现它。这场全国都在经受的经济危机检验了毛泽东的力量和自信心。在若干年前，他就已经感到他自己能够再次完全掌管这个国家，而此时他将以人民理解的方式，成为中国的治理者。他要向腐化堕落的官员宣战，他要热忱地去服务人民。于是，他发动了“文化大革命”，将那些被奉为伟大祖先的历史人物弃之一边。[30]毛泽东采取这种独特的方式来攻击他领导的党，他把自己推上了中国命运的唯一主宰者的地位，而这个地位却更像是历代王朝中的开国皇帝。毛泽东对中国的熟知足以使他意识到他在人民中留下了什么样的形象。在中国人的心中，这种类比恐怕最显而易见的就是明太祖和秦始皇了。[31]

如果一定要比较的话，可以说毛泽东更像秦始皇。秦始皇也没

有简单地保留一种旧秩序，而是建立了一种真正的新统治。当然这种比较并不是我原创的，长期以来，蒋介石在中国台湾和香港地区的宣传家们就一直把毛泽东称做秦始皇，他们希望毛泽东的“王朝”和秦朝一样短命。然而，早在 1958 年，毛泽东就对此嗤之以鼻。

> 我与民主人士辩论过，你骂我们是秦始皇，不对，我们超过了秦始皇一百倍，骂我们是秦始皇独裁者，我们一贯承认，可惜的是，你们说的不够，往往要我们加以补充。 295

毛泽东很小心地用“我们”这个词：

> 秦始皇算什么？他只坑了四百六十个儒，我们坑了四万六千儒。[32]

然而，对于他自己，他补充道：“当然，我也不赞成秦始皇。”他身边的林彪做了一个平白的中国式回答：“秦始皇焚书坑儒。”

这仍然是一个玩笑之词，因为毛泽东代表着中国民众，他建立起了无产阶级专政，而他竟被视做一个暴君，这显然是荒谬至极的。然而，“文化大革命”之后，这样的比喻就不再是玩笑了。毛泽东成了唯一的权威，很少有他相信的人来执行他的命令，或是向他反映真实的民情。尽管他遍游全国，亲自和人民接触，但他却不能确定人们会告诉他他们的真实思想。在他同党内自由化和民主化倾向所做的斗争中，他战胜了。然而，具有讽刺意味的是，他这令人生畏的成功，却使他凌驾于普通人之上，使他变成了一位令人感到疏远、冷漠的严父，而传统观念中伟大帝王的形象也是这样的。当然，毛泽东并不想成为秦始皇。后者仅仅只是一位狡猾的贵族，他利用法家建立起了中国的第一个帝国，但却没有意识到他在阶级斗争中发挥的历史作用。只有经过马克思主义的分析才能够揭示出，这个在秦始皇统治下的第一个帝国，仅仅是封建地主阶级与奴隶主贵族阶级之间的革命斗争的先导，而奴隶主贵族阶级正试图复辟。[33]对于那些读过历史资料的学者们来说，这听起来肯定很荒谬。但对于新成长起来的一代中国人来说，这也许是可信的，因为他们只知道把阶级斗争作为所有历史的关键，却不知其他。从毛泽东的 296

观点来看，了解了中国人对秦始皇的深刻偏见之后，包括上文毛泽东和林彪提到的，对秦始皇在革命史上所发挥的作用这一问题，也许只有用马克思主义的观点来解释才能使毛泽东能够接受这种同秦始皇的比较。只要毛泽东掌握了新的世界观，使中国顺应世界历史的潮流，他就显然是胜利者，他的人民共和国就不会重蹈第一帝国的覆辙。

作为中国人，毛泽东也十分清楚，他的新正统可以与儒教国家做个比较，后者在1911年就结束了，尽管人们做出各种尝试都未成功地复兴儒学。孔子的名望比秦始皇更好些，他的思想延续的时间也要比秦王朝长过上千倍。也许毛泽东其实并未想过要和孔子相提并论。但他肯定认识到了，除非他自己能完全改变中国人对孔子的看法，否则他就只能忍受这个比较。[34]因此，那场“批孔”运动就不仅仅是要清除中国人脑中根深蒂固的孔圣形象了，而是要把孔子说成企图复辟奴隶制的反动分子。如果这场运动最终胜利了的话，那么毛泽东与孔子比起来，毛泽东显然要处于优势地位。这样，人们将看到，比起鼎盛时期的儒学，毛主义不仅仅是在当代更具进步性，而且更为重要的是它还有助于改变世界，而这是儒学永远都不可能做到的。

297 有人认为，毛泽东随着年龄的增长而日益中国化，并具有更大的影响力。在我看来，这种看法是错误的。我相信，当毛泽东仍旧秉持着他的中国作风时，他在思想上直到逝世都还是一位坚定的马克思列宁主义者。他所热望的革命前景已经被中国本身消弭掉了。因为此时的中国已经拥有了9亿人口，政治和文化遗产深埋其中，中国人民正普遍地沉浸在悠久历史中而积习难改。在经历了一个世纪的“乱”世之后，人们对“治”的渴望也日益增长。事实上，如果人们了解毛泽东在1949年继承下来的是一个怎样的国家，他们将知晓毛泽东的成就究竟有多么伟大。他要使中国人和他一道快步地向前发展。我认为没有必要去假设如果毛泽东更保守一些，或是更为激进一些，他是否会取得更大的成功。中国和马克思列宁主义相互交织共同铸造了毛泽东思想的成长以及性格的形成。由于他才华横溢、高度敏锐并富有思想，也许他已经清晰地意识到，他身上的中国性体现在何处，也清楚地知道他身上的哪部分更倾向于马克思列宁主义，但我们尚缺乏细细分辨他身上的这些特性的依据。

当然，人们能够进一步推测，如果其他的领袖人物，他们身上的中国特性和马克思列宁主义都达到了和毛泽东一样的程度，那么他们是否也能对中国产生同样的影响，并使一个不同的中国立于世界之林呢？这个问题确实迫使我们去考虑：如果毛泽东身上这种独特的融合造就了他的个性和政治风格，那么这种融合是确实帮助了中国进步，还是阻碍了中国前进的步伐？对我来说，毛泽东对中国语言的掌握和灵活运用似乎有助于将这种激进变革的需求和紧迫感传播开来。在大多数情况下，马克思列宁主义经过毛泽东的解说变得通俗易懂。当然，这种做法可能不利于掌握马克思和列宁的本意，但相对于要求所有中国人都去阅读马克思列宁主义经典、理解这种深奥难懂的思想，毛泽东的这种做法显然更富有成效。而如果要避免淡化这种进步思想，我认为，与其将马克思或列宁的著述翻译成文本，不如说毛泽东对马克思主义所做的中国式表达及其对中国分析法的有力运用更为有效一些。

与此同时，毛泽东具有高度的自信，他相信马克思列宁主义的
科学真理能够取得成就，并将在中国得以实现。他认为他已经了解 298
对于中国人来说什么是不愿做或不能做的。但正是这种确信最终导致了他对他的人民要求太多而妨碍了中国的进步。他只不过是不想停止已取得的成就，他也不想将其交给历史的客观必然性来确保胜利。尽管我们也应当考虑到，英国和法国革命中曾发生了反革命复辟。毛泽东阅读过某些与此相关的历史著作，他相信资本主义复辟已然出现在苏联，但同时他也可能在忧虑，如果中国变得富强起来，它将呈现出什么样的景况。这些问题促使毛泽东决心不能让中国稳定下来。如果中国拥有着不同的历史，又或者，如果毛泽东对中国的历史知之甚少，也许他的做法会有所不同。但是，在中国那悠久的历史中，士大夫群体（官僚精英）已经成为一种现象。毛泽东不能不注意到，当时党内的同志极易享受他们手中的特权，并且准备恢复中国一直以来的精英统治。我相信，毛泽东不愿意看到这些官员变成腐败的儒家官僚，因此，他宁愿中国发展缓慢，没有战

争。也许中国民众和毛泽东有着同样的担忧，他们打算帮助毛泽东去造就完全无私的“人”。但是，连续不断的动乱付出了巨大的代价，中国的经济面临着崩溃的危险，人们的生活难以为继，这些都使人们产生疑问：中国是否还能这样下去？如果毛泽东活着时尚且做不到，那么在他死后，人们又能指望什么呢？

除了毛泽东所犯的错误和遭遇的失败之外，他作为一个中国人，确实实现了他想要做的一件重要事情：中国显然已对世界产生了重大影响。但这已不再是那个旧中国，他也不再仅仅要求世界去尊敬和崇拜这个逝去文明曾经的荣耀和成就。他希望将会出现一个新中国，而这个新中国之所以“新”就在于毛泽东已然帮助这个国家转变了它对世界的看法，并且让这个新国家能够通过他的眼睛来看待世界。无论毛泽东所看到的是不是当今现实，今日的中国已不再会理所当然地去理解世界了，它也不会接受世界对它的估价。也许毛泽东所犯的巨大错误就在于对这一切事件的时间选择上。也许我们在1963年他所作的词《满江红·和郭沫若同志》中可以找到符
299 合当时情感的依据：

> 多少事，
> 从来急；
> 天地转，
> 光阴迫。
> 一万年太久，
> 只争朝夕。[35]

也许这些也同样涵盖在毛泽东那悠长而咏叹调式的中国悼文的异域（un-Chinese）角落里。

作为改革者的毛泽东 300

爱德华·弗里德曼（Edward Friedman）

毛泽东是20世纪伟大的改革者。为了集中讨论这个问题，我们必须首先弄清楚，那些让他实至名归的创举究竟是怎样的。如果毛泽东的生命终止于1945年，人们可能还会像对待中国的革命党人孙中山一样，去探讨他是否可以成为一名真正的革命者。事实上，毛泽东和孙中山一样，他们都揭竿而起于山间。为了能够生存下去，他们都施行了诸多政策，他们都曾经经历过妥协、改革、进一步改造到适度这样的过程。为此，他们并没有进行土地集体化或增加新形式的税赋，他们仅仅是通过削减租金和利润，构建一个公平先进的税收体系，从而推动就业、生活和教育向前发展。他们尽可能地减少政府开支，保持政府低调的形象。当然，毛泽东一方面保持着对革命对手的警惕，他甚至随时准备与他的对手做最后的交锋。另一方面，他也愿意建立统一战线，与各方共同组成联合政府。斯大林曾认为，毛泽东并不是一个真正的革命者，他是一个骗子，他仅仅是一个“人造黄油共产主义者”（margarine communist）。

实际上，毛泽东是人类历史上最伟大的政治改革者之一。然而，与其说他的这些创造性是安静地坐在拥有一排排图书的书房中构想出来的，或者是那些在陕北高原中的窑洞指挥部里设计而出的，毋宁说，毛泽东总是试图以一种独特而富有创造性和深刻道德感的方式，来回应这些深层的政治危机。因此，毛泽东的社会创造性总是与政治需要和他本人的道德愿景紧密相连。如果毛泽东逝世于1945年，那么在中国民族主义的传统中，他所进行的反帝斗争，以及在第二次世界战争中为了将残忍的日本侵略者赶出中国做出的诸多努力都将为他赢得盛名。但是1944—1945年，他却愿意与美方密切合作，包括接受美国的经济援助，并允许美国在中国进行投资 301

（美国在战后已经成为全球经济的主导力量），这种做法可能会让人们对他的民族主义产生质疑。当然，在第二次世界大战中，他在延安所施行的改革内容可能会增强人们的这种疑问。

为了使革命运动开展下去并能稳步进行，毛泽东竭尽所能来建立一个极为广泛的统一战线。此时人们被鼓励参加到当地的组织中去，这个组织控制着所有的事情，从地方治理到戒吸鸦片，再到清除卖淫和缠足。毛泽东通过大量的社会权力改革，协调大规模的游击战和机动战来对抗日本侵略者。为了使税收减少到适度的水平，毛泽东将中央到地方的行政成本缩减到最低限度。他在部队中开展农业活动，并维持着党和军队的定量供应。但是，1940—1942 年间，日本对中国进行了大规模的“扫荡”，蒋介石国民政府也采取了严密的经济封锁措施，加之当时不同寻常的恶劣天气，这些共同造成了中国共产党的经济困难时期。除了这个时期以外，毛泽东务实生产，推动民主改革，推行反帝国主义动员。但我们仍然要问的是，毛泽东是一名革命者吗？

当然，回顾以往，毛泽东的的确确是一个革命者。尽管如此，我们还是要进一步探讨这个主要标识了毛泽东所有政策的阶段。毛泽东相信，如果他能够度过危险时期，并依然保持主动性的话，那么在下一个时期里，他就能实现更多的社会改革，推行更多的社会主义政策。但这种危机从未停止过。作为结果，毛泽东几乎所有的妥协都是合理的。因此，无论何时，对于那些宣称要成为一个真正的左派的人，以及那些自命为马克思主义者或革命者的人来说，毛泽东经常看起来像是一个事业的叛徒。他与蒋介石国民政府结成战时统一战线联盟，这对于左派分子来说就已经意味着彻底变节了。
302 毛泽东怎么能与蒋介石结盟呢？蒋介石是屠杀几十万进步青年、工会成员和民主人士的刽子手，他杀害了这些中国革命者的朋友、爱人、同事和战友。毛泽东的这种社会创造性，离不开他长期以来所持有的历史观、所经历的社会变革以及双重的政治斗争。这种政治斗争既要反对他的敌人，也要反对他昔日的那些朋友和伙伴。作为一个政治活动家，毛泽东的天才之处显露无遗。他能够在不同的时间参与不同的团体，他所做的一切都仅仅是为了一个刚显雏形的良好社会愿景，他不断追索权力是为了塑造一个更美好的世界。

如果毛泽东的生命终止于20世纪20年代中期，那么所有这些都将变得截然不同。毋庸置疑，到了1956年毛泽东已然成为一名真正的革命者。此时共产党已经赢得了国家政权，中国开始施行工业国有化和土地集体化。随着经济的蓬勃增长，整个国家似乎正在向既定的社会主义目标不断迈进。此时的毛泽东既是一名解放者又是一名建立者。这个特点主要反映在国际层面上。一方面，中国革命的最终胜利有助于鼓舞那些来自莫桑比克、阿尔及利亚、古巴、柬埔寨的战士们继续战斗；另一方面，这也有助于中国联合第三世界国家发展经济，以便能够联合起来反对那些工业化国家的经济操控。

诚然，中国道路具有其独特的特点。中国的革命出自广大的农村，并最终归于民族主义事业，它深深扎根于中国社会。因而这条道路实际上与苏联道路是截然相反的，它的历史中没有大清洗(purge)、恐惧和杀戮，反而充满了昂扬的生命力。尽管如此，除了继续稳步向前、密切联系群众，中国还借鉴了苏联的技术方案，并强调合理的统筹规划，此时党的地位已根深蒂固，这似乎与苏联的发展进程几近相同。有观点认为，中国的情况不同，它有可能走自己的道路。当然，目前的许多理论已经对斯大林发展模式的残酷恐怖之处做了详尽分析，那么得出一个这样温和的观点也就不足为奇了。

随后，1955—1956年间，毛泽东开始走他自己的道路了。回顾起来，我们很容易就可以发现许多痕迹。比如，毛泽东总是想要寻 303
找替代一党统治的可能选择，他试图寻找促进城市中心不断发展的可能路径，寻找那些可能的等级形式和技术措施。长期以来，毛泽东一直坚信，人民是整个世界最为宝贵的存在，有了人民一切奇迹才有可能实现。但是没有人能够预测，这种信念在实践中将意味着什么。也没有人能够知晓，当人们努力克服资金短缺和农业瓶颈时，这样的看法又会导致什么样的结果。更没有人能够了解，在决定一个贫弱的国家如何建立平等富足的社会时，这种理念又将具备何种意味。正是这样一个新转折，虽然有些出乎意料，但却使毛泽东成为时代先驱，因为他必须涉足那些20世纪迄今尚未被探索的领域。此时，毛泽东成为一个典型的革命创造者。

一旦毛泽东被视做一名真正的革命者，他过去的一切就要被重新解释。同理，我们能够确定的是，为了适应时代的最终需要，未来的马克思主义者和中国人民将重新创造和解释毛泽东。事实上，对于过去的毛泽东还尚未有定论。而未来对毛泽东的看法与现在一样，也难以达成共识。有些人坚持认为，如果必然要重新建立支配和剥削，那么革命就是一场无意义的流血。也有些人认为，1955 年后的毛泽东开辟了一条新道路，这条道路充满希望。在这条道路上，即便革命者已经取得了权力，但为了社会正义，革命也将继续进行下去。显然，上述两种观点不可调和。

诚然，第二种观点更为乐观。如果我们从这个观点出发，那么早期的毛泽东便呈现出新的面貌。我们将蓦然发现新中国成立前的毛泽东，即 20 世纪 50 年代中国与苏联政治破裂以前的毛泽东，始终致力于革命事业，并试图逐步建立一个没有阶级的社会。但目前人们普遍夸大了毛泽东 1949 年以前那种试图消灭等级的模式。比如，在共产党军队中，军官和普通士兵之间的相处是相对平等的，坚持思想榜样领导而不是命令，他们之间的配给均衡，图书普遍开放。即使是在“复制”苏联模式时，中国也只不过是放弃了将资源运用到高产量领域中；取而代之的是，中国坚持帮助那些贫困者去不断提高生活水平。

毛泽东的革命并非出自城市工业无产阶级，但由于前面的这些特点，人们不必像教条的马克思主义者一样，对此感到不安。相
304 反，人们应该严肃地审视毛泽东的观点。毛泽东认为，在马克思诸多卓越的社会和理论贡献中，至今仍然活跃着的并不在于他详细分析了 19 世纪资本主义的矛盾，而在于致力于创造革命。所有那些为了人类解放而行动的人都将是马克思所隐喻的无产阶级。从这个层面上来说，毛泽东的这种榜样力量再次笼络了那些想要成为革命者的人，并促使他们投入社会的核心建设中来。他的这种重要革新将证明人类真正探索发现的出发点，同时也承担着在特定情况下实现解放的责任。对于毛泽东来说，如果缺乏城市无产阶级并不会阻止他形成以社会主义为目标的革命联盟，那么一旦毛泽东站在了国家

权力的顶峰，这有限的生产力为什么会阻碍社会主义进一步发展呢？但这座山峰巍峨高耸却难以移除。在毛泽东看来，每一种邪恶都可以解释为某种机会。只要解决了坏人制造的危机，坏人就会转变成好人，而这其中的危险也仅仅是一种可能性而已。类似这种逆转过程印证了毛泽东的政治社会创造性。

1955 年中期，毛泽东鼓励在农村实行土地集体化，即使此时的工业尚不能提供充足的电力和机器来进行大规模的农业作业。有一种逻辑认为，社会进步不得不取决于技术进步，对此毛泽东并不认同。因为这对于一个像中国这样贫穷的国家来说，那将意味着要等待太长的时间。在更为先进的社会关系中，不仅仅存在着某些固有优势，比如，这种社会关系在更大的收入分配单位中可以缩减社会不公，避免财富集中到少部分群体手中，造成一部分人更为贫穷，一部分更为富有；而且，这种社会关系也会促使更大一部分人去保护水源（如灌溉、水库、水渠、堤坝），以保证产品的更高质量。因而，这种社会关系不但可以促进生产、提高生活水平质量，比如可以减少人们对于恶劣时节天气的焦虑，最重要的是，它还能够激发群众真正的生产热情，让人们发自内心地向往更先进的社会关系。

结果已然证明，在土地集体化问题上，毛泽东是正确的。这场改造以最小的混乱获得了真正的利益。因此，到了 1958 年毛泽东具备了真正的社会基础，为了进一步推动社会变革，他鼓舞农民效仿河南的“人民公社”，进而发动了“大跃进”运动。此时毛泽东和相关工作人员已经视察了整个中国，他汲取了人民群众的智慧，希 305
望能够在伦理上和实践中找到解决中国持续经济困难的途径。

这里仍然存在争议的是毛泽东的一个伟大革新：自力更生。此时，苏联威胁中国，如果中国放弃仿照苏联模式，那么他们将撤出援助。因为在苏联人看来，这是唯一的建设社会主义的途径。与此同时，美国加大了对中国的经济封锁和贸易禁令，这使得中国的领导人无法从日本和其他美属半独立国家中得到必需的援助，并进行贸易往来。毛泽东随后在周边开展一系列改革运动。他认为，随着劳动力的解放及其对这些劳动力的有效组织，农业生产通过多功能

1958年7月31日至8月3日，苏共中央第一书记赫鲁晓夫访问中国。在会谈中，毛泽东严词拒绝了苏方要在中国建立联合舰队和长波电台的损害中国主权的建议。图为毛泽东在机场迎接赫鲁晓夫。

的大型乡村组织，即“人民公社”，可以实现巨大的飞跃。另外，人民本身在其自己的区域内就能够得到很好的发展。他们可以利用当地的资源，以此为基础，通过小型中间技术，快速提高钢铁、化肥、电力、生产工具、设备等的生产量。这些改革措施使中国最大限度地从世界市场的封锁中独立出来，并最终得到了其他第三世界国家领导人的密切关注，因为他们也面临着同样的困境。

虽然毛泽东试图突破中国对他国的依赖关系，他展现了许多极富创造性的智慧，虽然对于中国应该自救这个观点，民众最初表现了极大的热情，然而，从短期来看，这种做法的结果在其开始时便已然注定。诚然，人们在巨大的政治压力下会加大生产力度，但是由于缺少必要的经验，错误在所难免，合作也难以实现。这样，谎言代替了数据。不久，由于统计系统的混乱，人们进行粮食生产工作的意志便直线下滑了。中国此时几乎不可避免地要发生饥荒，而毛泽东也不可避免地将被免去职务。“大跃进”失败以后，毛泽东的改革，他那建立在社会重组和自觉的民众热情基础上的自力更生的未来，就成为中国政治的主要议题。

在中国的权力层中，毛泽东更受排挤了，这已经超出了人们从新闻媒体中的了解。当然，任何向社会发出挑战的人，如果他没有遭到嘲讽，那么他极可能被彻底审查和质疑。然而，随着“大跃进”的失败，1959年毛泽东报复性地击败了他的对手彭德怀，他在此时还继续倡导人们普遍不认同的社会形式（比如“人民公社”的大锅

306

饭），上述种种都加剧了他的同事们对他的政策产生怀疑。因此，到了 20 世纪 60 年代，毛泽东的社会改革总是与政治斗争纠缠在一起。当时曾有某些权威的怀疑论者得到了许多“大跃进”亲历者们的支持，因为这些亲历者曾遭受过“大跃进”所带来的可怕灾难。

尽管如此，自 20 世纪 60 年代以后，经过毛泽东的改进和修正，他所发现的这种社会形式的整体效果证明了它的价值。更小规模的“人民公社”，减少了其中平等主义色彩，而国家的整体计划开始强调农业而不仅仅是强调重工业，毛泽东利用整个国家的资源来促进中间形式的工业增长，这些逐渐结合起来，推动中国年复一年地达到更高的生活水平。

但是，毛泽东坚持，这还不够，还需要更多。因此领导者与被领导者之间的纽带必须被重新建立起来，以便使中国人民再次欣然地投身于斗争和工作之中，并且为建立一个更为公正的社会而奉献终身。此时，毛泽东的同志们担忧，在经历了可怕的“大跃进”之后，中国的这种突进实在是太快了。他们甚至还曾试图阻碍毛泽东进行国家复兴的努力，但毛泽东继续向前。如果毛泽东在 20 世纪 60 年代早期离世，那么人们对于他的贡献的所有评价将受到重要影响。因为正如“大跃进”所可能证明的，他的同事们极有可能已经改变了他的路线。

毛泽东的改革通常被人们总结为“毛主义”，大概就起自此时。正当其他人最悲观的时候，毛泽东这位年逾七十的老人，却对他观点的价值和可能性表现出了极大的自信。他尖锐地嘲笑他的对手，嘲弄那些未来进步的阻碍，他要通过成功的策略让革命能够继续进行下去。

调查表明，在“大跃进”之后的三年困难时期，绝大部分的农村干部经常偷窃、欺诈，除此之外他们还为了自己和家庭贪污腐化。对此毛泽东又应该做些什么呢？领袖如何再次通过树立活典范使人们相信这种领导的廉洁呢？因此，毛泽东再次发动一场运动，他鼓励平民大众去参与清理这些腐败的干部，并用毛泽东的方式来 307
劝服教育人民，使他们能够再次为社会主义工作。

但是后来毛泽东却不得不撤销这种方法，因为事态的严重性已然背离了毛泽东的初衷。毛泽东从不攻击少数，他总是让人们不断改造进步，他从不选择那些压迫人民的方式，使他们为了自保而不得不撒谎使诈。为了查出这些做坏事的人，毛泽东发现了一个新型的积极运作模式来取代这场运动，以解决处理这些困难，即普遍实行乡村大寨模式。

由于受到陈永贵所领导的大寨模式的鼓舞，人们已经消除了对当地领袖自私自利的质疑，人们相信群众这种被解放的巨大活力，通过不同的社会变革，将有助于建设一个更为美好的世界。而这些社会变革并不需要技术发展到更高水平才能进行。在普通的劳动生活中，有责任感的当地官员会与其他村民一起工作。另外，在中国，物质奖励并不取决于复杂精确的工资制度和固定的资金激励，而往往取决于每个人对集体生活质量的贡献及其评估，然后人们进行投票表决最终形成公正的奖励。当然，社会贡献也将在其中得到考量。比如，帮助病弱者，或是在恶劣天气下进行必要时间额外的工作。通过这种大寨模式，毛泽东拓展了人民的视野，他将人们集中在乐观的活动中，避开了对个人主义者的谴责。正如大寨所展现出来的一样，领导者与被领导者之间的差距将极有可能得到缩减，真正的奉献将得以创造或被重新创造出来，以实现物质进步与社会主义（例如平等主义和共产主义）进步的有效结合。

毛泽东曾不无嘲弄地指出，由于高级干部反对这种大寨模式，所以一般来说中国的贫弱是指那些掌权者的舒适的生活，这种贫弱使中国难以大力解放创造性的社会主义动力，而高级干部的这种舒适的生活将使他们更喜欢替他们的特权进行辩护，他们没有看到，他们的抱怨仅仅证明了他们这种自私自利的态度才是真正的病态。毛泽东说：

> 以前没有听说那么多的高血压、肝炎……一个人如果不动动，只是吃得好，穿得好，住得好，出门坐车不走路，就会多
> 308 生病。衣食住行受太好的照顾，是高级干部生病的四个原因。[1]

到了 1966 年，毛泽东发动“无产阶级文化大革命”。他罢免了这些官员们的高位，削弱了官僚政权，并鼓励人们采用各种方式阻止高官们的恶习重现。他设计了一种特别的解决方式。此时的教育

1966年8月5日，毛泽东写了《炮打司令部——我的一张大字报》，群众游行表示拥护。

制度得以修正。中国将不再有专门为干部子女开设的特殊学校，人们在读完高中之后，只有通过两年的工作，并得到同事们的认可，才允许进入大学，接受进一步的深造。毛泽东认为，专家们应该去培养更多的工人技师，而大学必须要联合工厂对工人进行培训，以便他们能够成为管理者、规划者和技术人员。在农村中，许多同样的改革也逐步发展起来，正如在苏联一样，这些管理者、技术专家和党的官僚集结成为新的统治阶级，而毛泽东的这种做法却大大降低了出现这种统治阶级制度化的可能性。

当然，毛泽东将注意力集中在防范官僚内部特殊化的做法，将导致对多面手和工人技师的过分强调。将官僚机构隔离出来，这种做法的利己主义后果将导致其与大多数市民的需求相互脱离，并且大部分官员和专家都被纳入日常生活中。其中的一个结果就是赤脚医生的出现。赤脚医生是来自乡村并为乡村服务的医务人员，他们曾在城市经过专业的医生训练，大部分时间行走在乡村，以便改善偏僻地区的医疗水平，不断提高相关知识。他们将医学实践服务于大多数人的基本需求，并且已经逐步理解这种做法的必要性。

同样，为了使所有官员再次献身到社会主义建设中，毛泽东成立了五七干校。这些干校通常在农村，官员们住在远离城市便利生活的地方，共同种地做饭。在那里，他们阅读毛泽东的著作，谈论他们的工作和中国的国情。毛泽东希望通过这种方式，让那些干部能够再次献身到革命理想中去，将为公众服务视做他们最值得关注
309 的事情，而不是养成那些生活奢侈的恶习。

总之，党的官僚作风被削弱了，而官僚们对群众呼声的响应及其责任意识得到了加强。最为重要的是，官僚权力问题表面上看起来是一门中立的技术问题，但实际上却是一种消除参与者的治理形式。这样，平等主义问题便提到了公众讨论的核心。毛泽东的这种做法为全世界人民做出了重要的贡献。自此以后，对社会主义革命的官僚堕落问题的批判将不再是托派分子的专权。当然，对于许多更为青睐民主的人来说，中央集权的官僚制国家与持续的社会民主化之间的关系将成为他们必然要关注的问题。也许通过马克思—巴枯宁的辩论术，自由主义者和社会主义者之间的差距曾被扩大了，但此时它又缩小了。

“文化大革命”和“大跃进”一样，最后成为一场灾难。学生们集结成为红卫兵，他们发起了对党员和官员的攻击。这些党员和官员似乎被视做“反革命者”。据称，这些人后来畏惧采取主动，而成为哪条战线安全就跟哪条的学舌者。另外，降低党的重要影响将可能导致军队的调动，甚至引起军事政变。比如，1971 年毛泽东的前盟友林彪曾试图发动政变。最终，“文化大革命”中，无意义的派系争斗导致了极左分子的权力攫取，毛主义的价值因而变为一种不可能实现并存有争议的要求。这些极左分子的做法使他们脱离了大多数人民的实际。这将反过来帮助恢复一种更为保守的军事力量攫取，以便能够恢复秩序，并得到民众的支持。总而言之，这场试图改变人性的运动不得人心。

当时，毛泽东坚信，如果不采取行动，那么中国将成为一个由政党来主导既得利益的官僚国家，这将使中国踏进苏联道路，进而形成冷漠的精英知识分子和民众的非政治化，到时整个国家将陷入
310 警察国家的灰色氛围中。这样说并不意味着毛泽东的这种选择不存在潜在的危险，而是对于毛泽东而言，其他路线必然会使中国走向

一个黯淡不幸的未来。

不论其他批评的真实性如何，利己主义者认为，“文化大革命”的失败证明了毛泽东的构想是不可能的，因为就像毛泽东可能正在尝试的那样，他不可能改变人性。这场运动的失败仅仅表明，他忽视了人性转变所需要的暴力斗争和惊人力量。毕竟在市场利益主导的社会中，我们的基因决定了人类是自私疏离的生物。事实上，在进步社会中，从富裕家庭儿童的异化到中产阶级后代的宗教复兴，随着家庭、伦理、宗教、文化以及其他集体身份意识的不断加强，人们愈加反对这种唯物主义个人主义。有人认为，生物学上的个体仅仅是竞争性的利己主义，但社会实践却不断证明这种说法的不实之处，几乎所有严谨的人类学家都同意这个结论。这使我们注意到，没有相互关系和社会合作，人类种族将不会发展至今。

毛泽东试图在中国创造一个更为公正的社会，人们对此所进行的批判却显露出，这种现象与西方的主流政治科学无关。如何建构一个更公正的社会，现代政治科学已经将这个问题归入那些不切实际的政治哲学家的思想训练中去。因为政治科学讲究实事求是、实证和价值中立，它不可能搅进这样的伦理问题中去。并且，如果这些人不是不道德的或是超道德的，那么悲观主义者将为时代压倒。这不仅仅意味着人类的问题没有解决方案，而且对于那些坚持积极革新并寻找答案的人来说，他们将成为危险的空想家，狂热于制造社会灾难，甚至发动世界大战。

这种终极的悲观主义来自政治科学的界定。在中央集权的民族国家内，官僚机构和军事导向将导致某种深刻而无法解决的矛盾。如果政治科学家们没有看到这一点，那么他们就无法了解，毛泽东的这种改革将使他们重新定义他们的职业身份，使他们假借中立立场放弃国家主义，从而回到他们曾经欢欣鼓舞的思想源泉——追求 311
社会正义中去。但真正的问题并不在于这些专业的辅助人员，也不在于五七干校，或是进入大学的新途径，而是人们拒绝承认等级制度是解决人类问题的主要手段。在西方社会，类似的情况也同样存在。

在处理这些人类的根本危机（如性病、吸毒、暴力犯罪、不良治安、鳏寡孤独者）时，谁将声称战胜了西方的官僚政治呢？谁又知道监狱实际上是孕育职业犯罪者的失败品呢？人类所进行的试验仅仅表明了，人们将所谓的精神疾病患者投入专门的机构中、隔离于共同体之外，他们绝不可能再为社会所用。我们已经看到关于国家财政危机的诸多文学作品，我们已经看到有人希望通过新联邦制和收入共享来控制整个共同体，我们也看到仅仅反对这种冷漠的官僚政治并不能满足当地的需要。这些事情都迫使我们进一步反思毛泽东的社会探索，这是为了我们自己的需要。就这一点而言，无论毛泽东多么具有革新性，主流政治科学一直将其界定为对人性的精辟见解。而一个全能中央集权的民族国家的失败计划则意味着，那些中国的访问者在没有专家的指导下，将自己学习中国在社会重要领域的这些革新。毕竟在中国，廉价的大众医疗、符合共同体需要的学校教育、官员与人民待遇相同，这些都是值得关注的社会问题。

然而，人们的危机意识不断上升，生态问题、能源问题、国际依附问题、日渐枯竭的城市和国家财政、难以忍受的税赋，这些使得毛泽东的试验与工业和工业化社会关联起来。也许带有这种忧患意识的人们已经看到某种智慧，他们将人置于事物之上，将生活质量放在经济增长之上，将社会成本问题放在以不惜一切代价发展工业化生产之上。

但如果将毛泽东提升到某种突出地位，并认为中国的帮助促进了越南的民族解放斗争，这可能会是最大的误解。比较糟糕的事实是，
312 对于中国本身而言，社会批评必须是伦理的；而对于中国以外的大多数人来说，这将意味着毛泽东改革的一个原则性失误，或者说是毛泽东的原则性失职。我们发现我们应该向毛泽东学习很多。但在此之前，对很多西方的偏见者来说，他首先是一个共产主义者，或是一个民族主义者，或是一个理想主义者，或是一个斯大林主义者，或是一个空想家，或是那些“邪恶”的东西，总之，他应该被指责。所有这些都说明一点，毛泽东的基本原则既令人痛苦，却又真实。除了我们自己没有人可以使我们自由，当然，国家机构的官员或者外国政治家也不能使我们自由。在大部分情况下，毛泽东的改革将被忽略或受到谴责，这

是在所难免的。

为了结束对国家结构的盲目崇拜，人们必须排除偏见，因为这种偏见将会导致他们无法看到他们自己的政治体制所具有的弊端和缺陷。而毛泽东最具革新意义的地方就是，他颠覆了整个国家伦理。他坚称，如果中国汉族和少数民族之间出现了问题，那么问题可能在于所谓“大汉族主义”。他认为，中国可以甚至必须向敌对国家学习，但他却无法忍受外国游客礼貌地赞美中国，却忽视了中国无尽的问题和缺陷。当他冒着国家安全危险与苏联决裂时，他实际上看到了当时不稳定的国际局势，即敌对的美国和苏联可能会创造出一种中国特有的社会主义道路。这样，中国既不会重复资本主义的利己主义与不平等，也不会经历苏联道路的高昂代价和悲惨结局。正是在这一点上，毛泽东最具革新性。虽然毛泽东是一个了不起的民族主义者，他能够在国际交往中运筹帷幄，但当他处于权力中心时，这种对国家利害关系的轻视却使他遭到了巨大的反对。这同样也使他推行的社会改革成为可能。对于大多数爱国者来说，毛泽东做出这种选择时到底经历了何种困难，恐怕我们尚无法领会。然而事实上，尽管这看起来应该令人震惊，但社会科学家们却将毛泽东的对手们称为实用主义者，并把他视为一名狂热分子。因为毛泽东拒绝了苏联核武器防护的桎梏以及随之而来的斯大林主义的枷锁。

毛泽东的改革帮助那些政治学家和其他社会科学家们重新致力
于最初的任务。我们不应该再沉迷于宪政，应该更开放地接纳普遍 313
的多样性。如果我们从一有全有的观点中解放出来——尽管这只限于一个地区（如中国）的移情研究，就会更好地理解到底是什么限制了我们向公正社会进一步发展。如果一个像中国这样贫弱又存在着大量问题的国家都可以取得如此多的成就，那么我们重新致力于自己最初的承诺，也许并不像往常那样的不现实。伟大的成就需要伟大的信念。毛泽东将一个良好社会终极愿景与具体困境和人们的真实需求联系起来，他希望借此保持中国的生机和活力，这应该是毛泽东的重大创新。正因为如此，农村革命思想，技术突破之前的集体化思想，“人民公社”思想，大寨模式，鼓励人民投入教育、医学和经济规划之中，所有这些一再出现。改革并不是指那些无价值的特定项目，而是要不断探索新的实践模式，以实现真正的人类目标。

毛泽东为党在取得国家政权之后应如何继续革命树立了样板。实际上，这些新的计划和重要的方案才刚刚形成。随着“文化大革命”的结束，这场运动的教训必须被整合起来，它的错误也将得到纠正。也许最重要的是，人们普遍了解到，要建立一个更加平等的社会，这其中的阻碍必须被视做新发展的出发点。如此一来，毛泽东几乎成为某种革命的民族方法学家（ethno-methodologist）。

换言之，毛泽东试图了解，在日常生活中，在人们的常识里，究竟是什么使他如此难以把握他放在人们面前的这些理想。毛泽东像一个造反的第欧根尼，只不过他拿着的不是一个灯笼，而是一根点燃的火柴；他也并不是要寻找一个诚实的人，而是要找到那种能够爆发并推动平等主义者和共产主义者实现其目标的力量。为什么很难找到这样的燃气？因为中国仍然处于传统和资本主义社会中？作为一个中国分析师，毛泽东去世前就指出：“我们已经建立起来的正是这个没有资本家的资本主义国家。”[2]

314 出于各种复杂因素，毛泽东发动了反对儒家思想的运动，他的目的是颠覆传统文化的残余。因为传统文化束缚女性，轻视年轻人，强调和谐退让更胜于斗争和追求，这种文化认为那些脏兮兮的体力劳动者不可能有领导权，它给人类的真正关切戴上了独特而狭隘的镣铐。在寻求大众意识层面的过程中，文化传承似乎阻碍了进一步的革命化。

毛泽东不仅要了解日常文化中的“反革命”信息，他还要熟练地运作经济。毛泽东指出，中国有一个不平等的工资制度，而且在资源稀缺的情况下，人们自然而然地想到利用他们的收入来购买所需的商品。因此人们期待获得薪酬更高的工作，希望获得共同的家庭收入，并且人们想要得到那些可以提高薪水的资历、职位和机会，他们还想要更多的商品。也就是说，不论共产党如何宣传平等，日常生活的经验都是为了争取更多利益的斗争。然而，毛泽东试图要找到能够牵制和约束这些倾向的方法。他声称，正是这种日常经验，才为他在国家权力核心中的对手们提供了天然盟友和支持者。这几乎预示了，某一天某个集团将掌握整个国家权力的运作，它将改变毛泽东建构的平等主义、共产主义进程，并赢得广泛的支持。

虽然在毛泽东晚年，中国还没有任何可以成功处理这些重要问题（像大寨早期具有的问题）的模式涌现出来，但比较重要的是，毛泽东的改革总是依赖于人们自己的发明创造。毛泽东并不是凭空发明出这些解决方法的。事实上，他确实点燃了这根火柴。他与列宁的主张截然不同，列宁强调先锋队的独特作用，强调政党是领导集团，强调领袖是社会革命的代言人。

与马克思一样，毛泽东所寻求的在于理解究竟是什么阻止了阶级本身的形成，是什么让人们无法在他们的生活中看到与自由相关的全部。人们被诱导，甚至被鼓舞，去与这些经验性的限制做斗争。然而当时的人们如此突破束缚，他们能否从其中超越出来仍然是一个问题。并且领导这场斗争的中心并不是先锋队，而是一种意愿，一种想要不断投身于斗争之中的意愿，即便这些斗争可能是片面的，也可能永无止境，或者让人感到沮丧，但人们希望解放，他们选择相信这场斗争。就像毛泽东在诗中所说的那样： 315

> 世上无难事，只要肯登攀。[3]

毛泽东特别强调群众斗争及其创造力。对于毛泽东来说，毛主义从未占据一席之地，那些有着名望、地位和权力的人也变得一文不值。毛泽东通常以其独特的方式来不断地进行对诸多方面的阐述。因此，对于毛泽东的整个改革路径来说，真正的考验是他的死亡，因为此时他已不能再进行干涉了。然而，他却说：

> 什么人死了也不怕，什么人死了就有很大的损失？马克思、恩格斯、列宁、斯大林不是都死了吗！还是要继续革命。……每个人都要准备接班人，还要有三级接班人……[4]

毛泽东曾指出，在死亡的问题上，苏联人对他的二元论提出了质疑。苏联人坚持认为，死亡是生命的终结。但毛泽东宣称，生和死是可以相互转化的。死亡让位给新生，这是一个开始。这意味着它已经超越了“你本是尘土，仍要归于尘土”的看法，它已经超越了将死亡视为未来生活的养料的观点。这表明，毛泽东认为，任何事情都可以成为它的反面，战争进入和平或者压迫者变成好人[5]，而为了社会进步，我们要保持不断的警醒。毕竟，即使是社会主义也可能会发生逆转。

然而，死亡是要被庆祝的，“死了人要开庆祝会，庆祝辩证法的胜利，庆祝旧事物的消灭”[6]。毛泽东的论述使我们确信，变化的过程将会继续进行下去。然而，一个人的遗产却使我们相信，新的革命事物东西将不会死亡，又或者，如果这种新生事物死亡了，它不久也将会被移植。我们从此处可以看出，毛泽东一早就接近了这一结局。即便我们试图向新一代灌输不断追求的信仰，要将毛泽东
316 的价值作为政治的合法性基础，但是，人们还是会问及，毛泽东的不断改革是不是足够的。

结论

我们很难评判毛泽东为20世纪各类重大问题所做出的斗争。这些困难之处并不在于我们无法确切了解毛泽东在面临具体问题时所采取的相应行动，真正模糊我们视野的因素是我们自己的“散光”。我们可能会受到中国的“盖棺定论”思想的误导。除非我们能首先意识到我们在历史中所处的时刻，这样才能放弃时下的偏见，去追求真正的知识，以便我们能够适应一个极为危险的未来。

分析者们立足于稳定的社会，他们怀疑毛泽东是否过于依赖治“乱”的方法。但假使下一代所面临的危机与此相关，又或者，如果国内的社会发展与国际的经济巨变紧密相关，这又会是怎样的状况呢？如果中国的经济自力更生，并且达到最低限度的社会不均，又将会怎样呢？我们知道，毛泽东如雅各式的（Jacob-like）与天角力才赢得了社会不均最小化，他将中国从血腥的内战中挽救出来，否则这场内战可能会造成更多的社会不公。这种状况并不是完全不可能发生，为了能够联合起来抗争某种极端压迫，毛泽东将为此提

供一个坚实的基础。当然，这种极端压迫可能会导致社会分裂瓦解为更多的群体。

因此，毛泽东努力克服他那个世纪的困境，我们在对此进行评价时应采取适当的视角来评判何者才是最令我们痛苦却难以忘怀的梦魇。但我们真的可以确定这一点吗？如果必然要被质疑的话，那么也许我们将毛泽东视为20世纪的巨人的这种共识，应该能够让我们去留意他对那些最重要问题所做的界定。

毛泽东的馈赠远远大于他在中国留下的生活记忆和社会创造。这并不是在贬低他那不朽的贡献。毕竟，他将中国人民从旧的压迫中解放出来，他通过卓越的斗争方式防止了革命动力的逆转僵化。确实，这使我们注意到，正如以前所有的革命浪潮中所展现的一样，即便是毛泽东也要顺应历史的潮流。此处我们不会对那些更保守的既得利益者进行过多的论述。这里也不会对国家发展理论做过多论述，虽然这个理论表明，毛泽东对官僚的利己主义的攻击并没 317
有触及其原因、结构及其紧迫性。这样，有些人和其他国家的权力持有者一样，他们通过控制外交政策（贸易、援助、贷款、外交政策、军事战略，界定敌人，获得秘密信息等），操纵事件，将其中的秘密、忧虑和资源叠加在一起，从而大大弱化了那些造成权力无法继续施行的因素（而这似乎才是他们的终极需要），进而维持国家体制的运行，这一点似乎是所有人共同的爱国诉求。我们必须完全理解，中国内部的诸多力量（也许是单一力量）已经联合了起来，这足以使许多生命绿洲枯竭。对于那些长途跋涉的旅行者而言，这日渐枯竭的绿洲却是他们试图穿过革命变革那变化莫测的沙漠时所赖以维持生计的地方。事实上，中国的政治未来仍然悬而未决。

毛泽东的遗产属于所有那些分享有他的价值观的人，属于所有那些加入了他的万里长征的人。毛泽东受到了马克思斗争思想的启发，而上海的劳动者已然关注到巴黎公社成员那活跃的理想，因而世界各地无数的人（包括中国人在内），如果他们愿意，他们都能够并将会为毛泽东所打动。

在西方先进的工业化社会中，只有一小部分年轻人，他们已经不再幻想自己国家的历史进程，他们认同毛泽东的探索。然而，对于大多数人来说，为了达到毛泽东所说的公正世界而进行不断斗争，期间的喜悦感似乎远不如他所警告的那种糖衣炮弹来得更甜蜜。事实上，对于大多数人来说，斗争的风险太大了。

我们对于风险的恐惧使我们最终无法评判毛泽东的改革。因为在世界战争和一片萧条之间，似乎只有一步之遥。现在我们害怕核毁灭。正是这最后的一点，毛泽东抵制了我们这个世纪的焦虑，他最伟大的革新也因此而再明显不过了。无论这风险推测起来有多么巨大，毛泽东都倾向于利用任何解放的可能来抵抗人们对风险的让步。

然而，对于工业化社会或是正在工业化的社会中的大多数人而

318 言，他们畏惧核武器。毛泽东坚持认为，原子弹是纸老虎。在目前这个最终的情况下，他的乐观主义听起来似乎很疯狂。因为我们在评价毛泽东的不懈抗争（可能有些类似集权式的命令）时，问题首先集中在生命的毁灭。1946 年，毛泽东对此拒绝让步，他提出了他著名的“炸弹逻辑”：

> 主要的问题是人民的觉悟，不是炸药，也不是油田或原子弹，而是掌握它的人……（炸弹）它在广岛的大爆炸中毁灭了自己。全世界的人们都开始反对它……最后，炸弹不会摧毁人们。人们将会摧毁炸弹。[7]

30 年后，毛泽东认为，人们不会再次使用核弹，这一预言仍然是准确的。但他对于幽暗前景的警告以及对现实主义者的判定却尚未完成。尽管如此，我们仍然可以认为，一个不稳定的恐怖势力均衡正在持续。我们不能想象仅仅是公众舆论就会使这样的战争变得不可能。毛泽东继续进行他那看似疯狂的事业。他反对阻止核武器扩散的条约。他认为，这一条约将冻结苏美两极的世界格局，并把所有其他民族置于两大国家的胁迫和保护之间。而这两个大国之间那无休止的冲突（如古巴导弹危机），却不能保证世界和平。

像戴高乐一样，毛泽东要求各方力量停下来，去对抗这样的超

级大国霸权。但政治科学家们通常更倾向于指出为何多元分裂格局要比两个大党之间的斗争提供更多的稳定性。在这种情况下，考虑到我们所畏惧的那些风险，我们也许会惊讶于毛泽东那看似疯狂的对正义的强调。在两个超级大国中，大多数分析者与权力持有者都拥有一个世界观，他们不能接受毛泽东对于人民理性的乐观主义和盲目信仰。因为如果这样做，人们就必将这样来判断现在的世界局势，对于这些超级大国的真正疯狂的权力持有者们而言，他们的权力基础是他们根本不会使用的终极武器。他们拒绝摧毁这样的武器，这将有助于鼓励其他国家模仿他们，并通过建造更多的武器来巩固他们的权力。为了理解毛泽东的理性何在，我们必须要判断这
些超级大国那危险的非理性。至少为了恐吓，他们坚持维护和使用 319
这一危险的终极武器。

虽然我们的时代不喜欢邪恶，也不怎么信任英雄，但毛泽东坚信，民族解放战争不应该屈服于超级大国的胁迫，并且，目前几乎没有什么战争能够引发世界大战。同样，国家利益也不应该去阻挠各地人民的日常生活，不应该阻止人们为了社区自治、平等参与、对自己命运的自主控制以及真正的自力更生，去进行英勇的抗争。毛泽东所做的承诺、他的信心和乐观精神使他看起来成为主流意识形态（核武器理性）的非理性对手，这也证明了将权力最大限度地集中到最少数人手中的合理性。[8]当与他最大的创新之处相比时，毛泽东这些独特的发现已黯然失色。例如，“人民公社”和大寨模式，它们某种意义上防止了某些特权团体的增长。毛泽东这一创新之处对抗了20世纪的主流思想，即人们的解放从不需要献身于国家权力的逻辑。毛泽东认为，后者即使为核武器灾难的预言所掩盖，也永远是非理性的，永远是一个裸体的皇帝，总是要暴露的。像古老的先知一样，毛泽东宣称（至少在中国），正义将会实现，即使要使世界颤抖。再没有比完成人类的事业更为重要的事情了。

因此，尽管毛泽东的所有这些作为都为提高中国人民的生活质量做出了巨大的贡献，但他留给后代的遗产却超过了他为某个特定的改革、探索或开拓性事业所做出的努力。他上下求索，从解放战争到促进经济增长，到自力更生，再到削弱官僚的权力。

对于毛泽东如何转移到新的观点问题上来，我们印象深刻。无论是他的古稀之龄还是当时他所处的逆境，都不能阻挡他去重新尝试。事实上，毛泽东的革新工作直到他年近 70 岁时也未停止。如果他能活得更长久一些，他可能会在更陡峭的山峰上看到那更明亮的发展轨迹。

320 我们向毛泽东学习并不一定要全面地复制他，而应该去重新思考和面对人类那些不断变化但却永不曾改变的难题，并在更美好的未来中带着真正的信仰如此作为。毛泽东最伟大的贡献是，他打击了这个世纪的玩世不恭和悲观主义观点——持有这种观点的人坚称，我们所有的问题都是棘手的。但毛泽东通过他的斗争显露出了某种充满希望的生命力、勃勃生机和正义愿景。毛泽东留给 20 世纪的信息非常简单：那些应该做的事情一定可以做到。

注　释

作为哲学家的毛泽东

［1］Gramsci，Prison Notebooks，New York，International Publishers，1973，p. 403.（参见［意］葛兰西：《狱中札记》，北京，中国社会科学出版社，2000。——译者注）

［2］Lucian W. Pye，Mao Tse-tung：The Man in the Leader，New York，Basic Books，1976.（参见［美］白鲁恂：《毛泽东的心理分析》，香港，时代国际出版有限公司，2009。——译者注）

［3］毛泽东的后人2006年在俄罗斯收集档案时查到，毛泽民为毛泽东代填的履历表中写道“母亲：文素勤”。

［4］Start R. Schram，Mao Tse-tung，Harmondsworth，Penguin Books，1967，p. 23.（参见［美］斯图尔特·施拉姆：《毛泽东》，7页，北京，红旗出版社，1987。——译者注）

［5］参见毛泽东：《体育之研究》，载《新青年》，1917（4）。

［6］Stuart Schram，“From ‘The Great Union of the Popular Masses’ to the ‘Great Alliance’，” *The China Quarterly*，No. 49（January-March 1972），pp. 88-105.

［7］李大钊：《布尔什维主义的胜利》，载《新青年》，1918，5（5）。［参见中国李大钊研究会编注：《李大钊全集（最新注释本）》，第二卷，258～263页，北京，人民出版社，2006。此处发表的时间为1919年1月。——译者注］

［8］参见《毛泽东选集》，第一卷，2版，283～284页，北京，人民出版社，1991。

［9］Benjamin I. Schwartz，“Thoughts on Mao Tse-tung，” *The New York Review of Books*，1973-02-08.

马克思主义者毛泽东

［1］*Miscellany of Mao Tse-tung Thought*（1949—1968），Part Ⅰ，Arlington Virginia，Joint Publications Research Service，1974，p. 123；*Mao Tse-tung ssu-hsiang wan-sui*（*Long Live Mao Tse-tung's Thought*），1969，p. 225.（在本处及其他列有英译文和中文原文之处，我均将英文版本与原版做了核对，并对错误和晦涩之处加以改正。）

［2］正如一位西方权威人士指出的：“……《道德经》……主张以‘无为’作为一种统治手段，而不是要放弃统治。”Angus Graham：The Book of Lieh-tzu，London，John Murray，1960，p. 10.

［3］Mao Tse-tung，“The Great Union of the Popular Masses，” translated in *The China Quarterly*，No. 49（January-March 1972），pp. 86-87.（参见《毛泽东早期文稿》，2版，359页，长沙，湖南人民出版社，2008。——译者注）

［4］这篇文章见竹内实主编：《毛泽东集》，第1卷，175～179页，中国共产主义研究小组刊印，一山图书供应，1976。我在另一篇文章“Mao Zedong and the role of the various classes in the Chinese revolution，1923—1927”中做了扩展性的分析，详见 *The Polity and Economy of China*（The Late Professor Yuji Muramatsu Commemoration Volume），Tokyo，Toyo Keizai Shinposha，1975，pp. 227-239。（参见《毛泽东文集》，第一卷，37、39、41页，北京，人民出版社，1993。——译者注）

[5] Stuart R. Schram, *The Political Thought of Mao Tse-tung*, Harmondsworth, Penguin Books, Revised and enlarged edition, 1969, pp. 172-173. (参见《毛泽东选集》，2版，第二卷，534页，北京，人民出版社，1991。——译者注)

[6] Ibid., pp. 179-180. (这里的英文引文与原文有出入，译者依照1991年版的《毛泽东选集》摘出。参见《毛泽东选集》，2版，第三卷，814～815页，北京，人民出版社，1991。——译者注)

[7] *Mao Tse-tung ssu-hsiang wan-sui* (*Long Live Mao Tse-tung's Thought*), 1967, p. 48.

[8] Stuart R. Schram (ed.), *Mao Tse-tung Unrehearsed*, Harmondsworth, Penguin Books, 1974, p. 86. 这本书在美国发行的版本以 *Chairman Mao Talks to the People* 为副标题 (New York, Pantheon)。

[9] *Miscellany of Mao Tse-tung Thought* (1949—1968), Part Ⅱ, Arlington Virginia, Joint Publications Research Service, 1974, p. 241; *Mao Tse-tung ssu-hsiang wan-sui* (*Long Live Mao Tse-tung's Thought*), 1967, p. 262. (关于此处某些可能影响这段文字整体含义的关键性内容，译者在这里的翻译与JPRS版本的不同。原文摘录如下："所谓马列主义中国化，就是马克思主义普遍真理跟中国革命具体实践的统一，一个普遍一个具体，两个东西的统一就叫中国化。各国有些枝叶的不同，必须有些枝叶的不同，根本一样。比如拿树来作比喻，一棵树同一棵树，它的根本一样，枝叶总是不同的。"参见毛泽东：《在八届九中全会上的讲话》，1961-01-18。——译者注)

[10] Stuart R. Schram, *The Political Thought of Mao Tse-tung*, Harmondsworth, Penguin Books, Revised and enlarged edition, 1969, p. 313. (参见《毛泽东选集》，2版，第三卷，821页，北京，人民出版社，1991。——译者注)

[11] Stuart R. Schram, *The Political Thought of Mao Tse-tung*, Harmondsworth, Penguin Books, Revised and enlarged edition, 1969, pp. 316-317. (参见《毛泽东选集》，2版，第三卷，899页，北京，人民出版社，1991。——译者注)

[12]《论语·泰伯第八》。

[13] Stuart R. Schram (ed.), *Mao Tse-tung Unrehearsed*, Harmondsworth, Penguin Books, 1974, p. 73. (此处译文与原文有出入，原文见《毛泽东文集》，第七卷，31～33页，北京，人民出版社，1999。——译者注)

[14] "Sixty Articles on Work Methods," translated in *Current Background*, No. 892, p. 9; *Mao Tse-tung ssu-hsiang wan-sui* (*Long Live Mao Tse-tung's Thought*), (April 1967), Supplement, pp. 34-35. [参见毛泽东：《工作方法六十条（草案）》，1958-01-31。此外，这里存在一个版本问题，施拉姆误把36页本的《毛泽东思想万岁》当作46页本的附录或增补本了。详见陈标：《〈毛泽东思想万岁〉重要版本评介（一）》，载《湖南科技大学学报（社会科学版）》，2010（3）。——译者注]

[15] "7 000 Cadres Speech," 30 January, 1962, in Stuart R. Schram (ed.), *Mao Tse-tung Unrehearsed*, Harmondsworth, Penguin Books, 1974, pp. 163-164. (参见《毛泽东著作选读》，下册，819～820页，北京，人民出版社，1986。——译者注)

[16] Stuart R. Schram (ed.), *Mao Tse-tung Unrehearsed*, Harmondsworth, Penguin Books, 1974, p. 277. (参见《毛泽东著作选读》，下册，819～820页，北京，人民出版社，1986。——译者注)

[17] *Miscellany of Mao Tse-tung Thought* (1949—1968), Part Ⅱ, Arlington Virginia, Joint Publications Research Service, 1974, pp. 453-454; *Mao Tse-tung ssu-hsiang wan-sui* (*Long Live Mao Tse-tung's Thought*), 1969, pp. 670-671. 这段话引自1967年2月毛泽东与张春桥、姚文元的谈话。这一版本的英译文与施拉姆的不同。一贯道是20世纪50年代早期为新政权所镇压的一个秘密社团。

[18] H. Carrère d' Encausse and S. Schram, *Marxism and Asia*, London, Allen Lane, The

Penguin, 1969, p. 246.

[19] O. V. Kuusinen, Speech of February 1964, in H. Carrère d' Encausse and S. Schram, *Marxism and Asia*, London, Allen Lane, The Penguin, 1969, p. 333.

[20]《毛泽东选集》，2版，第四卷，1426～1427页，北京，人民出版社，1991。

[21] 列宁关于给农民拖拉机以改造其心理的观点，参见《列宁选集》，中文3版，第四卷，447页，北京，人民出版社，1995。斯大林关于拖拉机构成先决条件的思想，参见《斯大林全集》，中文1版，第十二卷，145～146页，北京，人民出版社，1955。

[22]《毛泽东文集》，第六卷，438页，北京，人民出版社，1999。

[23] *Miscellany of Mao Tse-tung Thought* (1949—1968), Part Ⅰ, Arlington Virginia, Joint Publications Research Service, 1974, p. 29; *Mao Tse-tung ssu-hsiang wan-sui* (*Long Live Mao Tse-tung's Thought*), 1969, p. 27.

[24] *Miscellany of Mao Tse-tung Thought* (1949—1968), Part Ⅰ, Arlington Virginia, Joint Publications Research Service, 1974, p. 128; *Mao Tse-tung ssu-hsiang wan-sui* (*Long Live Mao Tse-tung's Thought*), 1969, p. 247.

[25] *Mao Tse-tung ssu-hsiang wan-sui* (*Long Live Mao Tse-tung's Thought*), 1967, pp. 12, 17, 49.

[26] 参见《毛泽东选集》，2版，第四卷，1477页，北京，人民出版社，1991。

[27] Speech to the Supreme State Council, 13 October, 1957, *Mao Tse-tung ssu-hsiang wan-sui* (*Long Live Mao Tse-tung's Thought*), 1969, pp. 129-140.

[28] Stuart R. Schram (ed.), *Mao Tse-tung Unrehearsed*, Harmondsworth, Penguin Books, 1974, pp. 61-83 passim, especially pp. 62-67. 为了对比本译文和1976年12月26日发表的正式译文，参见我的研究笔记，*The China Quarterly*, No. 69 (March 1972), pp. 126-135。（参见《毛泽东文集》，第七卷，23～49页，北京，人民出版社，1999。——译者注）

[29] S. Schram, "Mao Tse-tung and the theory of the permanent revolution, 1958—1969," *The China Quarterly*, No. 46 (April-June 1971), pp. 221～244, especially p. 222.

[30] *Miscellany of Mao Tse-tung Thought* (1949—1968), Part Ⅰ, Arlington Virginia, Joint Publications Research Service, 1974, p. 115; *Mao Tse-tung ssu-hsiang wan-sui* (*Long Live Mao Tse-tung's Thought*), 1969, p. 216.

[31] 见1958年年末或是1959年年初的笔记。*Miscellany of Mao Tse-tung Thought* (1949—1968), Part Ⅰ, Arlington Virginia, Joint Publications Research Service, 1974, pp. 191-192; *Mao Tse-tung ssu-hsiang wan-sui* (*Long Live Mao Tse-tung's Thought*), 1967, p. 156-157.（此处译文与原文有出入。——译者注）

[32] 这里我引用了自己译文中的21、22段，*The China Quarterly*, No. 46, pp. 226-229。毛泽东并未草拟这一指示的全文，但他做了修改，并在1958年1月署上了他的名字。全文见 *Current Background*, No. 892, pp. 1-14。（参见《毛泽东文集》，第七卷，350页，北京，人民出版社，1999。——译者注）

[33] Talk of 20 March, 1958, in Stuart R. Schram (ed.), *Mao Tse-tung Unrehearsed*, Harmondsworth, Penguin Books, 1974, pp. 106-107.（参见《毛泽东文集》，第七卷，372页，北京，人民出版社，1999。——译者注）

[34] "一位中国作者"指的是高仰之，其文载《政治学习》，1959 (18)，见 S. Schram, *Documents sur la théorie de la "révolution permanente" en Chine*, Paris, Mouton, 1963, pp. 57-58。

[35] "Sixty Articles on Work Methods," in S. Schram, article cited, *The China Quarterly*, No. 46, p. 229.（参见《毛泽东文集》，第七卷，352页，北京，人民出版社，1999。——译者注）

[36] L. Trotsky, *La révolution permanente*, Paris, Rieder, 1932. 此处未对毛泽东

和托洛茨基的两种“不断革命”论做比较，详见 S. Schram, *Documents sur la théorie de la “révolution permanente” en Chine*, Paris, Mouton, 1963, pp. 19-29。

[37] “Sixty Articles on Work Methods,” paragraph 22, quoted in S. Schram, *The China Quarterly*, No. 46, p. 228-229.（参见《毛泽东文集》，第七卷，351 页，北京，人民出版社，1999。——译者注）

[38] Stuart R. Schram (ed.), *Mao Tse-tung Unrehearsed*, Harmondsworth, Penguin Books, 1974, pp. 112-113.（此处引文据英文译出，与中文原文不一致。参见毛泽东：《在成都会议上的讲话》，1958-03。——译者注）

[39] Speech of 6 April, 1958, *Miscellany of Mao Tse-tung Thought* (1949—1968), Part Ⅰ, Arlington Virginia, Joint Publications Research Service, 1974, pp. 85-86; *Mao Tse-tung ssu-hsiang wan-sui* (*Long Live Mao Tse-tung's Thought*), 1969, pp. 180-182.

[40] *Miscellany of Mao Tse-tung Thought* (1949—1968), Part Ⅱ, Arlington Virginia, Joint Publications Research Service, 1974, p. 309; *Mao Tse-tung ssu-hsiang wan-sui* (*Long Live Mao Tse-tung's Thought*), 1967, p. 242.

[41] 参见《毛泽东选集》，2 版，第一卷，307～308 页，北京，人民出版社，1991。

[42] Stuart R. Schram (ed.), *Mao Tse-tung Unrehearsed*, Harmondsworth, Penguin Books, 1974, p. 109.（参见《毛泽东文集》，第七卷，374～375 页，北京，人民出版社，1999。——译者注）

[43] 此处指的是斯大林所著《苏联社会主义经济问题》一书，最初出版于 1952 年，该书并未完全否定他在 1936 年所写的东西，而是“解释”了毛泽东所指出的这点的含义。

[44] *Miscellany of Mao Tse-tung Thought* (1949—1968), Part Ⅱ, Arlington Virginia, Joint Publications Research Service, 1974, p. 309; *Mao Tse-tung ssu-hsiang wan-sui* (*Long Live Mao Tse-tung's Thought*), 1967, p. 242.（参见《毛泽东文集》，第八卷，108 页，北京，人民出版社，1999。——译者注）

[45] “Sixty Articles on Work Methods,” paragraph 22, quoted in S. Schram, *The China Quarterly*, No. 46, p. 229.

[46] 例如毛泽东于 1958 年 3 月 20 日在成都会议上的讲话，参见 Stuart R. Schram (ed.), *Mao Tse-tung Unrehearsed*, Harmondsworth, Penguin Books, 1974, pp. 108-110。

[47] “Talk on Questions of Philosophy,” in Stuart R. Schram (ed.), *Mao Tse-tung Unrehearsed*, Harmondsworth, Penguin Books, 1974, p. 227.

[48] Ibid., p. 228.

[49] Loc. cit.

[50] Speech of 30 January, 1962, in Stuart R. Schram (ed.), *Mao Tse-tung Unrehearsed*, Harmondsworth, Penguin Books, 1974, pp. 180-181 and 168. 毛泽东在 1964 年 12 月 20 日谈到中央委员会工作问题时认为，这些新的资产阶级应当称为“分子”(elements)、“集团”(cliques)而不要叫“阶层”(strata)，参见 *Miscellany of Mao Tse-tung Thought* (1949—1968), Part Ⅱ, Arlington Virginia, Joint Publications Research Service, 1974, p. 413。

[51] 毛泽东在 1958 年 11 月已然强调需要随着革命的深入进而消灭“资产阶级法权”，参见 *Miscellany of Mao Tse-tung Thought* (1949—1968), PartⅠ, Arlington Virginia, Joint Publications Research Service, 1974, pp. 130-131。1960 年左右，在关于免费供给制的意见中，毛泽东又回到了这一问题上 (ibid., p. 233)。

[52] “Sixty Articles on Work Methods,” paragraph 22, quoted in S. Schram, *The China Quarterly*, No. 46, p. 228.

[53] 参见 1964 年 8 月 18 日毛泽东同康生、陈伯达的谈话，参见 Stuart R. Schram (ed.), *Mao Tse-tung Unrehearsed*, Harmondsworth, Penguin Books, 1974, p. 226。若需参阅“佛教和道教唯物主义”的内容，参见上书，230 页。

[54] Report of 25 November, 1928, in

Stuart R. Schram：*The Political Thought of Mao Tse-tung*，Harmondsworth，Penguin Books，Revised and enlarged edition，1969，p. 269.（参见《毛泽东选集》，2 版，第一卷，63 页，北京，人民出版社，1991。——译者注）

［55］H. Carrère d' Encausse and S. Schram，*Marxism and Asia*，London，Allen Lane，The Penguin，1969，pp. 7-15 and 115-125 passim.

［56］Speech of 28 January，1962，in Stuart R. Schram（ed.），*Mao Tse-tung Unrehearsed*，Harmondsworth，Penguin Books，1974，p. 94.

政治领袖毛泽东

［1］Lucian W. Pye，*Mao Tse-tung：The Man in the Leader*，New York，Basic Books，1976.（参见［美］白鲁恂：《毛泽东的心理分析》，香港，时代国际出版有限公司，2009。——译者注）

［2］例如，秦始皇是中国历史上第一个统一中国的皇帝，极其严苛。在中共八大二次会议上，毛泽东为了说明他与秦始皇的不同，提到他并不喜欢引用秦始皇的话。而林彪总是想要讨好毛泽东，他插话道，秦始皇焚书坑儒。毛泽东则马上对林彪说，如果比起来，他比中国古代的那些皇帝更为残暴，他镇压了更多人。这种说法的转变说明，我们既不能将毛泽东视做一个穷凶极恶的帝王，也不能断然认为他与这类暴君形成鲜明对比［*Miscellany of Mao Tse-tung Thought*（*1949—1968*），Arlington Virginia，Joint Publications Research Service（JPRS），1974，Part Ⅰ，p. 98］。

［3］毛泽东：《为建设一个伟大的社会主义国家而奋斗》（1954 年 9 月 15 日），译自 Current Background，No. 891，1969-10-08。（参见《毛泽东著作选读》，下册，715 页，北京，人民出版社，1986。这是毛泽东在中华人民共和国第一届全国人民代表大会第一次会议上的开幕词。——译者注）

［4］毛泽东：《一九五七年夏季的形势》，1957-07。

［5］Stuart R. Schram（ed.），*Mao Tse-tung Unrehearsed*，Harmondsworth，Penguin Books，1974，pp. 173-174.（参见《毛泽东文集》，第八卷，301 页，北京，人民出版社，1999。——译者注）

［6］Ibid.，p. 175.（参见《毛泽东文集》，第八卷，302 页，北京，人民出版社，1999。——译者注）

［7］*Miscellany of Mao Tse-tung Thought*（*1949—1968*），Arlington Virginia，Joint Publications Research Service（JPRS），1974，No. 49826，1970-02-12，p. 28.

［8］*Miscellany of Mao Tse-tung Thought*（*1949—1968*），Arlington Virginia，Joint Publications Research Service（JPRS），1974，No. 5079，1970-06-23，pp. 30，32.（参见《毛泽东文集》，第七卷，372～375 页，北京，人民出版社，1999。——译者注）

［9］*Miscellany of Mao Tse-tung Thought*（*1949—1968*），Arlington Virginia，Joint Publications Research Service（JPRS），1974，No. 5079，1970-06-23，p. 33.（参见《毛泽东文集》，第七卷，373 页，北京，人民出版社，1999。——译者注）

［10］这一部分包括《毛泽东选集》（第二卷）中的《抗日游击战争的战略问题》和《论持久战》两篇文章［Mao，*Basic Tactics*，New York，Praeger Press，1966；Mao，*Guerrilla Warfare*，translated by Samuel B. Griffith，New York，Praeger Press，1961；《孙子兵法》（*Sun Tzu*，*The Art of War*），New York，Oxford University Press，1963；Scott Boorman，The Protracted Game，New York：Oxford University Press，1969］。

［11］*Miscellany of Mao Tse-tung Thought*（*1949—1968*），Arlington Virginia，Joint Publications Research Service（JPRS），1974，No. 5079，1970-06-23，p. 34. 毛泽东在 1938 年《论持久战》一文中表达了类似的观点，参见《毛泽东选集》，2 版，第二卷，479～480 页，北京，人民出版社，1991。

［12］Chang Kuo-t'ao，*The Rise of the Chi-*

nese Communist Party，Lawrence，University of Kansas Press，1972，pp. 436-437.（中文版见张国焘：《我的回忆》，第三册，北京，东方出版社，1998。张国焘的这本回忆录最初版本是英文版，但此处译者仅参考了中文版本，译文根据本书作者的摘录译出。——译者注）

［13］Ibid.，p. 497.

［14］这段引文来源于《“571 工程”纪要》（1971 年 2 月 22—24 日的草稿），这份文件据称是林彪指示他的儿子起草的，主要关于林彪密谋夺权（Michael Y. M. Kau，ed.，*The Lin Piao Affair*，White Plains，International Arts and Sciences Press，1975，p. 89）。

［15］*Miscellany of Mao Tse-tung Thought*（*1949—1968*），Arlington Virginia，Joint Publications Research Service（JPRS），1974，Part Ⅱ，p. 315.

［16］《毛泽东选集》，2 版，第二卷，547 页，北京，人民出版社，1991。

［17］《毛泽东选集》，2 版，第三卷，1074 页，北京，人民出版社，1991。

［18］Chang Kuo-t'ao，*The Rise of the Chinese Communist Party*，Lawrence，University of Kansas Press，1972，p. 577.

［19］Michael Y. M. Kau，ed.，*The Lin Piao Affair*，White Plains，International Arts and Sciences Press，1975，p. 85.

［20］《毛泽东选集》，2 版，第二卷，547 页，北京，人民出版社，1991。

［21］同上书，469 页。

［22］*Miscellany of Mao Tse-tung Thought*（*1949—1968*），Arlington Virginia，Joint Publications Research Service（JPRS），1974，Part Ⅰ，p. 8.（参见毛泽东：《转发黄克诚关于湖南镇反问题的意见的批语》，1951-03-30。——译者注）

［23］《毛泽东选集》，2 版，第二卷，512 页，北京，人民出版社，1991。

［24］《毛泽东选集》，2 版，第三卷，1096 页，北京，人民出版社，1991。

［25］*Miscellany of Mao Tse-tung Thought*（*1949—1968*），Arlington Virginia，Joint Publications Research Service（JPRS），1974，No. 49826，1970-02-12，p. 39.

［26］中国传统思想认为人具有可塑性，毛泽东对人的潜力的强调正是来自于此。毛泽东相信人并不会被先天的道德品质限制住，因此他认为，人的精神转变有可能会激发新的力量。在更深的层面来考虑，毛泽东的权力观也来自他的这种人性观［Donald J. Munro，“The Malleability of Man in Chinese Marxism，” *The China Quarterly*，London，No. 48（October-December，1971），pp. 609-640］。

［27］《毛泽东选集》，2 版，第一卷，221～222 页，北京，人民出版社，1991。

［28］对“文化大革命”中每个事件的综述参见 Ezra Vogel，*Canton under Communism*，Cambridge，Harvard University Press，1969。

［29］对此问题的激烈交锋参见 Andrew Nathan 和 Edwin A. Winckler 的交流［*The China Quarterly*，London，No. 68（December 1976），pp. 720-750］。

［30］G. William Skinner and Edwin A. Winckler，“Compliance Succession in Communist China，” in Amitai Etzioni（ed.），*Complex Organizations*，New York，Holt，Rinehart and Winston，1969 ；Alexander Eckstein，“Economic fluctuations in Communist China，s domestic development，” in P'ing-ti Ho and Tang Tsou（eds.），*China in Crisis*，Chicago，University of Chicago Press，1968，Book 2，pp. 691-729.

［31］此处基于一次私人外交谈话。

［32］*Miscellany of Mao Tse-tung Thought*（*1949—1968*），Arlington Virginia，Joint Publications Research Service（JPRS），1974，Part Ⅰ，p. 85.

［33］Michael Y. M. Kau，ed.，*The Lin Piao Affair*，White Plains，International Arts and Sciences Press，1975，pp. 118-112.（参见毛泽东：《给江青的信》，1966-07-08。——译者注）

［34］毛泽东：《关于赫鲁晓夫的假共产主义及其在世界历史上的教训——九评苏共中央

的公开信（之四）》，载《人民日报》，1964-07-14。

[35] 关于这个问题，麦克法夸尔在《文化大革命的起源》（北京，求实出版社，1989）一书中做了详尽的论述（Roderick MacFarquhar, *The Origins of the Cultural Revolution*, New York, Columbia University Press, 1974, pp. 152-156）。

[36] Lowell Dittmer, *Liu Shao-ch'i and the Chinese Cultural Revolution: The Politics of Mass Criticism*, Berkeley, University of California Press, 1974.

[37] 此处要特别感谢哥伦比亚大学的韦爱德（Edwin Winckler），他为这部分内容提供了重要概念。

[38] Bao Ruo-wang and Rudolph Chelminski, *Prisoner of Mao* , New York, Coward, McCann and Geoghegan, 1973.

[39] 毛泽东：《给江青的信》，1966-07-08。

[40] Edgar Snow, *The Long Revolution*, New York, Vintage, 1971, p. 205（参见[美] 埃德加·斯诺：《漫长的革命》，208 页，上海，上海人民出版社，1975。——译者注）；毛泽东：《和美国记者斯诺的谈话》，1965-01-09。

[41] Edgar Snow, *The Long Revolution* , New York, Vintage, 1971, pp. 169-170.（参见[美] 埃德加·斯诺：《漫长的革命》，168 页，上海，上海人民出版社，1975。——译者注）

[42] Edgar Snow, *The Long Revolution*, New York, Vintage, 1971, p. 170.（参见[美] 埃德加·斯诺：《漫长的革命》，170 页，上海，上海人民出版社，1975。——译者注）

[43]《毛泽东著作选读》，下册，821 页，北京，人民出版社，1986。

[44] Stuart R. Schram (ed.), *Mao Tse-tung Unrehearsed*, Harmondsworth, Penguin Books, 1974, p. 166.（参见《毛泽东著作选读》，下册，837 页，北京，人民出版社，1986。——译者注）

[45] Ibid., p. 186.

[46] 毛泽东详细引用了这首曲子来描述疟疾发病时的痛苦。参见 Union Research Institute, *The Case of P'eng Teh-huai 1959—1968*, Hong Kong, 1968, p. 315。（参见毛泽东：《给张闻天的信》，1959-08-02。——译者注）

[47] Ibid., p. 316.（参见毛泽东：《给张闻天的信》，1959-08-02。——译者注）

[48] *Miscellany of Mao Tse-tung Thought (1949—1968)*, Arlington Virginia, Joint Publications Research Service (JPRS), 1974, Part Ⅰ, p. 186.（参见毛泽东：《给张闻天来信的批语》，1959-08-18。——译者注）

[49] Union Research Institute, *The Case of P'eng Teh-huai 1959—1968*, Hong Kong, 1968, p. 36.（参见李锐：《庐山会议实录》，103～104 页，郑州，河南人民出版社，1999。——译者注）

[50] Michael Y. M. Kau, ed., *The Lin Piao Affair*, White Plains, International Arts and Sciences Press, 1975, p. 49.（参见毛泽东：《在外地巡视期间同沿途各地负责人谈话纪要》，1971-08、09。——译者注）

[51] 对此比较有力的论述见 Michael Pillsbury, "Patterns of Chinese Power Struggles: Three Models," prepared for University Seminar on Modern China, Columbia University, New York City, 27 March, 1974。关于毛泽东得以命令军队的指挥系统的论述见 Harvey Nelson, "Military Forces in the Cultural Revolution," *The China Quarterly*, London, No. 51 (July-September 1972), pp. 444-474。关于毛泽东能够绕过正规指挥系统并直接下令作战的论述，见美国中央情报局的分析员 Roger Brown, "Chinese Politics and American Policy," *Foreign Policy*, No. 23 (Summer 1976), pp. 3-23。

[52] Michael Y. M. Kau, ed., *The Lin Piao Affair*, White Plains, International Arts and Sciences Press, 1975, p. 49.（参见毛泽东：《在外地巡视期间同沿途各地负责人谈话纪要》，1971-08、09。——译者注）

[53] 关于中国政治中字词的重要性的解释见 Richard Solomon, *A Revolution Is Not a*

Dinner Party, New York, Doubleday, 1975, ch. 3。

[54] *Miscellany of Mao Tse-tung Thought (1949—1968)*, Arlington Virginia, Joint Publications Research Service (JPRS), 1974, Part Ⅰ, p. 117.(参见毛泽东:《在八大二次会议上的讲话》, 1958-05-23。——译者注)

[55] *Miscellany of Mao Tse-tung Thought (1949—1968)*, Arlington Virginia, Joint Publications Research Service (JPRS), 1974, Part Ⅰ, p. 141.(参见毛泽东:《在八届六中全会上的讲话》, 1958-12-09。——译者注)

[56] *Miscellany of Mao Tse-tung Thought (1949—1968)*. Arlington Virginia, Joint Publications Research Service (JPRS), 1974, Part Ⅰ, p. 121.

[57] Ibid., p. 123.

[58] 毛泽东:《对〈清华大学物理教研组对待教师宁"左"勿右〉一文的批示》, 1958-12-22。

[59] *Miscellany of Mao Tse-tung Thought (1949—1968)*, Arlington Virginia, Joint Publications Research Service (JPRS), 1974, Part Ⅰ, p. 148.

[60] *Miscellany of Mao Tse-tung Thought (1949—1968)*, Arlington Virginia, Joint Publications Research Service (JPRS), 1974, Part Ⅰ, pp. 164-165; *Miscellany of Mao Tse-tung Thought (1949—1968)*, Arlington Virginia, Joint Publications Research Service (JPRS), 1974, Part Ⅱ, pp. 373-374.(参见《毛泽东文集》, 第八卷, 427~428 页, 北京, 人民出版社, 1999。——译者注)

[61] 对此比较好的论述见 Parris Chang, *Power and Policy in China*, University Park, Pennsylvania State Press, 1975, ch. 1。《关于目前农村工作中若干问题的决定》(草案)即为"前十条"。

[62] Stuart R. Schram (ed.), *Mao Tse-tung Unrehearsed*, Harmondsworth, Penguin Books, 1974, p. 158; Jerome Ch'en (ed.), *Mao Papers*, London, Oxford University Press, 1970, pp. 57-58. [参见《毛泽东文集》, 第八卷, 290 页, 北京, 人民出版社, 1999; 毛泽东:《工作方法六十条(草案)》, 1958-01-31。——译者注]

作为战士的毛泽东

[1] 参见《毛泽东选集》, 2 版, 第一卷, 104 页, 北京, 人民出版社, 1991。

[2] 这篇文章有时也被称为《古田会议决议》(《中国共产党红军第四军第九次代表大会决议案》的别称)。

[3] 原文为"作战将获得高度的正规性, 大大减少其游击性, 低级的将变到高级的, 中国型的将变到世界型的"(《毛泽东选集》, 2 版, 第二卷, 550 页, 北京, 人民出版社, 1991)。

[4] 也许我们未来可以借助于日本的军方记录和目前尚存的共产党记录进行相关研究。目前的共产党记载中已经有多处内容被删掉了。

[5] 彭德怀在 1959 年的庐山会议上被撤掉职务。然而令我们难以置信的是毛泽东作为军事革命委员会主席, 竟然没有批准这个决定。

[6] 参见《北京周报》, 1974 (39);《北京周报》, 1974 (6)。

[7] 《毛泽东选集》, 2 版, 第二卷, 480 页。施拉姆指出此处可以留意毛泽东 1951 年前后的文本中与此处的细微差别, 参见 Stuart R. Schram, *The Political thought of Mao Tse-tung*, Harmondsworth, Penguin Books, Revised and enlarged edition, 1969, pp. 286~287. [此处应指《在成都会议上的讲话》(1958 年 3 月), 见《毛泽东文集》, 第七卷, 374 页。——译者注]

[8] 《毛泽东选集》, 2 版, 第一卷, 171 页, 北京, 人民出版社, 1991。

[9] 毛泽东在引用公元前 638 年宋楚作战时宋襄公的指令, 他说"我们不是宋襄公, 不要那种蠢猪式的仁义道德"(《毛泽东选集》, 2 版, 第二卷, 492 页, 北京, 人民出版社, 1991)。

[10] 《毛泽东选集》, 2 版, 第二卷, 476 页, 北京, 人民出版社, 1991。

[11]《毛泽东选集》，2版，第一卷，181页，北京，人民出版社，1991。

[12] *Miscellany of Mao Tse-tung Thought (1949—1968)*，Arlington Virginia，Joint Publications Research Service（JPRS），1974，p. 476.（参见毛泽东：《召见首都红代会“五大领袖”时的谈话》，1968-07-28。——译者注）

[13]《毛泽东选集》，2版，第一卷，183页，北京，人民出版社，1991。

[14]《毛泽东选集》，2版，第四卷，1248页，北京，人民出版社，1991。

[15]《毛泽东选集》，2版，第一卷，50页，北京，人民出版社，1991。

[16] 同上书，98页。

[17]《毛泽东选集》，2版，第二卷，498页，北京，人民出版社，1991。

[18]《毛泽东选集》，2版，第一卷，228页，北京，人民出版社，1991。

[19] 关于这个重要问题见Hu Chi-hsi，Hua Fu，“the Fifth Encirclement Campaign and the Tsunyi Conference，” *The China Quarterly*，London，No. 43（July-September 1970），pp. 31-46。

[20]《毛泽东选集》，2版，第一卷，237页，北京，人民出版社，1991。

[21] 同上。

[22]“吃现成饭是要打败仗的。这一点要向苏联同志讲清楚”（毛泽东：《在军委扩大会议小组长座谈会上的讲话》，1958-06-28）。

[23] *Khrushchev Remembers*，Boston，Toronto，Little，Brown and Company，1970，Ch. 18。

[24]《毛泽东选集》，2版，第四卷，1194～1195页，北京，人民出版社，1991。

[25]《毛泽东著作选读》，下册，794页，北京，人民出版社，1986。

[26] 参见中国在1963年7月31日的声明（即《中国政府主张全面、彻底、干净、坚决地禁止和销毁核武器、倡议召开世界各国政府首脑会议的声明》。——译者注）以及《在战争与和平问题上的两条路线》。

[27] 众所周知，自从1964年10月16日第一颗原子弹爆炸成功，中国到目前为止已经进行了20余项核武器和热核试验。中国首次与苏联就核物理研究达成协议的时间可以追溯到1954年。

[28]《毛泽东著作选读》，下册，807页，北京，人民出版社，1986。（根据毛泽东在中共中央政治局武昌会议上的讲话）

[29] 参见毛泽东：《最高国务会议上的讲话纪要》，1958-09-05。

[30]《毛泽东选集》，2版，第一卷，104页，北京，人民出版社，1991。

[31]《毛泽东选集》，2版，第二卷，405页，北京，人民出版社，1991。朱德、彭德怀、萧克等人均对此问题有过论述，参见Gene Z. Hanrahan，*Chinese Communist Guerrilla Tactics*，New York，Columbia University，1952。

[32] 参见《毛泽东选集》，2版，第四卷，1197～1198、1247～1248页，北京，人民出版社，1991。

[33] 毛泽东在1958年称：“我们训练军队八年了，可是还没一本正规作战的书。”[Stuart R. Schram（ed.），*Mao Tse-tung Unrehearsed*，Harmondsworth，Penguin Books，1974，p. 126]

[34] 包括1929年以前的“三项纪律八大注意”（1947年修订扩展），红军自1928年起严格执行。

[35]《毛泽东选集》，2版，第二卷，469页，北京，人民出版社，1991。

[36] 林彪：《人民战争胜利万岁》，载《北京周报》，1965（36）。

[37] 孙武：《十一家孙子校理·形篇》，75页，北京，中华书局，1999。

[38] 毛泽东：《七律·人民解放军占领南京》，见中共中央文献研究室编：《毛泽东诗词集》，38页，北京，中央文献出版社，1996。

作为导师的毛泽东

[1] 参见［美］埃德加·斯诺：《西行漫记》，120页，北京，三联书店，1979。

[2] Stuart R. Schram，*The Political*

Thought of Mao Tse-tung, Harmondsworth, Penguin Books, Revised and Enlarged Edition, 1969, p. 296.

[3] Emi Siao, *Mao Tse-tung*, *His Childhood and Youth* , Bombay, People's Publishing House, 1953; SiaoYü, *Mao Tse-tung and I Were Beggars* , Syracuse, Syracuse University Press, 1959.

[4] [美] 埃德加·斯诺:《西行漫记》,106 页,北京,三联书店,1979。

[5] 同上书,107 页。

[6] 同上书,108 页。

[7] 同上。

[8] Stuart R. Schram (ed.), *Mao Tse-tung Unrehearsed*, Harmondsworth, Penguin Books, 1974, p. 205. (参见毛泽东:《和王海蓉同志的谈话》,1964-06-24。——译者注)

[9] 参见 [美] 埃德加·斯诺:《西行漫记》,112~113 页,北京,三联书店,1979。

[10] 参见上书,119 页。

[11] 参见上书,120 页。

[12] Stuart R. Schram (ed.), *Mao Tse-tung Unrehearsed*, Harmondsworth, Penguin Books, 1974, p. 213. (参见毛泽东:《关于哲学问题的讲话》,1964-08-18。——译者注)

[13] 参见 [美] 埃德加·斯诺:《西行漫记》,121 页,北京,三联书店,1979。

[14] Stuart R. Schram (ed.), *Mao Tse-tung Unrehearsed*, Harmondsworth, Penguin Books, 1974, p. 213. (参见毛泽东:《关于哲学问题的讲话》,1964-08-18。——译者注)

[15] 1964 年毛泽东明确地指出,他在湖南师范学校"尽学资产阶级那一套"了。

[16] Mao Ze-dong, Uneétude de I'éducation physique, Pans, Mouton, 1962. (参见中共中央文献研究室、中共湖南省委《毛泽东早期文稿》编辑组编:《毛泽东早期文稿》,2 版,56~69 页,长沙,湖南人民出版社,2008。——译者注)

[17] 参见上书,45 页。

[18] 参见上书,47 页。

[19] 参见施拉姆在《中国季刊》49 期 (1972 年 1—3 月) 编辑整理的文章。(参见中共中央文献研究室、中共湖南省委《毛泽东早期文稿》编辑组编:《毛泽东早期文稿》,2 版,312~315 页,长沙,湖南人民出版社,2008。——译者注)

[20] "Great Union," *The China Quarterly*, London, No. 49 (January-March 1972), p. 81.

[21] 即 1896—1903 年间的讲话和著作,这些后来被编辑收录到《学校与社会》(School and Society,1917)。

[22] "Great Union," *The China Quarterly*, London, No. 49 (January-March 1972), p. 82.

[23] Stuart R. Schram (ed.), *Mao Tse-tung Unrehearsed*, Harmondsworth, Penguin Books, 1974, p. 296; 毛泽东:《在杭州会议上的讲话》,1965-12-21。

[24] 《毛泽东选集》,2 版,第一卷,34 页,北京,人民出版社,1991。

[25] 同上书,39 页。

[26] 同上书,39~40 页。

[27] 同上书,50 页。

[28] 参见上书,63 页。

[29] 《毛泽东选集》,2 版,第一卷,86 页,北京,人民出版社,1991。

[30] 参见上书,89~95 页。

[31] 指《必须注意经济工作》(1933 年 8 月 12 日)、《我们的经济政策》(1934 年 1 月) 等,见《毛泽东选集》,2 版,第一卷,119~126、130~135 页,北京,人民出版社,1991。

[32] 《毛泽东选集》,2 版,第一卷,170~244 页,北京,人民出版社,1991。

[33] 同上书,172 页。

[34] 同上书,178 页。

[35] 同上书,179 页。

[36] 同上书,181 页。

[37] 《毛泽东选集》,2 版,第二卷,359 页,北京,人民出版社,1991。

[38] 同上书,361 页。

[39] 同上书,519~536 页。

[40] 同上书,522~523 页。

[41] 同上书,561~569 页。

［42］同上书，568页。

［43］同上书，559页。

［44］参见上书，618～620页。

［45］同上书，742页。

［46］《毛泽东选集》，2版，第三卷，789～794页，北京，人民出版社，1991；Boyd Compton，*Mao's China*，Seattle，University of Washington Press，1966，pp. 54-58。

［47］《毛泽东选集》，2版，第三卷，790页，北京，人民出版社，1991；Boyd Compton，*Mao's China*，Seattle，University of Washington Press，1966，p. 56。

［48］《毛泽东选集》，2版，第三卷，790～791页，北京，人民出版社，1991；Boyd Compton，*Mao's China*，Seattle，University of Washington Press，1966，pp. 56-57。

［49］《毛泽东选集》，2版，第三卷，795～803页，北京，人民出版社，1991；Boyd Compton，*Mao's China*，Seattle，University of Washington Press，1966，pp. 52-68。

［50］《毛泽东选集》，2版，第三卷，801页，北京，人民出版社，1991；Boyd Compton，*Mao's China*，Seattle，University of Washington Press，1966，p. 66。

［51］《毛泽东选集》，2版，第三卷，811～829页，北京，人民出版社，1991；Boyd Compton，*Mao's China*，Seattle，University of Washington Press，1966，pp. 9-32。

［52］《毛泽东选集》，2版，第三卷，815～816页，北京，人民出版社，1991。

［53］R. Baum & F. Teiwes（eds.），*Ssu-ch'ing，the Socialist Education Movement*，Berkeley，Center of Chinese Studies，University of California，1968，pp. 58-61. 主要在58页。［参见《毛泽东著作选读》，下册，839页，北京，人民出版社，1986。"前十条"即《关于目前农村工作中若干问题的决定（草案）》。——译者注］

［54］《毛泽东选集》，2版，第三卷，830～846页，北京，人民出版社，1991。

［55］着重强调。（着重号为引者添加。——译者注）

［56］《毛泽东选集》，2版，第四卷，1319页，北京，人民出版社，1991。

［57］参见上书，1440～1444页。

［58］参见上书，1405～1407页。

［59］同上书，1438页。

［60］*Mao Tse-tung*，*Textes 1949—1958*，Paris，Editions du Cerf，1975，pp. 28-34.（参见《毛泽东文集》，第六卷，73～76页，北京，人民出版社，1999。——译者注）

［61］Ibid.，p. 267.（参见《毛泽东文集》，第七卷，199～200页，北京，人民出版社，1999。——译者注）

［62］Ibid.，p. 348.（参见《毛泽东文集》，第七卷，271页，北京，人民出版社，1999。——译者注）

［63］Ibid.，p. 276.（参见《毛泽东文集》，第七卷，194～195页，北京，人民出版社，1999。——译者注）

［64］Ibid.，p. 515.

［65］Ibid.，p. 432. 这段话1966年以后时常被红卫兵引用。参见毛泽东：《向莫斯科的全体中国留学生、实习生、使馆机关干部的讲话》，1957-11-17。

［66］Stuart R. Schram（ed.），*Mao Tse-tung Unrehearsed*，Harmondsworth，Penguin Books，1974，pp. 84-90.（参见《毛泽东文集》，第七卷，76～85页，北京，人民出版社，1999。——译者注）

［67］Jerome Ch'en（ed.），*Mao Papers*，London，Oxford University Press，1970，pp. 57-70.（参见《毛泽东文集》，第七卷，344～364页，北京，人民出版社，1999。——译者注）

［68］Ibid.，p. 65.（参见《毛泽东文集》，第七卷，352页，北京，人民出版社，1999。——译者注）

［69］Ibid.，p. 67.（参见《毛泽东文集》，第七卷，354页，北京，人民出版社，1999。——译者注）

［70］Ibid.，p. 72.（参见《毛泽东文集》，第七卷，359页，北京，人民出版社，1999。——译者注）

[71] Ibid., p. 74.（参见《毛泽东文集》，第七卷，360～361 页，北京，人民出版社，1999。——译者注）

[72] Ibid., pp. 73-74.（参见《毛泽东文集》，第七卷，360～361 页，北京，人民出版社，1999。——译者注）

[73] Ibid., pp. 84-85.

[74] Stuart R. Schram (ed.), *Mao Tse-tung Unrehearsed*, Harmondsworth, Penguin Books, 1974, p. 104.（参见毛泽东：《在成都会议上的讲话》，1958-03。——译者注）

[75] Ibid., pp. 118-119.

[76] Ibid., p. 120.

[77] Ibid., p. 154.

[78] R. Baum & F. Teiwes (eds.), *Ssu-ch'ing, the Socialist Education Movement*, Berkeley, Center of Chinese Studies, University of California, 1968, p. 58.

[79] Jerome Ch'en (ed.), *Mao Papers*, London, Oxford University Press, 1970, pp. 57-70.

[80] Stuart R. Schram (ed.), *Mao Tse-tung Unrehearsed*, Harmondsworth, Penguin Books, 1974, pp. 242-252.（参见毛泽东：《与毛远新同志的谈话纪要》，1964-02。——译者注）

[81] 这里似乎应该谨慎一些，大量关于毛泽东的非官方文本由红卫兵出版发行，而红卫兵们最感兴趣的就是学校问题。

[82] Stuart R. Schram (ed.), *Mao Tse-tung Unrehearsed*, Harmondsworth, Penguin Books, 1974, p. 264.（参见毛泽东：《在中央政治局汇报会议上的讲话》，1966-10-24。——译者注）

[83] Jerome Ch'en (ed.), *Mao Papers*, London, Oxford University Press, 1970, pp. 103-104.（参见毛泽东：《给林彪同志的信》，1966-05-07。——译者注）

[84] Ibid., pp. 117-127.（参见《中国共产党中央委员会关于无产阶级文化大革命的决定》，1966-08-08。——译者注）

[85] Ibid., p. 115.（参见毛泽东：《给清华附中红卫兵小将的一封信》，1966-08-01。——译者注）

[86] 参见毛泽东给中国人民解放军发的一个关于在学校采取行动的指示。Jerome Ch'en (ed.), *Mao Papers*, London, Oxford University Press, 1970, pp. 133, 136.

[87] 如 1968 年 8 月 27 日的指示，在这个指示中毛泽东谈到了设立上海机床厂问题，又如 1968 年 8 月 27 日的指示，见 Jerome Ch'en (ed.), *Mao Papers*, London, Oxford University Press, 1970, pp. 154, 155。

[88] Jerome Ch'en (ed.), *Mao Papers*, London, Oxford University Press, 1970, p. 115.（参见《毛泽东选集》，2 版，第三卷，791～792 页，北京，人民出版社，1991。——译者注）

经济学家毛泽东

[1]《毛泽东选集》，2 版，第一卷，3～4 页，北京，人民出版社，1991。

[2] 同上书，16 页。

[3]《毛泽东选集》，2 版，第三卷，798 页，北京，人民出版社，1991。

[4] 同上书，791 页。

[5]《毛泽东选集》，2 版，第一卷，124 页，北京，人民出版社，1991。

[6]《毛泽东选集》，2 版，第二卷，348 页，北京，人民出版社，1991；Edgar Snow, *Red Star over China*, London, Victor Gollancz, 1963, p. 254。

[7]《毛泽东选集》，2 版，第二卷，658 页，北京，人民出版社，1991。

[8] 参见上书，766 页。

[9]《毛泽东选集》，2 版，第二卷，692 页，北京，人民出版社，1991。

[10]《毛泽东选集》，2 版，第三卷，1077 页，北京，人民出版社，1991。

[11]《毛泽东选集》，2 版，第四卷，1479 页，北京，人民出版社，1991。

[12] 参见上书，1478～1479 页。

[13] 参见毛泽东：《在省委书记会议上的

总结》，1957-01。

[14] 参见《毛泽东文集》，第六卷，67～72页，北京，人民出版社，1999。这是毛泽东在中共七届三中全会上的书面报告。

[15] 关于此问题的重要研究文章见 *Survey of China Mainland Magazines*（1968），No. 4，p. 633。这些文章引用了毛泽东和刘少奇各自对社会主义重建这一问题的不同看法。

[16] 参见《生活的改善必须服从于生产的发展》，载《人民日报》，1953-12-16；Ts'eng Wen-ching，"Why must we give priority to heavy industry?" *Hsüeh-his*（*Study*）（1953），No. 11，pp. 12-16。

[17] *Mao Tse-tung ssu-hsiang wan-sui*（*Long Live Mao Tse-tung's Thought*），1967，p. 150. 然而，在《在扩大的中央工作会议上的讲话》（1962-01-30）这篇文章中，毛泽东也曾评价这个计划"缺乏创造性"。[我在《在扩大的中央工作会议上的讲话》中未找到毛泽东认为总路线"基本正确"的说法，在《对〈安徽省委书记处书记张恺帆下令解散无为县食堂报告〉的批语》（1959-08-10）中找到了总路线"基本正确"的说法。——译者注]

[18] 我们并没有毛泽东这一时期讲话的全部文本，其中之一就包括他在政治局的讲话。然而我们确实可以从当时的相关文献的引用中找到其中的关键性语句。如1955年的《人民手册》，343页；李维汉：《在中华全国工商业联合会会员代表大会上的讲话》，载《人民日报》，1953-11-10。毛泽东后来在《苏联〈政治经济学教科书〉阅读笔记》中肯定了他的看法，即认为1949年标志了着民主主义革命的完成。

[19] 参见王惠德：《关于中国革命的两个阶段》，载《学习》，1954（1）。在这篇文章中，王惠德明确指出了他两个月前所做的论述[载《学习》，1953（11）]中的问题。

[20] 李富春：《关于与苏联政府商谈苏联对我国经济建设援助问题的报告》，1953-09-11。

[21] 陈伯达在《关于农业合作化问题的决议草案的说明》中对此进行了解释。

[22] 这些计划原则可以在以下六个文件中找到：（1）《关于农业合作化问题》（1955-07-31），见《毛泽东文集》，第六卷，418～443页，北京，人民出版社，1999。（2）《在七届六中全会扩大会议上的总结》（1955-09），见 *Mao Tse-tung ssu-hsiang wan-sui*（*Long Live Mao Tse-tung's Thought*），1969，pp. 12-25。（3）《关于反右倾反保守的讲话》（1955-12-06），见 *Mao Tse-tung ssu-hsiang wan-sui*（*Long Live Mao Tse-tung's Thought*），1969，pp. 25-27。（4）《〈中国农村的社会主义高潮〉按语选》（1955-09，1955-12），见《毛泽东文集》，第六卷，447～474页，北京，人民出版社，1999。（5）《一九五六年到一九六七年全国农业发展纲要（草案）》，载《人民日报》，1956-01-26。这篇文章即为后来的农业"四十条"。关于毛泽东在设计施行这项措施中的作用的具体分析见 Parris H. Chang，*Power and Policy in China*，University Park and London，Pennsylvania State University Press，1976。（6）《论十大关系》（1956-04-25），见 *Mao Tse-tung ssu-hsiang wan-sui*（*Long Live Mao Tse-tung's Thought*），1969，pp. 40-56。1955年12月毛泽东在高层中提出"十大关系"。他后来又说，1956年4月的《论十大关系》，"开始提出我们自己的建设路线"（也就是说，要适合中国的国情，提出独立于苏联的建设路线），见毛泽东：《在成都会议上的讲话》，1958-03。

[23] 毛泽东对此提出了几个参照，其中尤其生动的论述见毛泽东：《在南宁会议上的讲话》，1958-01。

[24] 参见毛泽东：《关于农业合作化问题》，1955-07-31；毛泽东：《在七届六中全会扩大会议上的总结》，1955-09。

[25] 毛泽东：《关于农业合作化问题》，1955-07-31。

[26] 参见《中华人民共和国发展国民经济的第一个五年计划（1953—1957）》，北京，人民出版社，1955。

[27] 参见毛泽东：《〈中国农村的社会主义高潮〉按语选》，1955-12。

[28] 在《关于反右倾反保守的讲话》中，毛泽东说："出现了极大变化，极大的生产力，

像发现新大陆，大陆本存在，看不到。”

[29] 参见毛泽东：《在七届六中全会扩大会议上的总结》，1955-09。

[30] 毛泽东：《关于反右倾反保守的讲话》，1955-12-06。

[31] 同上。毛泽东在此还说：“不怕突破、出矛盾。永远太太平平必出错误。”

[32] 毛泽东：《在七届六中全会扩大会议上的总结》，1955-09。

[33] 同上。

[34] 参见毛泽东：《论十大关系》，1956-04-25。

[35] 毛泽东：《在七届六中全会扩大会议上的总结》，1955-09。

[36] 毛泽东：《在中央政治局扩大会议上的发言》，1956-04-25。

[37] 参见毛泽东：《论十大关系》，1956-04-25。

[38] 同上。

[39] 在《关于正确处理人民内部矛盾的问题》(1957-02-27) 中，毛泽东提出要缩小工农业之间的“剪刀差”，见《毛泽东著作选读》，下册，756～798 页，北京，人民出版社，1986。毛泽东在《在省委书记会议上的总结》(1957-01) 一文中写道：“商品粮价格到一定的时候提高百分之五。……商品粮增多了，如果价格太低谁还种地？我不是说现在就要提价，但价格政策要研究。”

[40] 例如，即便是政府规定了集体化是以自愿为基础的，但实际上私人所有的猪、家禽、劳动工具和树木都要强制被集体化。尽管政府有规定，但集体却不给人们分派自留地，并且农民若未做足集体工作，还要被处罚。

[41]《要反对保守主义，也要反对急躁情绪》，载《人民日报》，1956-06-20。

[42] 参见毛泽东：《在南宁会议上的讲话》，1958-01。

[43] 毛泽东：《在省市自治区党委书记会议上的讲话》，1957-01-27。

[44]《毛泽东著作选读》，下册，782 页，北京，人民出版社，1986。

[45] 在《工作方法六十条（草案）》(1958-01) 前言中，毛泽东写道：“我们现在看见了从来没有看见过的人民群众在生产战线上这样高涨的积极性和创造性。” Jerome Ch'en (ed.), *Mao Papers*, London, Oxford University Press, 1970, pp. 57-76.（参见《毛泽东文集》，第七卷，344 页，北京，人民出版社，1999。——译者注）

[46] 毛泽东：《在成都会议上的讲话》，1958-03。

[47] *Mao Tse-tung ssu-hsiang wan-sui* (*Long Live Mao Tse-tung's Thought*), 1969, p. 166. 毛泽东说道：“大家抢先，会搞得天下大乱。”

[48] Ibid., p. 171.

[49] 参见《一九五六年到一九六七年全国农业发展纲要（修正草案）》，载《人民日报》，1957-10-26。

[50] 毛泽东：《苏联〈政治经济学教科书〉阅读笔记》，见 *Mao Tse-tung ssu-hsiang wan-sui* (*Long Live Mao Tse-tung's Thought*), 1969, pp. 202-204。

[51] 毛泽东：《工作方法六十条（草案）》，1958-01。

[52] 关于这个问题的重要讨论见 Richard Levy, "New Light on Mao," *The China Quarterly*, No. 61 (March 1975), pp. 95-117。

[53] 参见毛泽东：《苏联〈政治经济学教科书〉阅读笔记》，见 *Mao Tse-tung ssu-hsiang wan-sui* (*Long Live Mao Tse-tung's Thought*), 1969, pp. 179-180, 182-183, 206-209。此时对毛泽东在“大跃进”时期思想的权威论述是陈伯达的《在毛泽东同志的旗帜下》[载《红旗》，1958 (4)] 这篇文章。

[54] 1958 年 5 月，毛泽东设想，到 1964 年中国钢产量将达到 4 000 万吨，而到 1966 年中国就可以赶上美国了。参见毛泽东：《在八大二次会议代表团团长会议上的讲话》，1958-05-18；陶铸：《驳“粮食增产有限”论》，载《红旗》，1958 (5)。

[55] 参见《苏联〈政治经济学教科书〉阅读笔记》，见 *Mao Tse-tung ssu-hsiang wan-sui* (*Long Live Mao Tse-tung's Thought*), 1969,

p. 224。

[56] *Mao Tse-tung ssu-hsiang wan-sui* (*Long Live Mao Tse-tung's Thought*), 1969, p. 199. 在“文化大革命”期间，关于上层建筑的讨论达到了高潮。据说，河南省委第一书记刘建勋认为：目前中国的生产力并没有按照我们最初预期的方式发展起来，因此所有制的过早改革将不利于生产。他对刘少奇的攻击主要集中在刘曾经反对将组织改革和思想改造作为促进生产的手段上。

[57] 关于此问题的论述见 Stuart R. Schram, *La "Revolution Permanente" en Chine* (Paris, Mouton, 1963) 一书的导言。

[58] 参见毛泽东：《在省市委书记会上的讲话》，1959-02-02。在这篇讲话中，毛泽东说：“我们搞经济建设还是小孩，无经验，向地球开战，战略战术我们还不熟。”

[59] 同上。

[60] 参见毛泽东：《苏联〈政治经济学教科书〉阅读笔记》，见 *Mao Tse-tung ssu-hsiang wan-sui* (*Long Live Mao Tse-tung's Thought*), 1967, p. 202.（参见毛泽东：《在八大二次会议上的讲话》，1958-05。——译者注）

[61] 财政的非集权化尤为重要。毛泽东早在1956年就批评过财政部长李先念的技术处理方式，见李先念：《关于1957年国家预算执行情况和1958年国家预算草案的预告》，载《新华半月刊》，1958（5）。关于毛泽东财政政策的理论研究见陈宝森：《毛泽东同志〈关于正确处理人民内部矛盾的问题〉一文指导了财政规章制度的改革》，载《经济研究》，1958（7）。

[62] 参见毛泽东：《对新、洛、许、信四个地委座谈时的谈话》，1959-02-21；毛泽东：《在省市委书记会上的讲话》，1959-02-02。

[63] 毛泽东认为：“我们大工厂还不会设计。现在谁来替我们设计大工厂？……帝国主义要保守秘密……我们在经济上还是不独立的。”毛泽东：《在全国工商联二届一次委员会代表大会部分代表座谈会上的指示》，1956-11。（应为1956-12-08。——译者注）

[64] 参见毛泽东：《在省委书记会议上的总结》，1957-01。

[65] 毛泽东：《在武昌和各协作区主任的讲话（二）》，1958-12-12。

[66] 毛泽东在提出这一目标之后，自我问道：“……是好，还是天下大乱？”毛泽东：《在成都会议上的讲话》，1958-03。

[67] 参见毛泽东：《在八届六中全会上的讲话》，1958-12-19。

[68] 毛泽东计划在八年内取得这些目标，参见毛泽东：《在最高国务会议上的讲话》，1958-01-28。到了1958年3月，毛泽东将八年缩短到二至五年，参见毛泽东：《在成都会议上的讲话》，1958-03。然而到9月的时候，毛泽东就想要知道这些目标是否已经实现了，参见毛泽东：《在最高国务会议上的讲话》，1958-09。

[69] 参见毛泽东：《工作方法六十条（草案）》，1958-01。

[70] 参见毛泽东：《在最高国务会议上的讲话》，1958-09。

[71]《毛主席到了徐水》，载《人民日报》，1958-08-11。

[72] 参见毛泽东：《在最高国务会议上的讲话》，1958-09。

[73] 参见《农业生产上的一个革命措施》，载《人民日报》，1958-10-24。

[74] 毛泽东：《在武昌和各协作区主任的讲话（二）》，1958-12-12。

[75] 毛泽东：《在武昌和各协作区主任的讲话（一）》，1958-11-30。

[76] 毛泽东：《在八届六中全会上的讲话》，1958-12。

[77] 同上。

[78] 同上。

[79] 毛泽东：《在郑州会议上的讲话》，1959-02-03。

[80] *Mao Tse-tung ssu-hsiang wan-sui* (*Long Live Mao Tse-tung's Thought*), 1967, pp. 149-150.（参见毛泽东：《在八届二中全会上的总结讲话》，1956-11-15。——译者注）

[81] *Mao Tse-tung ssu-hsiang wan-sui* (*Long Live Mao Tse-tung's Thought*), 1969, p. 292.（参见《党内通讯（五）》，1959-04-

29。——译者注)

[82] 毛泽东:《在省市委书记会上的讲话》,1959-02。

[83] *Mao Tse-tung ssu-hsiang wan-sui* (*Long Live Mao Tse-tung's Thought*),1967,p. 151.(参见毛泽东:《论十大关系》,1956-04-25。——译者注)

[84] 毛泽东:《在省市委书记会上的讲话》,1959-02。

[85] 毛泽东:《几个重要的指示》,1959-06-02—07-02。

[86] 毛泽东:《在省市委书记会上的讲话》,1959-02。

[87] 毛泽东:《在郑州会议上的讲话》,1959-02。

[88] 同上。

[89] 同上。

[90] 同上。

[91] *Mao Tse-tung ssu-hsiang wan-sui* (*Long Live Mao Tse-tung's Thought*),1969,p. 293. 让人们很困惑的是此时毛泽东的看法很不一致。在这之前的几个星期,他还认为:"粮食问题十年也不要说解决了。"(参见《在郑州会议上的讲话》,1959-02。——译者注)

[92] 关于这一引人注目的事件的全部史实见 Union Research Institute, *The Case of P'eng Teh-huai 1959—1968*, Hong Kong, 1968。

[93] Union Research Institute, *The Case of P'eng Teh-huai 1959—1968*, Hong Kong, 1968, p. 12.

[94] 参见毛泽东:《在庐山会议上的讲话》,1959-07-23。

[95] 同上。

[96] 同上。

[97] 同上。

[98] Union Research Institute, *The Case of P'eng Teh-huai 1959—1968*, Hong Kong, 1968, pp. 291-305.

[99] 毛泽东在此严厉地指出了那些将雨伞不够叫做"比例失调"的人。参见毛泽东:《在中共中央军委扩大会议上和外事会议上的讲话》,1959-09-11。

[100] 毛泽东:《在中共中央军委扩大会议上和外事会议上的讲话》,1959-09-11。这篇讲话的另一个不同版本见 1967 年版的 *Mao Tse-tung ssu-hsiang wan-sui* (*Long Live Mao Tse-tung's Thought*)。

[101] *Facts about Liu Chien-hsün's Crime*.

[102] 参见毛泽东:《在八届九中全会上的讲话》,1961-01-18。

[103] Union Research Service, Vol. 28, pp. 200-201; *The Case of P'eng Teh-huai 1959—1968*, Hong Kong, 1968.

[104] 参见《农村人民公社工作条例(草案)》,1961-03。

[105] *Survey of China Mainland Press*, Hong Kong, U. S. Consulate, Supplement 193.

[106] *Facts about Liu Chien-hsün's Crime*.

[107] Ibid.

[108] Lu Yü, "Thoroughly distorting the inside story of the Ch'ang Kuan Lou counter-revolutionary incident," *Survey of China Mainland Press*, Hong Kong, U. S. Consulate, No. 4001.

[109] "Comrade Wang Tung-hsing's report on ideological conditions in the central garrison," *Bulletin of Activities*, 1 January, 1961; translated in J. Chester Cheng (ed.), *The Politics of the Chinese Red Army*, Stanford, Hoover Institution, 1966, p. 13.

[110] 请注意毛泽东在这个问题上的提示。参见毛泽东:《在中央政治局汇报会议上的讲话》,1966-10-24。

[111] 参见毛泽东:《在扩大的中央工作会议上的讲话》,1962-01-30。

[112] 毛泽东:《在八届九中全会上的讲话》,1961-01-18。

[113] 参见毛泽东:《在八届十中全会上的讲话》,1962-09-24。

[114] 毛泽东:《在八届九中全会上的讲话》,1961-01-18。

[115] 同上。

[116] 毛泽东:《在扩大的中央工作会议上的讲话》,1962-01-30。与此相反的论述是:

"由此看来，我国在工农业生产方面赶上资本主义大国，可能不需要从前所想的那样长的时间了。除了党的领导之外，六亿人口是一个决定的因素。人多议论多，热气高，干劲大。"（《毛泽东著作选读》，下册，381 页，北京，人民出版社，1956。——译者注）

[117] 参见《关于进一步巩固人民公社集体经济、发展农业生产的决定》，1962-09-27。

[118] 参见毛泽东：《在中央工作会议上的讲话》，1964-12-28。在这篇讲话中，毛泽东指出，1962 年时"三自一包"普遍存在。这里的"三自"是指自留地、自由市场、自负盈亏，"一包"指的是包产到户。

[119] 参见毛泽东：《在中央工作会议上的讲话》，1964-12-28。

[120] 毛泽东：《听取谷牧、余秋里汇报计划工作时的指示》，1965-01。

[121] 参见毛泽东：《关于第三个五年计划在中央工作会议上的讲话》，1964-06-06。

[122] 毛泽东：《听取谷牧、余秋里汇报计划工作时的指示》，1965-01。

[123] 毛泽东：《关于第三个五年计划在中央工作会议上的讲话》，1964-06-06。

[124] 关于毛泽东和他身边同事的关系的心理分析，见 Lucian W. Pye，*Mao Tse-tung: The Man in the Leader*，New York，Basic Books，1976，Chapters10-11。

[125] 毛泽东对庞大人口的热情在两次经济高潮时达到顶峰，这两次经济高潮分别是 1955 年的经济高潮和 1958 年的"大跃进"。参见毛泽东：《关于反右倾反保守的讲话》，1955-12-06；《在八大二次会议代表团团长会议上的讲话》，1958-05-18。

[126] 关于 1970 年到 1975 年间人口出生率的降低数据见 Central Intelligence Agency，*People's Republic of China: Handbook of Economic Indicators*，Washington，1976，p. 7。

[127] 毛泽东：《苏联〈政治经济学教科书〉阅读笔记》，见 *Mao Tse-tung ssu-hsiang wan-sui* (*Long Live Mao Tse-tung's Thought*)，1969，p. 226。

[128] 毛泽东：《在四个副总理汇报时的插话》，1964-05。

[129] 毛泽东：《在省市委书记会议上的插话汇集》，1957-01。

[130] *The Case of P'eng Teh-huai 1959—1968*，Hong Kong，1968，p. 19.

[131] 关于这项运动的最好论述见 Richard Baum，*Prelude to Revolution: Mao，the Party and the Peasant Question 1962—1966*，New York and London，Columbia University Press，1975。

[132] 毛泽东：《关于哲学问题的讲话》，1964-08-18。

[133] 毛泽东在《论十大关系》中支持 1956 年的工资制度改革。对此比较重要的论述见《苏联〈政治经济学教科书〉阅读笔记》，第 39 部分和第 42 部分。另见毛泽东：《关于第三个五年计划在中央工作会议上的讲话》，1964-06-06。

[134] 参见千家驹：《学习毛主席关于财政政策的几个指导思想的体会》，载《经济研究》，1960（9）。

爱国者毛泽东

[1] 我要感谢埃尔文・沙伊纳（Irwin Scheiner）和卡罗林・韦克曼（Carolyn Wakeman），他们帮助我完善了这篇文章，我同样要感谢加利福尼亚大学伯克利分校中国研究中心的帮助。

[2] [美] 埃德加・斯诺：《西行漫记》，111～112 页，北京，三联书店，1979。

[3] Jerome Ch'en，*Mao and the Chinese Revolution*，London，Oxford University Press，1965，pp. 6-8.

[4] Yūji Muramatsu，"Some themes in Chinese rebel ideologies，" in Arthur F. Wright (ed.)，*The Confucian Persuasion*，Stanford，Stanford University Press，1960，pp. 250-253.

[5] 参见谢国桢：《清初农民起义资料辑录》，122～126 页，上海，新知识出版社，1956。

[6] 参见林则徐：《林文忠公全集》，1：3b 页，台北，文海出版社，1963。（经查应为德志

出版社。——译者注)

[7] Frederic Wakeman Jr., *Strangers at the Gate: Social Disorder in South China 1839—1961*, Berkeley and Los Angeles, University of California Press, 1966, pp. 11-21.

[8] Start R. Schram, *Mao Tse-tung*, Harmondsworth, Penguin Books, 1967, p. 51. (中译本见[美]斯图尔特·施拉姆:《毛泽东》, 30页, 北京, 红旗出版社, 1987。——译者注)

[9] 谭嗣同的宗教活动参见石汉椿(Richard Shek)的研究, 这些研究尚未出版。

[10] [美]埃德加·斯诺:《西行漫记》, 113~114页, 北京, 三联书店, 1979。

[11] 同上书, 115页。

[12] Martin Bernal, *Chinese Socialism to 1907*, Ithaca and London, Cornell University Press, 1976, p. 131.

[13] Ibid., pp. 160, 189.

[14] Winston Hsieh, "Triads, salt smugglers and local uprisings: observations on the social and economic background of the Waichow revolution of 1911," in Jean Chesneaux (ed.), *Popular Movements and Secret Societies in 1840—1950*, Stanford, Stanford University Press, 1972, pp. 160-161.

[15] [美]埃德加·斯诺:《西行漫记》, 110~111页, 北京, 三联书店, 1979。

[16] 同上书, 112~113页。施拉姆在《毛泽东》一书中指出, 在湖南第一师范学校同湘雅(湘雅是耶鲁大学在中国设立的一个预科学校, 进入这一学校的大多是与西方有密切关系的中国人的子女)举行足球比赛时, 在一大群观看球赛的人中, 毛泽东突然出现, 并大声喊道:"打败洋奴!" Start R. Schram, *Mao Tse-tung*, Harmondsworth, Penguin Books, 1967, p. 73. (参见[美]斯图尔特·施拉姆:《毛泽东》, 50页, 北京, 红旗出版社, 1987。——译者注)

[17] 鲁迅:《阿Q正传》, 见戴乃迭(Gladys Yang)翻译的 *Silent China: Selected Writings of Lu Xun*, London, Oxford and New York, Oxford University Press, 1973, p. 25。(参见《鲁迅全集》, 第一卷, 496页, 北京, 人民文学出版社, 1982。——译者注)

[18] [美]埃德加·斯诺:《西行漫记》, 115页, 北京, 三联书店, 1979。

[19] Esherick, *Reform and Revolution in China*, Berkeley, Los Angeles and London, University of California Press, 1975, p. 202. (参见[美]周锡瑞:《改良与革命:辛亥革命在两湖》, 南京, 江苏人民出版社, 2007。——译者注)

[20] [美]埃德加·斯诺:《西行漫记》, 117页, 北京, 三联书店, 1979。

[21] 同上书, 126页。

[22] Mao Tse-tung, "The Great Union of the Popular Masses," translated in Stuart R. Schram, *The China Quarterly*, No. 49 (January—March 1972), p. 87. (参见中共中央文献研究室、中共湖南省委《毛泽东早期文稿》编辑组编:《毛泽东早期文稿》, 393~394页, 长沙, 湖南人民出版社, 2008。——译者注)

[23] Stuart R. Schram, "From The 'Great Union of the Popular Masses' to the 'Great Alliance'," *The China Quarterly*, No. 49 (January—March 1972), p. 94.

[24] Maurice Meisner, *Li Ta-chao and the Origins of Chinese Marxism*, Cambridge, Mass., Harvard University Press, 1967, p. 88. (参见[美]莫里斯·迈斯纳:《李大钊与中国马克思主义的起源》, 北京, 中共党史资料出版社, 1989。——译者注)

[25] Ibid., p. 225.

[26] 孙中山领导的国民党具有民粹主义特征, 这可能来自他早期创建的革命党。这个革命党据称是"一元精英政党","党国内部团结一致", 对"穷人和受压迫者"专制统治。Edward Friedman, *Backward Toward Revolution: The Chinese Revolutionary Party*, Berkeley, Los Angeles and London, University of California press, 1974, p. 26.

[27] Stuart R. Schram, *The Political thought of Mao Tse-tung*, Harmondsworth, Penguin

Books, Revised and enlarged edition, 1969, pp. 206-207.

[28] 参见《毛泽东选集》，2 版，第一卷，3～11 页，北京，人民出版社，1991。

[29] 同上书，13 页。

[30] Arif Dirlik, "Mass movements and the left Kuomintang," *Modern China*, Vol. 1, No. 1 (January 1975), p. 62.

[31]《毛泽东选集》，2 版，第一卷，14～15 页，北京，人民出版社，1991。

[32] 同上书，18 页。

[33] 参见上书，12～44 页。

[34] [美] 埃德加·斯诺：《西行漫记》，112 页，北京，三联书店，1979。

[35] Stuart R. Schram, *The Political thought of Mao Tse-tung*, Harmondsworth, Penguin Books, Revised and enlarged edition, 1969, p. 362.

[36] Start R. Schram, *Mao Tse-tung*, Harmondsworth, Penguin Books, 1967, p. 73. (参见 [美] 斯图尔特·施拉姆：《毛泽东》，50 页，北京，红旗出版社，1987。——译者注)

[37] Start R. Schram, *Mao Tse-tung*, Harmondsworth, Penguin Books, 1967, p. 201. (参见 [美] 斯图尔特·施拉姆：《毛泽东》，169 页，北京，红旗出版社，1987。——译者注)

[38]《毛泽东文集》，第五卷，343 页，北京，人民出版社，1996。

[39] André Malraux, *Antimémoires*, Paris, Gallimard, 1967, p. 551.

政治家毛泽东

[1] Stuart R. Schram: *The Political thought of Mao Tse-tung*, Harmondsworth: Penguin Books, Revised and enlarged edition, 1969, p. 210. 另见毛泽东：《论纸烟税》，载《向导周报》，第 38 期，1923-08-29。

[2] 《毛泽东选集》，2 版，第二卷，679 页，北京，人民出版社，1991。

[3] 毛泽东：《论新阶段》，见《中共中央文件选集》，第 11 册，635 页，北京，中共中央党校出版社，1991。

[4] 毛泽东在两篇文章中讨论了这一个问题，其一是 1928 年 10 月 5 日毛泽东在茅坪召开的湘赣边界党的第二次代表大会的报告(《中国的红色政权为什么能够存在?》是这个决议的一部分)，其二是 1930 年 1 月 5 日毛泽东给林彪的复信 (即《星星之火，可以燎原》)。

[5]《毛泽东选集》，2 版，第一卷，100～101 页，北京，人民出版社，1991。

[6] 陈伯达：《关于十年内战》，20 页，北京，人民出版社，1953。

[7] John Gittings, *The World and China, 1922—1972*, London, Eyre-Methuen, 1974, pp. 46-51.

[8] 《毛泽东选集》，2 版，第一卷，252 页，北京，人民出版社，1991。

[9] Edgar Snow, *Scorched Earth*, London, Left Book Club, 1941, Vol. II, pp. 270-271.

[10] Nym Wales, *My Yenan Notebooks*, Madison, mimeographed, 1961, p. 132.

[11] 竹内实主编：《毛泽东集》，第七卷，15～16 页，中国共产主义研究小组刊印，一山图书供应，1976。

[12] Gittings, *The World and China*, pp. 78-81.

[13] 竹内实主编：《毛泽东集》，第七卷，62 页，中国共产主义研究小组刊印，一山图书供应，1976。这句话在《毛泽东选集》(第二卷) 中被删掉了。

[14] Gittings, *The World and China*, pp. 76-77.

[15] 竹内实主编：《毛泽东集》，第七卷，142 页，中国共产主义研究小组刊印，一山图书供应，1976。

[16]《毛泽东文集》，第三卷，21 页，北京，人民出版社，1996。

[17] 毛泽东：《在八届十中全会上的讲话》，1962-09-24。

[18] 周恩来：《为什么要集中火力批判党内最大的走资派》(此为周恩来在广州驻军干部

会议上讲话的第三个问题)，见 *Survey of China Mainland Press*，Hong Kong，U. S. Consulate General，No. 4060。

[19]《毛泽东选集》，2 版，第四卷，1184、1185 页，北京，人民出版社，1991。

[20] 安娜·路易斯·斯特朗 1946 年 8 月 25 日采访毛泽东的谈话，见 Anna Louise Strong，"World's eye view from a Yenan cave，" *Amerasia* (New York)，April 1947。

[21] 陆定一：《对于战后国际形势中几个基本问题的解释》，见《陆定一文集》，378～392 页，北京，人民出版社，1992。

[22] 参见 [美] 埃德加·斯诺：《西行漫记》，77 页，北京，三联书店，1979。

[23]《毛泽东等中共中央领导人与谢伟思的六次谈话——谢伟思的报告》，载《党史通讯》，1983 (20～21)，8 页。

[24] 同上，15 页。

[25] 关于毛泽东受邀访问美国的事情详见 Admiral Leahy，*I Was There*，London，Gollancz，1950，p. 100；Barbara Tuchman，"If Mao had come to Washington: An essay in alternatives，" *Foreign Affairs*，No. 50，October 1972。

[26] 毛泽东：《在成都会议上的讲话》，1958-03-10。

[27]《毛泽东文集》，第六卷，67 页，北京，人民出版社，1999。

[28] 我在 *The World and China* 一书的第九章中详细讨论了这些情况。

[29] 毛泽东：《在全国工商联二届一次委员会代表大会部分代表座谈会上的指示》，1956-12-08。

[30] 毛泽东：《关于反右倾反保守的讲话》，1955-12-06。

[31] K. Adenauer，*Erinnerungen 1953—1955*，Bonn，1966，pp. 527-528.

[32] 毛泽东：《在军委扩大会议小组长座谈会上的讲话》，1958-06-28。

[33] 毛泽东：《对〈宦乡论西方世界的破裂〉的批语》，1958-11-25。

[34] 毛泽东：《最高国务会议上的讲话纪要》，1958-09-05。

[35] 毛泽东：《在最高国务会议上的讲话》，1958-09-08。

[36] 参见毛泽东：《在最高国务会议上的结束语》，1957-03-02。

[37] 毛泽东：《在八大二次会议上的讲话》，1958-05-17。

[38] 毛泽东：《在中国共产党第八届中央委员会第二次全体会议上的讲话》，1956-11-15。

[39] 参见毛泽东：《苏联〈政治经济学教科书〉阅读笔记》。

[40]《毛泽东文集》，第八卷，302 页，北京，人民出版社，1999。

[41] M. Yahuda，"Kremlinology and the Chinese strategic debate，" *The China Quarterly*，No. 49，(January-March 1972) pp. 32-75.

[42] 例如 "United the people defeat the enemy! A study of On Policy，" *Peking Review*，No. 35，1971。

[43] Fred Halliday，"Marxist analysis and post-revolutionary China，" *New Left Review*，No. 100.

[44] "Several important problems concerning the current international situation，" *Kung-tso T'ung-hsun* (*PLA Work Bulletin*)，translated by J. Chester Cheng，*The Politics of the Chinese Red Army*，Stanford，Hoover Institution，1966，p. 483. 也见 1963—1964 年的"九评"公开信，尤其是 1963 年 12 月 12 日《人民日报》、《红旗》杂志编辑部发表的《两种根本对立的和平共处政策——六评苏共中央的公开信》。

[45] 毛泽东：《接见桑给巴尔专家米·姆·阿里夫妇的谈话》，1964-06-18。

[46] 毛泽东：《苏联〈政治经济学教科书〉阅读笔记》，第三节。

[47] "Our Strategy，" (September 1967)，translated in Chinese Law and Government，White Plains，New York，International Arts and Science Press，Vol. II. No. I，pp. 3-12. (参见《在听了××××会议汇报后的讲话》，

1967-07-07。——译者注）

[48] 毛泽东：《接见巴勒斯坦解放组织代表团时的谈话》，1965-03。

[49] 1937年6月毛泽东与美国访问者的谈话记录，见 Nym Wales，*Yenan Notebooks*，pp. 128-132，133-135。

[50] 毛泽东：《在八大二次会议上的讲话》，1958-05-17。

[51] "William Hinton on China's world view," in *Background Articles for a Discussion of the International Situation*，New York，Ad Hoc Committee for a Conference on the International Situation，1976.

[52] 林彪在1969年4月中国共产党第九次全国代表大会上的报告中引用了毛泽东的这句话："关于世界大战问题，无非是两种可能：一种是战争引起革命，一种是革命制止战争。"

[53] 毛泽东：《和美国记者斯诺的谈话》，1965-01-09；《听取谷牧、余秋里汇报计划工作时的指示》，1965-01。

作为中国人的毛泽东

[1] 毛泽东：《七律·人民解放军占领南京》，见中共中央文献研究室编：《毛泽东诗词集》，74页，北京，中央文献出版社，1996。

[2] 载《新青年》，1917，3（2）。

[3] 参见《毛泽东选集》，2版，第一卷，3～11页，北京，人民出版社，1991。

[4] 原文发表于《革命》（半月刊），1925（4）。在《毛泽东选集》（第一卷）1991年版中该段删除。

[5] 表4在1991年编辑出版的《毛泽东选集》中已被删去。我在这里只留下了毛泽东对他所认为的每个阶级的革命判断。

[6] 参见《毛泽东选集》，2版，第一卷，12～44页，北京，人民出版社，1991。

[7] 主要参见毛泽东的《〈兴国调查〉前言》（1931年1月26日）、《长冈乡调查》（1933年11月）、《才溪乡调查》（1933年11月）和《乡苏怎样工作?》（1934年4月10日）等文。详见《毛泽东文集》，第一卷，254～255、276～321、322～342、343～359页，北京，人民出版社，1993。

[8] 毛泽东：《清平乐·蒋桂战争》，见中共中央文献研究室编：《毛泽东诗词集》，18页，北京，中央文献出版社，1996。

[9] 参见毛泽东的《如梦令·元旦》（1929年）、《减字木兰花·广昌路上》（1930年2月）、《渔家傲·反第一次大"围剿"》（1931年春）等诗词。分别见中共中央文献研究室编：《毛泽东诗词集》，24、27、33页，北京，中央文献出版社，1996。

[10] 毛泽东：《蝶恋花·从汀州向长沙》，见中共中央文献研究室编：《毛泽东诗词集》，29页，北京，中央文献出版社，1996。

[11]《实践论》和《矛盾论》直到1950年才公开发表，我们不清楚这里采用的版本与1938年的草稿有何不同之处。参见《毛泽东选集》，2版，第一卷，282～298、299～340页，北京，人民出版社，1991。

[12] 毛泽东：《辩证法唯物论》（讲授提纲），第三章"辩证唯物法"。

[13] 毛泽东：《沁园春·雪》，见中共中央文献研究室编：《毛泽东诗词集》，68～69页，北京，中央文献出版社，1996。

[14] 参见毛泽东：《在中央政治局扩大会议上的发言》，1956-04；《论十大关系》，1956-04-25；《在成都会议上的讲话》，1958-03-10。

[15]《毛泽东选集》，2版，第二卷，621～656页，北京，人民出版社，1991。

[16] 参见上书，622、625页。

[17] 同上书，626页。

[18] 同上书，622页。

[19] 参见《毛泽东选集》，2版，第一卷，299页，北京，人民出版社，1991。

[20] 参见毛泽东：《在最高国务会议上的讲话》，1957-10-13。

[21] 参见毛泽东：《在知识分子问题会议上的讲话》，1956-01-20。

[22] 参见《毛泽东选集》，2版，第二卷，519～535页，北京，人民出版社，1991。

[23] 同上书，568页。即毛泽东在延安青年群众举行的五四运动20周年纪念会上的讲

演，标题为《青年运动的方向》。

［24］参见毛泽东：《在最高国务会议上的讲话》，1958-01-28。

［25］Chin Ssu-k'ai，*Mao Tse-tung ssu-hsiang nei-jung yühsing-shih*，Hong Kong，University of Hong Kong，1976，p.166，以及一篇红卫兵的论文，即 *Chingkangshan*（1 August，1967），reproduced in *Tsu-kuo*（Monthly），HongKong，No.68（1 November，1969），"Mao Tse-tung's critique of P'eng Teh-huai."（参见《毛泽东文集》，第三卷，26 页，北京，人民出版社，1996。——译者注）。

［26］毛泽东：《关于哲学问题的讲话》，1964-08-18。

［27］我已经在我另一篇的文章中详细论述了这一问题，参见"Juxtaposing past and present in China today，" *The China Quarterly*，No.61（March 1975），pp.1-24。

［28］吴晗的相关论文收录到 Ting Wang（ed.），*Wu Han and the "Hai Jui pa-kuan" Affair*（Documents of the Chinese Cultural Revolution，Vol.4），Hong Kong，1969；参见 James R. Pusey，*Wu Han：Attacking the Present Through the Past*，Cambridge，Mass.，Harvard East Asian Center，1969。（关于吴晗的相关著作见《吴晗全集》，北京，中国人民大学出版社，2009。——译者注）

［29］毛泽东最早使用这种说法是在《关于农业合作化问题》（1955 年 7 月 31 日）这篇文章中，见《毛泽东文集》，第六卷，418～443 页，北京，人民出版社，1999。

［30］参见毛泽东：《在中央政治局汇报会议上的讲话》，1966-10-24。

［31］明太祖率领农民起义军推翻了元朝的统治。比较有意思的是吴晗在 20 世纪 40 年代撰写了《朱元璋传》并且对海瑞进行了相关研究，此时太祖皇帝的继任者似乎更像是一位暴君（参见本页注释［28］）。关于明朝的专制统治，见 F.W.Mote，"The growth of Chinese despotism，a critique of Wittfogel's theory of Oriental despotism as applied to China，" *Oriens Extremus*，Vol.8/1（1961），pp.1-41。

［32］毛泽东：《在八大二次会议上的讲话》，1958-05-08。

［33］我在"'Burning books and burying scholars alive'：some recent interpretations concerning Ch'in Shih-huang"一文中做了相关论述，见 *Far Eastern History* No.9（1974），pp.137-186。关于 1973—1974 年的文章更为完整的版本已经被翻译在 *The First Emperor of China：the Politics of Historiography*（Li Yuning ed.，White Plains，N.Y.，IASP，1975）一书中。

［34］关于改变中国人对孔子的看法的最新论述见 M.Goldman，"China's anti-Confucian campaign，1973—1974，" *The China Quarterly*，No.63（September 1975），pp.435-462。

［35］毛泽东：《满江红·和郭沫若同志》，见中共中央文献研究室编：《毛泽东诗词集》，135 页，北京，中央文献出版社，1996。

作为改革者的毛泽东

［1］毛泽东：《接见外宾关于保健工作的一段谈话》，1964-06-24。

［2］K'ang Li，"On the capitalist classes of the socialist period，" *Hsüeh-hsi yu p'i-p'an*，1976，No.7，p.25.

［3］毛泽东：《水调歌头·重上井冈山》，见中共中央文献研究室编：《毛泽东诗词集》，149～150 页，北京，中央文献出版社，1996。

［4］毛泽东：《关于军事工作落实与培养革命接班人的讲话》，1964-06-16。

［5］*Wan-sui*（1967），p.126. 可能是 1959 年的一份文件。

［6］毛泽东：《关于哲学问题的讲话》，1964-08-18。

［7］Anna Louise Strong，*The Chinese Conquer China*，Garden City，Doubleday，1949，p.44.

［8］Franz Schurmann，*The Logic of World Power*，New York，Pantheon，1974.

参考文献

Baum, Richard, *Prelude to Revolution: Mao, the Party, and the Peasant Question, 1962–66* (New York and London: Columbia University Press, 1975), 222 pp.

Ch'en, Jerome, *Mao and the Chinese Revolution* (London and New York: Oxford University Press, 1965), 419 pp.

Mao Papers: Anthology and Bibliography (London and New York: Oxford University Press, 1970), 221 pp.

Cohen, Arthur A., *The Communism of Mao Tse-tung* (Chicago and London: University of Chicago Press, 1964), 210 pp.

Elliott-Bateman, Michael, *Defeat in the East: The Mark of Mao Tse-tung on War* (London and New York: Oxford University Press, 1967), 270 pp.

Fitzgerald, C. P., *Mao Tse-tung and China* (London: Hodder and Stoughton, 1976), 176 pp.

Goodstadt, Leo, *Mao Tse-tung: The Search For Plenty* (London: Longman, 1972), 266 pp.

Han Suyin, *The Morning Deluge: Mao Tse-tung and the Chinese Revolution, 1893–1953* (London: Jonathan Cape, 1972), 615 pp.

Wind in the Tower: Mao Tse-tung and the Chinese Revolution 1949–1975 (London: Jonathan Cape, 1976), 404 pp.

Hawkins, John N., *Mao Tse-tung and Education: His Thoughts and Teachings* (Hamden, Connecticut: Linnet Books, 1974), 260 pp.

Hsiung, James Chieh (ed.), *The Logic of 'Maoism': Critiques and Explication* (New York: Praeger, 1974), 227 pp.

Karnow, Stanley, *Mao and China: From Revolution to Revolution* (London: Macmillan, 1973), 592 pp.

Li Jui, *The Early Revolutionary Activities of Comrade Mao Tse-tung*. Translated by Anthony Sariti, and edited by James Hsiung, with a preface by Stuart R. Schram (White Plains: International Arts and Science Press, spring 1977).

Lifton, Robert J., *Revolutionary Immortality* (London: Weidenfeld and Nicholson, 1969), 178 pp.

MacFarquhar, Roderick, *The Origins of the Cultural Revolution. 1. Contradictions Among the People, 1956–57* (London and New York: Oxford University Press, 1974), 439 pp.

322 Mao Tse-tung, *Selected Works*. 4 Vols. (Peking: Foreign Languages Press, 1961 to 1965).

Basic Tactics. Translated with an introduction by Stuart R. Schram. Foreword by Samuel B. Griffith (London: Pall Mall Press, 1966), 149 pp.

Payne, Robert, *Mao Tse-tung* (New York: Weybright and Talley, 1969 edit.), 343 pp.

Pye, Lucian, *The Man in the Leader* (New York: Basic Books, 1976), 346 pp.

Rice, Edward E., *Mao's Way* (Berkeley, Los Angeles and London: University of California Press, 1972), 596 pp.

Rue, John E., *Mao Tse-tung in Opposition, 1927–1935* (Stanford: Stanford University Press, 1966), 387 pp.

Schram, Stuart R., *Mao Tse-tung* (Harmondsworth: Penguin Books, 1967), 372 pp.

The Political Thought of Mao Tse-tung (Harmondsworth: Penguin Books, 1969). Revised and enlarged edition. 479 pp.

Quotations from Chairman Mao Tse-tung (New York: Praeger, 1967), 182 pp.

Mao Tse-tung Unrehearsed (Harmondsworth: Penguin Books, 1974), 352 pp.

Schwartz, Benjamin I., *Chinese Communism and the Rise of Mao* (Cambridge, Mass.: Harvard University Press, 1951), 258 pp.

Snow, Edgar, *Red Star Over China* (London: Victor Gollancz, 1968). First revised and enlarged edition. 543 pp.

Solomon, Richard H., *Mao's Revolution and the Chinese Political Culture* (Berkeley, Los Angeles and London: University of California Press, 1971), 604 pp.

Uhalley, Stephen Jr, *Mao Tse-tung: A Critical Biography* (New York: New Viewpoints, 1975), 233 pp.

索　引

（所注页码为英文原书页码，即本书边码）

译后记

《历史天平上的毛泽东》(*Mao Tse-Tung in the Scales of History*)是一本论文集，由剑桥大学出版社（Cambridge University Press）初版于 1977 年。诚如迪克·威尔逊（Dick Wilson）在前言中写的，尽管毛泽东这位在历史上产生至关重要影响的人物刚刚辞世，当时的研究还面临着许多困难，但是关于毛泽东这位中国领袖所产生的历史影响，这本论文集是当时西方学者对此所做的最佳论述之集合。

这本论文集不仅讨论了毛泽东整个生命历程中的各个思想侧面，还对毛泽东在各个领域中所产生的作用做了中肯的评价。这本书凡 10 篇论文，由 11 位作者完成，这些作者在他们各自的研究领域内都是成果斐然的。他们对毛泽东的相关研究都依据扎实的史料，并且尤为可贵的是，在当时的历史背景下，他们所引用的文献大多为第一手中文材料。这种严谨的治学态度，我们或许可以从他们的注释中看出来。

时至今日，学界对于毛泽东的研究已然深入了很多，但本书的几位学者在 20 世纪 70 年代所做的学术贡献，却是不可忽视的。诚然，一个时代有一个时代要解决的谜题，然而，对于历史的回顾也许在某种程度上可以提供某种备选的解决路径。我们看到本书的 11 位学者从各个角度探究了毛泽东的历史作用和他的思想遗产，即便这些研究可能会显得过于宏大概括，我们也不能否认，他们的研究对于我们进一步探讨毛泽东的遗产具有重要的意义，我们更不能否认，他们对毛泽东所进行的深入透彻的分析，能够促使我们去重新整体性地考量毛泽东这位历史人物的价值和地位。

本书是根据 1977 年发行的第一版译出的。为了更好地贴合原意，我在翻译的过程中，参阅了大量中英文文献，并对当时作者在研究中出现的某些疏漏以“译者注”的形式做了订正。当然，要更好地展现出作者的写作意图和语言风格，并不是一件容易的事情，因为本书是一本论文集，原书中各位作者有着不同的行文风格，他们在各个研究领域中的看法也大相径庭，好在这些学者研究扎实，少有晦涩难解之处，我才得以按时完成了本书的翻译工作。当然限于译者的水平，其中难免会有疏漏和不妥之处，诚恳地希望读者们给予批评指正。

最后，我要感谢我的导师萧延中教授，他在整个翻译过程中给我提供了大量的帮助。毕竟，这本论文集成书的年代较早，很多引用文献已然难以找到，而且为了标明所引文献的确切出处，必须对照英文原版，感谢萧老师提供了大量的原版文献；同时他还对我在翻译过程中遇到的诸多问题提出了大量中肯的意见。此外，我还要感谢江绪林老师对我英文翻译上的指导，他帮助我更好地理解了原书的难解之处。

译者

2013 年 11 月于上海

Mao Tse-Tung in the Scales of History: A Preliminary Assessment Organized by the China Quarterly,
1st edition, 9780521291903 by Dick Wilson, first published by Cambridge University Press 1977

This Simplified Chinese edition for the People's Republic of China is published by arrangement with the Press Syndicate of the University of Cambridge, Cambridge, United Kingdom.

图书在版编目（CIP）数据

历史天平上的毛泽东：插图本/（美）威尔逊（Wilson，D.）主编；王伟丽译．—北京：中国人民大学出版社，2015.8

（国外毛泽东研究译丛/石仲泉，萧延中主编．第2辑）

ISBN 978-7-300-21749-9

Ⅰ.①历… Ⅱ.①威…②王… Ⅲ.①毛泽东（1893～1976）-人物研究-文集 Ⅳ.①A755-53

中国版本图书馆CIP数据核字（2015）第176592号

国外毛泽东研究译丛（第二辑）

主编　石仲泉　萧延中

历史天平上的毛泽东

插图本

［美］迪克·威尔逊　主编

王伟丽　译

Lishi Tianping shang de Maozedong

出版发行	中国人民大学出版社		
社　　址	北京中关村大街31号	**邮政编码**	100080
电　　话	010－62511242（总编室）		010－62511770（质管部）
	010－82501766（邮购部）		010－62514148（门市部）
	010－62515195（发行公司）		010－62515275（盗版举报）
网　　址	http://www.crup.com.cn		
经　　销	新华书店		
印　　刷	北京联兴盛业印刷股份有限公司		
开　　本	720 mm×1000 mm　1/16	**版　　次**	2015年9月第1版
印　　张	19 插页2	**印　　次**	2024年4月第3次印刷
字　　数	295 000	**定　　价**	79.00元